✦ THE ART OF MIXOLO

Word Search
Intoxicating Puzzles

PaRragon.

Published 2023 by Parragon Books, Ltd.

Copyright © 2023 Cottage Door Press, LLC
5005 Newport Drive, Rolling Meadows, Illinois 60008

Puzzles created by diacriTech

Cover illustrated by Ruby Taylor

ISBN: 978-1-64638-874-5

No. 1
Red Wine

```
U J W P I N O T N O I R I X U
C M M O U R V E D R E I M X T
D A J Q C H I A N T I Y H T S
F L B M L E D N A F N I Z E A
H B W E N G X V B Q B Y B M C
P E C L R Y R W G E V J S P A
U C V P G N V E A A E A C E B
R E V R F L E U N G M O J R E
S Y R A H Y J T W A B A Q A R
N E B B I O L O F Y C Z Y N N
Y F J P L O O Q C R P H K I E
B E B A R B E R A U A L E L T
V V I Q E I I E O C B N X L H
M S E S E V O I G N A S C O Z
T O L R E M D E F B D H T N M
```

BARBERA
BEAUJOLAIS
CABERNET
CABERNET FRANC
CHIANTI
GAMAY
GRENACHE
MALBEC
MERLOT
MOURVÈDRE
NEBBIOLO
PINOT NOIR
SANGIOVESE
SYRAH
TEMPERANILLO
ZINFANDEL

No. 2
Types of Beer

```
K O L S C H T B N N C P R S U
A G Q Q L T P G W H E A T A R
R O P V M P A F T S F I Y G C
E S G P Z I M I R B B K M N R
E E X O S L B S I I R N C R E
L N V R L S E A P T O S I N A
A M N T A N R I E T W T B U M
E R M E G E A S L E N O M S A
L E J R E R L O H R A U A M L
A D Q G R V E N N H L T L I E
P D G W I T B I E R E N P B Q
D O P P E L B O C K T A Y T O
V K Z V M A R Z E N N Q U E F
Y C S C J T B O C K O Y W F T
G I F O X T R A P P I S T I H
```

AMBER ALE
BITTER
BOCK
BROWN ALE
CREAM ALE
DOPPELBOCK
GOSE
IPA
KÖLSCH
LAGER
LAMBIC
MÄRZEN
PALE ALE
PILSNER
PORTER
RED
SAISON
STOUT
TRAPPIST
TRIPEL
WHEAT
WITBIER

3

No. 3
Most Popular Cocktails Globally Part 1

```
T G B M P U P Z P D Z I B D E
K B O A N W F T A Z A L E S A
W L U R E C N I L S M G P W D
R O L G G I D R O B K R N H J
M O E A R R R P M V E P M I I
O D V R O I X S A S V E A S N
S Y A I N U V L S M M N N K I
C M R T I Q Y O G A O I H E T
O A D A L I M R S I J C A Y R
W R I S Q A R E Y T I I T S A
M Y E Z R D M P X A T L T O M
U E R T Q W Y A Q I O L A U Y
L S I M G I M L E T H I N R R
E N L L A M E R I C A N O Q D
I D E N O I H S A F D L O N Y
```

AMERICANO	MANHATTAN
APEROL SPRITZ	MARGARITA
BLOODY MARY	MOJITO
BOULEVARDIER	MOSCOW MULE
DAIQUIRI	NEGRONI
DRY MARTINI	OLD FASHIONED
ESPRESSO MARTINI	PALOMA
	PENICILLIN
GIMLET	WHISKEY SOUR
MAI TAI	

No. 4
Sommelier's Vocabulary A–B

```
J L U B S A U S T E R E E H O
B W H R B A L A N C E E J R M
R V B E R O V M V M P G E B U
I Y O T R F R C I D I C A O A
G X D T D K O D K R A I G T F
H B Y A S B T F E S W E G R T
T L M N B U R N T A N A R Y E
B U L O T T E R Y O U X E T E
O N P M W Y I V B S X X S I T
U T U Y X N O K O N X M S S A
Q N E C G R C Z H C Q E I N S
U V Q E K A G N I G A F V R T
E E N S B U A B L E N D E Q E
T T B G B A R R E L J A E L X
A E R A T I O N E F C V O E P
```

ACIDIC	BLEND
AERATION	BLUNT
AFTERTASTE	BODY
AGGRESSIVE	BORDEAUX
AGING	BOTRYTIS
ASTRINGENT	BOUQUET
AUSTERE	BRETTANO-MYCES
BACKBONE	
BALANCE	BRIGHT
BARREL	BURNT

No. 5
Gin Cocktails 1

```
R E F X J R M C O D U P B A C
E G H M D E K U A B K I R V X
V X S H Q Y Q O Z O J G W I G
I C P H W A O X I O X I B A D
V L S W M R O B U U F N L T N
E O M E B P Y W B H X A U I U
R V U C E S B R O N X N E O O
E E Z U X N R R Q N F D M N H
S R Z X S E K T R B U T O E D
P C I W H D Z S Z E G O O F O
R L F J G I M L E T X N N Q O
O U N N Y A L N I E A I S R L
C B I M Z M X X G R B C Z C B
J G G G I N R I C K E Y G L W
G I B S O N W L O B Y T B G C
```

AVIATION

BEE'S KNEES

BIJOU

BLOODHOUND

BLUE MOON

BRONX

CLOVER CLUB

CORPSE REVIVER

GIBSON

GIMLET

GIN AND TONIC

GIN FIZZ

GIN RICKEY

MAIDEN'S PRAYER

No. 6
White Wine

```
I K G R I E S L I N G S C G Y
B T R V M M C Q T R O A H E M
K D U Q O U H W S O F U A W S
S O N E M S E S C U P V M U L
E A E M T C N I H S I I P R J
M A R O O A I R A S N G A Z M
I L V I R T N G R A O N G T A
L B E C R V B T D N T O N R R
L A L C O O L O O E B N E A S
O R T I N U A N N Q L B C M A
N I L D T V N I N N A L N I N
B N I R E R C P A R N A X N N
G O N E S A P G Y D C N Q E E
W L E V O Y I X L J M C A R I
R R R R E I N G O I V W W S S
```

ALBARIÑO

CHAMPAGNE

CHARDONNAY

CHENIN BLANC

GEWÜRZ-TRAMINER

GRÜNER VELTLINER

MARSANNE

MUSCAT

PINOT BLANC

PINOT GRIS

RIESLING

ROUSSANE

SAUVIGNON BLANC

SÉMILLON

TORRONTÉS

VERDICCIO

VIOGNIER

VOUVRAY

Bar Tools

```
U M B D T J M I X I N G G L A S S H K Y
R S U M O F T E A S P O O N G L W S M U
Y O L D T C L I C E C U B E T R A Y D F
S S T R D L I D G U O P O E E D K Y Q T
W C Y H E L P S A B E R H S C C I D C A
I O H I K N E N H O N S P L I T H I G K
Z R X I C E E R X R A U H P R T L D B J
Z K C C Y E M P X A M R H H F D J W R I
L S K H Q B P F O A Y T A K Q E N C E C
E C S A B T O I G E O Z Q K M D F N L E
P R H N G C O U C O L J I G G E R G E M
P E A N N L N N T K D T V Y E K X B E A
A W K E O O N C G U Y C T E T M C H P L
I V E L O N X O S S G F X O L V N K S L
E N R K P A T O M I Z E R K B Q L Q U E
J T U N S T K I Z C H U R C H K E Y R T
U A J I R I X Y F F R E D N E L B R T D
Q N G F A T W B C W J F Y F V P D I I K
T H C E B B I Z Y L S T R A I N E R C Q
N Y P I T C H E R J U I C E R D E C B A
```

ATOMIZER	ESPUMA GUN	PITCHER
BARSPOON	ICE CUBE TRAY	SABER
BLENDER	ICE MALLET	SHAKER
BOTTLE OPENER	ICE PICK	STRAINER
CHANNEL KNIFE	JIGGER	SWIZZLE
CHURCH KEY	JUICER	TEASPOON
CITRUS PEELER	MIXING GLASS	TONGS
CORKSCREW	MUDDLER	TOOTHPICK

Aperol Spritz

3 ounces dry sparkling wine

2 ounces Aperol

1 ounce club soda

Orange slice or lime wheel, to garnish

Pour the sparkling wine, Aperol, and club soda into an ice-filled glass.

Stir gently until mixed to taste. Garnish with an orange slice or a lime wheel.

For variations on this spritz, try substituting Campari, Cynar, or amaro for the Aperol.

No. 8
Glassware

```
I  J  L  O  W  B  A  L  L  F  V  O  W  D  M
K  T  O  H  S  U  I  H  T  K  V  M  G  H  C
G  O  G  S  R  M  B  I  T  I  H  F  L  U  M
C  L  S  T  E  I  N  G  V  T  C  L  V  R  D
O  D  C  Y  V  K  H  H  G  E  H  A  A  R  Y
L  F  P  O  R  V  V  B  K  L  A  X  I  I  P
L  A  A  V  U  I  I  A  Q  B  M  Q  N  C  F
I  S  R  K  I  P  M  L  W  O  P  G  I  A  S
N  H  F  E  B  R  E  L  N  G  A  L  T  N  L
S  I  A  B  J  M  U  G  P  H  G  H  R  E  I
Y  O  I  T  U  L  I  P  I  N  N  A  A  T  N
G  N  T  S  N  I  F  T  E  R  E  B  M  Q  G
X  E  L  X  P  O  N  Y  V  Q  K  U  L  Z  A
R  D  Y  Z  E  S  L  G  P  Y  U  U  R  O  Q
E  M  A  R  G  A  R  I  T  A  M  Z  Z  S  J
```

CHAMPAGNE	MUG
COLLINS	OLD-FASHIONED
COUPE	PARFAIT
GOBLET	PONY
HIGHBALL	SHOT
HURRICANE	SLING
LOWBALL	SNIFTER
MARGARITA	STEIN
MARTINI	TULIP

No. 9
Bubbly Beverages

```
I  Q  O  D  E  K  B  N  R  N  C  M  M  R  H
X  Z  S  P  G  F  A  R  X  G  H  V  B  N  F
V  K  H  K  I  C  C  M  D  I  A  M  Q  I  C
H  I  P  O  N  T  L  Z  V  S  M  N  Z  B  S
F  M  T  M  G  W  U  C  Y  T  P  Z  K  B  E
M  J  O  B  E  I  B  A  V  X  A  Q  M  E  L
Q  D  N  U  R  P  S  R  E  Q  G  P  H  E  T
B  A  I  C  A  R  O  B  C  C  N  L  V  R  Z
U  E  C  H  L  O  D  O  A  O  E  A  O  J  E
B  H  S  A  E  S  A  N  V  L  Z  A  J  D  R
B  X  U  Y  F  E  I  A  A  A  V  U  F  B  K
L  Y  D  T  O  C  A  T  C  P  P  B  O  C  M
E  W  S  A  A  C  U  E  T  P  U  A  N  T  K
T  Y  C  M  M  O  O  D  U  K  X  M  N  N  H
I  G  G  S  P  A  R  K  L  I  N  G  M  H  F
```

BEER	GINGER ALE
BUBBLE	HEAD
CARBONATED	KOMBUCHA
CAVA	PROSECCO
CHAMPAGNE	SELTZER
CLUB SODA	SPARKLING
COLA	SUDS
FIZZ	TONIC
FOAM	

No. 10
Most Popular Cocktails Globally Part 2

```
H T K P V F A P L T R C E D S
A O J X U C G G R C C A P B X
N M Y O H C N I A B R B I E D
K M T L T O S R M L O O S E Z
Y Y I L M S L I O O T B C S A
P S P J V M A S S O R B O K L
A M U N Y O S H G D X Y P N X
N A N M R P T C I A B B U E C
K R C U A O W O N N E U N E L
Y G H B C L O F F D L R C S H
O A P Q E I R F I S L N H M C
F R M B D T D E Z A I S I J U
R I M R I A J E Z N N L H K M
B T U O S N F M G D I J E F A
H A Z P A I N K I L L E R D W
```

BEE'S KNEES

BELLINI

BLOOD AND SAND

BOBBY BURNS

COSMOPOLITAN

HANKY PANKY

IRISH COFFEE

LAST WORD

PAINKILLER

PISCO PUNCH

RAMOS GIN FIZZ

SIDECAR

TI' PUNCH

TOMMY'S MARGARITA

No. 11
Gin Cocktails 2

```
M C W M S G O D Y T L A S H S
L E P D I M A R T I N I G H I
T T U I N L A S T W O R D R L
Z O U X G P E G U C L U B E V
J X M E A R Y A M D W G O P E
V P V C P M U F A I H U G P R
R E K C O B R E K C I N K A B
N P C D R L K G I U T N A N U
E C V G E Z L U A Z E P X S L
G F E J S X F I D M L B H D L
R T S K L V P U N D A S X E E
O V P N I P A Y F S D X P R T
N K E U N N P M I I Y K C F L
I L R H G M A R T I N E Z F X
R B U S O U T H S I D E R D K
```

KNICKERBOCKER

LAST WORD

MARTINEZ

MARTINI

NEGRONI

PEGU CLUB

RED SNAPPER

SALTY DOG

SILVER BULLET

SINGAPORE SLING

SOUTHSIDE

TOM COLLINS

VESPER

WHITE LADY

No. 12
Girls' Night In

```
D Y P M Q M O V I E O K U C Z
T R O L B A X Z U R M S P H T
P U I Q M D S J V P Q A I A J
P C F N B O A R D G A M E M P
O A R Y K U S N Z C G E E P S
P R I V U I D L O Y S C N A T
C D E B F J N S O R Y A I G N
O S N G G V M G E W F F W N A
R S D A S O F P G Y I I D E P
N B S A Y X P S Z A G W E R T
B X H I H I P G F U M V X L A
W T I Y L G R A Y M O E O Q E
L W P S D A F P I Z Z A B N W
D L H N A I L P O L I S H B S
O J C O Z Y P N F P O M K U O
```

BOARD GAME
BOXED WINE
CARDS
CHAMPAGNE
COSMO
COZY
DRINKING GAME
FACE MASK
FRIENDSHIP

MOVIE
NAIL POLISH
PIZZA
POPCORN
SLIPPERS
SWEATPANTS

No. 13
Songs About Beer

```
X B M O R E B E E R M B P X B
G E R B O D W E T I U E B S E
P E E E A N M J F L B E E S E
I R E E D A H O V I E R E U R
A B B R H L N G R K E I R N A
N A A C O E O M E E R N W S N
O R K A U L I B D B M M I E D
M R N N S G I E S E O E T T S
A E I T E N N E O E N X H G U
N L R F B U B R L R E I J R N
G P D I L J E D O R Y C E I S
O O M X U K E O C U T O S L H
H L N F E X R N U N P N U L I
J K K J S P K T P Y G X S F N
D A B E E R T H I R T Y P Q E
```

BEER AND SUNSHINE
BEER CAN'T FIX
BEER DON'T
BEER IN MEXICO
BEER MONEY
BEER RUN
BEER THIRTY
BEER WITH JESUS
BEER-BARREL

POLKA
DRINK A BEER
I LIKE BEER
JUNGLELAND
MORE BEER
NO I IN BEER
PIANO MAN
RED SOLO CUP
ROADHOUSE BLUES
SUNSET GRILL

Sommelier's Vocabulary C–D

```
U  B  G  C  C  L  S  U  I  G  S  P  C  N  O
V  C  I  T  R  I  C  A  C  I  D  Q  E  F  E
A  E  F  E  U  W  Q  N  D  T  V  O  L  D  U
I  Z  K  G  S  O  H  W  S  E  C  N  L  C  C
L  S  K  G  H  S  D  R  Y  J  P  I  A  L  O
T  H  A  Q  H  C  O  A  R  S  E  T  R  A  R
C  O  R  K  T  A  I  N  T  D  P  K  H  R  K
I  C  O  N  C  E  N  T  R  A  T  E  D  E  E
S  W  C  K  C  U  V  E  E  C  W  R  X  T  D
D  J  R  W  G  N  I  T  N  A  C  E  D  U  L
I  H  I  X  H  I  H  O  X  H  V  E  Z  F  U
R  P  E  V  T  C  M  P  E  S  N  E  D  E  M
T  F  C  I  G  A  R  B  O  X  Y  B  C  V  V
Y  F  C  H  E  W  Y  D  T  P  Q  G  C  R  Y
C  L  O  S  E  D  D  K  E  W  E  F  C  Y  L
```

CELLAR	CORKED
CHEWY	CRUSH
CIGAR BOX	CUVÉE
CITRIC ACID	DECANTING
CLARET	DENSE
CLOSED	DEPTH
COARSE	DIRTY
CONCENTRATED	DRY
CORK TAINT	

Fun Fact

An oak barrel can be used for aging up to 3 vintages of red wine or chardonnay before the oak is considered neutral and unable to impart flavor to wine. But these barrels can then be reused to age vodka, gin, cognac, and whiskey. Other kinds of barrels used for aging wine are stainless steel, concrete, and clay.

No. 15
Beverages by the Letter C

```
I C L O V E R C L U B E C C C
S L R E D D O C E P A C I A O
Z C O S M O P O L I T A N I I
D R O B M A H C S Y M N G P N
C C E M E N T M I X E R E I T
A H E C H I N C H I N I T R R
L C A N C U B A L I B R E I E
V A U R G A E C O G N A C N A
A M D R D A B E K W R A L H U
D P X G A O P E F V L L U A I
O A F O A C N M R F C O B F H
S R H W A I A N A N O C S U C
X I C Y N A R O A H E C O X I
G I O T I U Q O C Y C T D P H
H C H A R T R E U S E S A B C
```

CABERNET	CLOVER CLUB
CAIPIRINHA	CLUB SODA
CALVADOS	COFFEE
CAMPARI	COGNAC
CAPE CODDER	COINTREAU
CEMENT MIXER	COLA
CHAMBORD	COQUITO
CHAMPAGNE	COSMOPOLITAN
CHARDONNAY	CUBA LIBRE
CHARTREUSE	CURAÇAO
CHI-CHI	CYNAR
CHIN CHIN	

No. 16
Sommelier's Vocabulary E–H

```
E N O L O G Y K M C N B G A X
N H F L A B B Y D U C A G F X
F E D E I D O B L L U F N A E
O R Z S R L H S L H M O P T L
X B Q G T O I T A G I K C J E
Y A H H T G X R U T I Z T Z G
K C F X D N D U A W Q N A F A
E E R H D O T T A G M B L T N
A O U P Y G N M D R F T F H T
R U I X Y E N U E E F E S B T
T S T F M J P I A E H I G G Q
H R Y R X M F G N N N O E R F
Y K E A R Y Y S W I O Q P I T
H F L A V O R S F L F G I P Y
H V A G D I Z G F K R K O K W
```

EARTHY	FLAVORS
ELEGANT	FOXY
ENOLOGY	FRUITY
FAT	FULL-BODIED
FERMENTATION	GREEN
FINING	GRIP
FINISH	HARD
FLABBY	HERBACEOUS
FLAT	HOT

No. 17
Sommelier's Vocabulary L–O

```
U O E M T I E P Y A H M W G Z
T I J F N U T T Y X L A T L R
Q B Q M A N O B L E R O T E Y
L F M O I K S Z G O E H D N B
E W A U C N N S W N P M F G R
E N T T O T A O O O A E P T X
S N U H G Q N L U L A G N H D
M P R F E N O E I V A K A P L
P Z E E N G L C L L E B Y Q E
G B K E Y I A O F U I A P X A
J V N L R C K M U E P A U A N
B F O O I G N K L S U O M P T
O X I D I Z E D S O N V A W N
L I N G E R I N G N L U L F G
Y T S U M X E P W U H B P S F
```

LEAN

LEES

LEGS

LENGTH

LINGERING

MALIC ACID

MATURE

MOUTHFEEL

MUSTY

NEGOCIANT

NOBLE ROT

NOSE

NOUVEAU

NUTTY

OAKY

OENOLOGY

OPEN

OPULENT

OXIDIZED

No. 18
American Wineries 1

```
W H T P Q D E O V L E T F B P
O T C E N H A V C W Y R K E I
L R H P P C Q U S U L I A R J
F E I P G T G M E A J W O G D
F G R E C P J Q B E H N K S O
E N S R A G R U E T H I W T L
R I C B D U C K H O R N O R W
E R H R E C F U R C X K T O P
S E O I N A X S S O Q T A M O
T B H D C L E C J I M U L Y E
A Z P G E E D Y Q D E T L B H
T G N E P R F G K A S C E O Z
E B G W O A A U C R A J Y B A
E K C S E V E N H I L L S E Y
K B A E M F H E N D R Y F N M
```

BERGSTRÖM

BERINGER

CADENCE

CALERA

DEOVLET

DUCKHORN

GRUET

HENDRY

HIRSCH

IRON HORSE

OVUM

PEPPER BRIDGE

RADIO-COTEAU

SEVEN HILLS

TALLEY

WÖLFFER
ESTATE

Most Popular Cocktails Globally Part 3

```
F R E N C H S E V E N T Y F I V E T J A
F T T Z Q W R R X D Q F I G G Y N E J M
P I N A C O L A D A H Z I W S G G Z H A
H M C O R P S E R E V I V E R L S Q D R
C H P P W X N J G M J E X Q R X E I A E
C O R P S E R E V I V E R T W O E V K T
V Q W C M P U V N I M E Q N O A R R P T
U L O N G I S L A N D I C E D T E A G O
X I M S W G H E Z O M B I E S P R W D S
I A U D V F I M N T X Z C I S Z E P J O
V O D K A M A R T I N I P E X M W Y R U
Y G M G Z G N H Y P Z W V D J E H J U R
N I T G O T D A R K N S T O R M Y K O E
B C A I P I R I N H A F J C U E W K S A
B T S A Z E R A C G A G Y Q Q T Q P O N
J F R A M H J R X G I N F I Z Z Z Z C L
B U L C R E V O L C F O Z N Q D R N S E
G S P S N O I T A I V A U V C W E Y I D
G P W V O L D C U B A N Z K Z V F F P C
L V I E U X C A R R E G R F H J F Z J W
```

AMARETTO SOUR	DARK 'N' STORMY	PISCO SOUR
AVIATION	GIN FIZZ	SAZERAC
CAIPIRINHA	FRENCH SEVENTY-FIVE	VESPER
CLOVER CLUB	LONG ISLAND ICED TEA	VIEUX CARRÉ
CORPSE REVIVER	OLD CUBAN	VODKA MARTINI
CORPSE REVIVER TWO	PIÑA COLADA	ZOMBIE

Boulevardier

1½ ounces bourbon or rye whiskey

¾ ounce sweet vermouth

¾ ounce Campari

Orange twist, to garnish

Fill a mixing glass with ice, then pour in the whiskey. Add the sweet vermouth and Campari. Stir steadily to chill, 20–30 seconds.

Strain into a chilled cocktail glass. Garnish with the orange twist.

No. 20
Sotten Silver Screen

```
W I N E C O U N T R Y W I T T
J T H E H A N G O V E R I H H
V Q C O Y O T E U G L Y Y E E
C A S I N O R O Y A L E B B L
M Z S T R M R M S N C X R I O
C O I H D K O A R I A C I G S
O L D E S O A G P M S B D L T
C D E T W Y D O N A A E E E W
K S W H I V H O M L B E S B E
T C A I N C O D H H L R M O E
A H Y N G J U Y N O A F A W K
I O S M E G S E F U N E I S E
L O B A R O E A O S C S D K N
I L B N S K X R I E A T S I D
V U M O U L I N R O U G E D B
```

A GOOD YEAR

ANIMAL HOUSE

BEERFEST

BRIDESMAIDS

CASABLANCA

CASINO ROYALE

COCKTAIL

COYOTE UGLY

MOULIN ROUGE

OLD SCHOOL

ROADHOUSE

SIDEWAYS

SWINGERS

THE BIG LEBOWSKI

THE HANGOVER

THE LOST WEEKEND

THE THIN MAN

WINE COUNTRY

No. 21
Spring Cocktail Flavors

```
K E T Z U D G P H V R C P U Q
I K V I O L E T U P U E H P M
G L L E M O N R P C R G O H I
R C Q Q E V J H U E V U Z B N
A H M Q L J H M O H A S N E T
P E Q G D Q B X R N T C C L G
E R O C E E X J A W E M H I E
F R B S R O M F S Y J Y C M A
R Y K P F R W I P E F B B O L
U V B U L R H U B A R B A M U
I B K J O S Q W E W Y J S A G
T B Z E W F D O R Y N W I H U
S J I E E T T L R B M Q L C R
O M L H R O S E Y G W A S L A
N H H Y R R E B W A R T S C J
```

ARUGULA

BASIL

CHAMOMILE

CHERRY

CUCUMBER

ELDERFLOWER

GRAPEFRUIT

HONEY

LEMON

MINT

PEACH

RASPBERRY

RHUBARB

ROSE

STRAWBERRY

VIOLET

No. 22
Tequila

```
N O B L A N C O G U B K Y C B
B M N H O G W F D P W E E Y N
U O Q B Z R Q T Y F U T A I C
S S U L A O E F S G L D S N N
Q T I U G U D P E J O O T O I
Q O T E A L A N O L H K M J B
O U O A B Q O F V S I K I L R
C J E G J L A I R Z A M X H X
S O S A L G H N S U A D L M I
I V U V T E P A E D I B O I N
L E L E R S X W O J K T I X A
A N X B W C J R Z E O M Y T O
J G A K A A E Z P I N A L O C
I L K N G S L S W N M D R S H
T I T U E V N Q Z P P D L Q G
```

AÑEJO	JIMADORES
BAGAZO	JOVEN
BLANCO	MIXTOS
BLUE AGAVE	MOSTO
COA	NOM
EUGENOL	PIÑA
FRUITY	QUITOES
HERBAL	REPOSADO
JALISCO	YEAST

No. 23
Tequila Cocktails

```
U F T J X V A B Z Y V G Q X E
S M A R G A R I T A G I D S S
I B Y A A E T R A I E O I L A
L M S N M P E D G Q T R R O I
K A P C O I D O Y L N E T N R
S T Y H L Y E F L U A V Y E A
T A G W A R V P S R D Q S R M
O D E A P O O A I E Z U A A Y
C O D T R S L R R V B J N N D
K R U E V I A A S I G K C G O
I K R R U T R D B T Z T H E O
N N W Q Z A M I W E U T E R L
G K E D T R N S T V S P Z E B
T T W M V D T E Q U I N I X Y
B G E L L U B E V A R B W A E
```

ARTE DE VOLAR	PALOMA
BIRD OF PARADISE	RANCH WATER
	ROSITA
BLOODY MARIA	RUDE GYPSY
BRAVE BULL	SILK STOCKING
DANTE	TEQUILA SUNRISE
DIRTY SANCHEZ	
LONE RANGER	TEQUINI
MARGARITA	VETIVER
MATADOR	

No. 24
Beverages Beginning with A

```
A L B A R I N O W A S P A Q J
V A A O L A C H B V R A I U F
R M R N O P V S I E L P R U S
F O A T R V T I U Z X P M I E
I N K X E X A C A E N L A U O
E T S V P D Q K P T R E I U X
H I A M A R E T T O I T L L Y
T L L Q V J P V A G X O A J Y
N L X Y G L G T O L Z D N Y P
I A N I S E T T E L E D R F C
S D S A Q U A V I T A Y I R M
B O J A F F I N I T Y R U I L
A F L F A M E R P I C O N F N
Y X C A N G A M R A J G P V L
E K A A M E R I C A N O C N U
```

ABSINTHE	ANISETTE
AFFINITY	APEROL
AIRMAIL	APPLE TODDY
ALBARIÑO	AQUAVIT
ALE	ARAK
AMARETTO	ARMAGNAC
AMER PICON	ARTE DE VOLAR
AMERICANO	AVÈZE
AMONTILLADO	AVIATION

No. 25
(Un)Official National Drinks Part 1

```
G U I N N E S S M B O P K K B
S L A W A F G H N R Z L V L O
L X K W H V I G T E Y G X J U
I D V V Y I N D G N E Y L O R
V H O B R J S R F N S M A U B
O W R R Y O K K E I I D Q Z O
V Y E A A A Z V Y V N K U O N
I I H N N B E C Q I G D A I U
T U C D H R B A A N A X V X D
Z K E Y S V A C N X N V I V K
V G B S H L S H B C I D T U U
C O N O X R X A X L H B F M M
G Q B U M J M C P N K M Y Z I
T W W R N V Z A Z M C N X W S
E D X M Q G T I F A L M Z M O
```

AQUAVIT	GIN
BECHEROVKA	GUINNESS
BOURBON	KUMIS
BRANDY SOUR	OUZO
BRENNIVIN	SINGANI
CACHAÇA	SLIVOVITZ
GENEVER	WHISKY

US Red Wines

```
L Q X R U A R E B R A B A F K
C A B E R N E T F R A N C W K
E H O M M E R L O T T P B P R
M L M R H O N E B L E N D D P
L Z E Z C E V J I T C J U E I
T E Q D E A R N I U B W T R V
G B M O N X B T H A C I G I H
R G H B B A E E C M T M X O W
E G Y H E S F O R V H Y C N H
N N U U I R N N E N C J U T A
A O A R A O G R I D E M W O R
C H A C I G D E Y Z X T N N Y
H H R R B O A F R T Q M W I S
E J S J T R W A B E U V F P L
L M H N M A L B E C T T R Z X
```

BACO NOIR	MERLOT
BARBERA	PETIT VERDOT
CABERNET	PETITE SIRAH
CABERNET FRANC	PINOT NOIR
	RHONE BLEND
GRENACHE	SYRAH
LEMBERGER	ZINFANDEL
MALBEC	

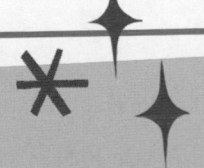

Fun Fact

The Corpse Reviver is a family of cocktails intended to be consumed as a hangover "cure," but too many of these beverages and one might wind up in worse shape than before! Corpse Reviver No. 1 is a mix of cognac, Calvados, and sweet vermouth. Corpse Reviver No. 2 is a blend of gin, lemon juice, Lillet blanc, orange liqueur, and absinthe. There are several other iterations of Corpse Revivers but the one element they all have in common is that they are full of heady stuff.

No. 27
US White Wines

```
S W H J G N I A G A R A E G V
A C C K I U C E M R P W N E I
U K A Z Z B R P H I Y A I W G
V K Y J Y V K F N G A J W U N
I W U X I I A O U Z N T G R O
G V G L I O T W H A N T N Z L
N L A Y J G S Z M L O Q I T E
O F D Z R N I T U B D U L R S
N K X I V I T X S A R L K A Z
B B S U R E E X C R A L R M P
L M B T A R L K A I H P A I Z
A Q N Z D T I Z T N C I P N P
N Z K P Y N Z S M O L E S E P
C Q E V I D A L O V Y K E R I
R I E S L I N G O O R Z F N N
```

ALBARIÑO

CAYUGA

CHARDONNAY

GEWÜRZ-TRAMINER

MUSCAT

NIAGARA

PINOT GRIS

RIESLING

RKATSITELI

SAUVIGNON BLANC

SPARKLING WINE

VIDAL

VIGNOLES

VIOGNIER

No. 28
Words That Rhyme with Wine

```
S U Q S P I N E B C F M B V O
M T P B Q J Y R O X S I A U F
U V B U E K I D B W L N K D S
D B E O J N D N I R A E E T H
E O V M V T I N E R O S M C L
F H L A F I E G G T I V C S V
I M K L B I N Q N G I N A Y S
N V J I R F N E N K R L A X R
E R I G I A Y E O E I Q S E E
R A I N N C D I F G T N S N S
C Z M Q E I R I N U I O I F I
G G W F N F N G S N C J G I G
B H F E R E T X E I A U N A N
E H T W I N E E Q U I N E G V
L I N E Q E Z E F Y M U N F D
```

ALIGN

ASSIGN

BENIGN

BOVINE

BRINE

DEFINE

DESIGN

DINE

EQUINE

FINE

LINE

MALIGN

MINE

NINE

REFINE

RESIGN

SPINE

SWINE

TWINE

VINE

American Beer Styles

```
A V X S V V J G B M N D W H H
J V Z S T O A W R P V V M A P
D P X K N R Q I O A D A U W Y
O A I Y N I O C W N L A I H X
U L B T R W R N N T M O X E B
B E L D I E F W G B C B R A R
L A O P A S E U E A L X R T M
E L N M U S T R U A L L C W Q
I E D E P L P O C Y E E O I D
P V E F A P A K U Y T J Q N Y
A I F M P N I G W T A H K E G
K M I N A P G I E X E Y A K T
D M B I A N N O O R H U B K V
E K C M P E C U P Q W Q U H I
K N R X O S P O R T E R B A O
```

AMBER	LAGER
APA	MALT
BARLEY WINE	PALE ALE
BLACK IPA	PORTER
BLONDE	STOUT
BROWN	STRONG ALE
CREAM	WHEAT
DOUBLE IPA	WHEATWINE

American Craft Breweries

```
C C B D N H A R P O O N S B S
H U O H S A G A L L A N Y R N
D E S C H U T E S N E A S O S
Y R T L D V O O C W R I D O W
U E O D U V E L G O E O Y K E
E V N J J U S L C R B L O L E
N O B S X L A U R S O O L Y T
G L E I H R E A M S W S F N W
L U E F U I N F T M U H E B A
I T R S B E P C T R I A E R T
N I C U V E O Y L H B T R E E
G O O A M A L Y A I A B H W R
I N D A S Q H L T R R N T E K
O A E T U U D A S J D C D R Y
U P R H E I N G E I S T V B K
```

ABITA	LOST COAST
ALLAGASH	NEW GLARUS
BELL'S	REVOLUTION
BOSTON BEER CO	RHEINGEIST
	SHIPYARD
BROOKLYN BREWERY	SIERRA NEVADA
DESCHUTES	SUMMIT
DUVEL	SURLY
HARPOON	SWEETWATER
LEFT HAND	THREE FLOYDS
	YUENGLING

Sommelier's Vocabulary P–S

```
J R L C N O T A Y Q M R F N F K O F E S
P Q A W H E V Q E U G I Y V P A B O G S
R F Y W E W H L H D V P N G C H T K N Q
O Z H W T E D T I I P E N F Q K C M G O
S Q S W J W Q P O H B V V R X Y R X T U
E O R M R C U C C O T Z T R O U G H S U
Z M Q X S P I C Y J M L U L Y W C R U V
X V P Y N I S I A R I S O R O C Y N B G
Y P H E N O L I C C O M P O U N D S O A
V Y A S S G N I T A R C G Q H W O P R U
Y R I T R X E I Z U P J B S E C O H X L
L C O R Y Z O Y J W H K R I C H J P R F
E D H U T W Y B N L B S A V Q V E Y V N
E C I C N U P I U X E I I C A T M O G P
T C H T W D D R H A V H P L L L T F N L
S E H U P E R F U M E D U E K X V K T O
G D J R E T I C E N T I S E Z Y O J O N
T M F E K W M F P H Y L L O X E R A Q K
G Q B D H F E G D I I W W S L V N J P V
F N T V Q V Z X S U P P L E L V O F E H
```

PERFUMED	RAW	SEC
PHENOLIC COMPOUNDS	RETICENT	SILKY
	RICH	SMOOTH
PHYLLOXERA	RIPE	SPICY
PLONK	ROBUST	STEELY
PRUNY	ROSE	STRUCTURED
RAISINY	ROUGH	SUPPLE
RATINGS	ROUND	SWEET

Corpse Reviver No. 2

Splash of absinthe

1 ounce gin

1 ounce Lillet blanc

1 ounce fresh lemon juice

1 ounce orange liqueur

Orange twist, to garnish

Add a splash of absinthe to a cocktail glass. Swirl the glass to "rinse" thoroughly, then pour off any excess absinthe.

Add gin, Lillet, lemon juice, and orange liqueur to a shaker with ice and shake vigorously until chilled.

Strain into the absinthe-rinsed glass. If preferred, garnish with an orange twist.

No. 32
American Wineries 2

```
Z I H S L L C A Y M U S H G F
X O E C L P F X B B K I E R A
C T I H E N E N O K E V S A Z
Z Z T R Z C R O N Z P A T M U
A N Z A N Y R S N D L D S E H
Z L C M A N A R Y R I N U R C
K L E S H B R E D A N O P C S
C K L B V E I H O H G M E Y U
I V L E J I C P O C E T R C H
R J A R A S A C N U R R Y E L
F A R G E W R M E R F E Q L K
I K R V M J A K E T S B B L O
O H Y S U O N O D D N O T A J
M R S Q H P O N Z I J R D R Y
N A V A R R O Z H B O E K S H
```

BONNY DOON

CAYMUS

FERRARI-CARANO

FRICK

GRAMERCY CELLARS

HANZELL

HEITZ CELLAR

HUSCH

KEPLINGER

MCPHERSON

NAVARRO

PONZI

ROBERT MONDAVI

SCHRAMSBERG

ST. SUPÉRY

TRUCHARD

No. 33
Activities While Sipping

```
S K Z S C R O L L C V M E C T
E K E S E Z C K L N O D R I N
W T T F O U R Y N V E E O U E
P B W U I U J K I I A R Q L V
U W Y V B E L E N D T W O G E
B A Z X E I C S U W O V E P G
C T L V L Y N W E R R K C A N
R C T W Z Y Y G D A I M Y I I
A H K R Z C S S F F R T M N T
W T Y I U O E W A L A C Q T R
L V H T P A F Y X L I G H M O
A E G E R E R P K U M R K P P
L Z L C S B G O S S I P T R S
N V H F P O K E R C W I G L B
E P M A G N I T F A R C W H U
```

CRAFTING

FLIRT

GOSSIP

KNIT

MOVIE

PAINT

POKER

PUB CRAWL

PUZZLE

READ

SCROLL

SEW

SOUL SEARCH

SPORTING EVENT

TALK

TUBING

WATCH TV

WORD SEARCH

WRITE

No. 34
French Wine Words

```
V C I R X O I D Q Y R F P J T
G H C L C Q J Q W D S U A A R
G X X V Q P R U L N O A U J I
U U H I K R R N X B M P U P C
E E E N C E S U J C M P A B H
K L L D Q M S N H U E E Z J C
R L G E C I X A T V L L S U U
V E R P H E I J R E I L E R V
R O A A A R J Q Q E E A R A E
I M N Y T C D I M Z R T E D R
O C D S E R E O W E L I Y E I
K L C C A U I V U B U O A Q E
B C R Y U A Y M Γ X V N R B L
J T U Y K I O T J S P P C L R
B A W P M S E G A L L I V J F
```

APPELLATION	JURADE
CHAI	MOELLEUX
CHATEAU	PREMIER CRU
CRAYÈRES	SEC
CUVÉE	SOMMELIER
CUVERIE	VILLAGES
DOUX	VIN DE PAYS
GRAND CRU	

No. 35
What to Drink in Australia

```
S S G A C C T N Z E H Y L V S
N H I I M O J O V S P J B I H
I O N W I N E O F P A E U C I
G E G K N I J G I R S C N T R
E Y E F Z K A T Z E S F D O A
S Q R V U B G A Z S I N A R Z
O U B D J U E C Y S O H B I H
R J E M W A R S A O N S E A P
E O E B A X B U P M P X R B M
I P R N W X O M P A O E G I O
H Y V T X X M V L R P X R T S
C G J K W X B E E T Y A U T M
R Y R A Z N K O J I L E M E N
A T O O H E Y S B N E I H R B
D E A T H F L I P I K U P N Q
```

ARCHIE ROSE GIN	JÄGERBOMB
	MUSCAT
BUNDABERG RUM	PASSION POP
DEATH FLIP	SHIRAZ
ESPRESSO MARTINI	SHOEY
	TOOHEYS
FIZZY APPLE	VICTORIA BITTER
GINGER BEER	
GOON	WINE
	XXXX

No. 36
Wine Regions in Oceania

```
T  H  H  G  U  O  R  O  B  L  R  A  M  A  S
A  E  Q  A  P  E  N  R  O  B  S  I  G  O  A
S  A  E  P  A  U  C  K  L  A  N  D  U  O  D
M  T  Y  A  B  H  U  N  T  E  R  T  A  A  E
A  H  U  R  W  B  N  E  B  Z  H  C  R  I  L
N  C  H  A  W  K  E  S  B  A  Y  L  R  R  A
I  O  V  R  M  R  L  Z  U  N  L  A  A  O  I
A  T  G  I  V  V  P  S  Q  G  A  R  Y  T  D
S  E  L  A  W  H  T  U  O  S  W  E  N  C  E
B  P  R  W  A  R  A  W  A  N  O  O  C  I  H
E  M  C  L  A  R  E  N  V  A  L  E  X  V  I
E  S  E  L  Z  J  B  A  R  O  S  S  A  R  L
V  X  I  R  U  T  H  E  R  G  L  E  N  B  L
M  A  R  G  A  R  E  T  R  I  V  E  R  I  S
R  C  E  N  T  R  A  L  O  T  A  G  O  Y  W
```

ADELAIDE HILLS

AUCKLAND

BAROSSA

CENTRAL
OTAGO

CLARE

COONAWARA

GISBORNE

HAWKE'S BAY

HEATHCOTE

HUNTER

MARGARET
RIVER

MARLBOROUGH

MCLAREN VALE

NEW SOUTH
WALES

RUTHERGLEN

SOUTH
AUSTRALIA

TASMANIA

VICTORIA

WAIRARAPA

YARRA

No. 37
Bar Snacks

```
W  I  N  G  S  S  R  E  K  C  A  R  C  C  A
E  I  Y  P  C  S  L  I  D  E  R  S  Q  H  J
Y  V  S  R  O  H  N  A  C  H  O  S  L  E  G
F  R  I  E  D  P  I  C  K  L  E  S  Y  E  Z
L  E  P  P  R  G  C  P  M  E  S  I  N  S  W
K  J  V  R  R  Y  Y  O  S  Q  T  R  X  E  O
K  U  D  O  E  Q  M  D  R  R  F  A  S  C  Y
T  A  T  E  R  T  O  T  S  N  R  M  R  U  S
Y  K  R  E  J  W  Z  B  U  U  I  A  E  R  T
X  C  S  A  P  A  T  E  O  H  E  L  T  D  E
S  T  U  N  A  E  P  V  L  K  S  A  T  S  R
Y  A  K  I  T  O  R  I  P  S  P  C  O  Z  S
P  O  T  A  T  O  S  K  I  N  S  X  R  T  U
Q  P  I  C  K  L  E  D  E  G  G  L  T  T  K
O  N  I  O  N  R  I  N  G  S  E  F  H  U  O
```

CALAMARI

CHEESE CURDS

CHIPS

CRACKERS

FRIED PICKLES

FRIES

JERKY

NACHOS

ONION RINGS

OYSTERS

PEANUTS

PICKLED EGG

POPCORN

POTATO SKINS

PRETZELS

SLIDERS

TAPAS

TATER TOTS

TROTTERS

WINGS

YAKITORI

Beautiful Bottles

```
L C Z M O N I X T A N C N T H
O D Y E F A F O C D A N S I C
U I B G R D G U B N R A B F R
I S C O A I E X T O R I D G Y
S A H N N C J O S I K C G S S
X R A E G T N E N I B I I T T
I O M V E I S E H R L T T G A
I N B E L V N A R O A A A E L
I N O D I O R C A C N D L R H
C O R U C M S T N H T E I M E
O C D M O T X K X E O L C A A
G Z C N I I O X S L N L U I D
N T Y O C B N Y R T S E S N X
A C O T E D E S R O S E S V G
C T E U O J R E I R R E P P J
```

ADICTIVO

BLANTON'S

CANTON

CHAMBORD

CITADELLE

CÔTE DES ROSES

CRYSTAL HEAD

DE VENOGE

DISARONNO

FRANGELICO

HIBIKI HARMONY

ITALICUS

LOUIS XIII COGNAC

NIXTA

PERRIER-JOUËT

ROCHELT

ROSES

ST-GERMAIN

TSARINE

Fun Fact

Chartreuse is a liqueur made with 130 plants, which is the only known element of the secret elixir's recipe. Named for the monks who distill it and the mountain range in which it is distilled, this beverage has a long and storied history. The Carthusian monks are still the sole producers of the liqueur and the recipe remains a secret to the rest of the world.

No. 39
Beverages by the Letter D

```
X M D O D C D A Q O E L D V D
T B O A E P A F T P R E U D D
I H P D W A I R T J A L N R I
D E P K A J S R C T A U K A R
U C E V R N Y W H U G M L M T
D E L R S X T F U Q D N E B Y
V W B L N V L E O J V V S U S
E N A I S I U O L A L E D I H
L Q C W P G A W O O E X A E I
U N H D Q B L T Y A Z B Y L R
R D A R K N S T O R M Y B B L
K J W D N P Y N M L X C E L E
L C E L C N U K N U R D L B Y
N X V D A I Q U I R I U L A G
M D U B O N N E T T S Y Q H E
```

DAIQUIRI	DEWARS
DAISY	DIRTY SHIRLEY
DANTE	DOPPELBACH
DARK 'N' STORMY	DRAMBUIE
DAY BELL	DRUNK UNCLE
DE LA LOUISIANE	DUBONNET
DEATH FLIP	DUNKLES

No. 40
Beer Euphemisms

```
U R R V W D R W M L K S Y A Z
J G B Q B X E A P G P L H N Q
A S P O L S X L L P L E R T Z
M D Z E H Q I L T E V I L O Y
B L R O C T S O I R E N I K Y
E I Q A Z F F P D C U N Q B F
R S U T F D I G I W H I U R P
N K R L G T R U E C L T I E H
E S O B V P J E O S Q L D W T
C D H L R P D L T W Q P B S U
T U Q A O E D I P T B B R K L
A S Q H V O W I F I A I E I J
R U Y U N Y N K V R Z G A U O
N G V E Y T B O V L E V D B C
Y J L N R B A R L E Y S O D A
```

ALE	HOP JUICE
AMBER NECTAR	LIQUID BREAD
BARLEY SODA	PINT
BREW	SIXER
BREWSKI	SLOPS
COLD ONE	SUDS
DRAFT	TINNIE
GATTER	WALLOP

No. 41
Sommelier's Vocabulary T–Z

```
T A R T I V H T H S O Z S E M
V V T O Q E V T O A S T Y V U
E C I T L L I Y L E Y P U M T
G X G Y V V N O I D B L R B A
E P H P M E I Q A E L Z G G R
T T T I T T F C X A L W T W T
A E Z C A Y I H G W U D H E A
L R F I N R C E X X V O X P R
Y R H T N Y A L P I O T Y X I
M O U Y I E T E N B U K E E C
D I D N N Z I X Z R N N A Y A
I R I H S I O W E I O T S K C
R H H L R P N G N U O Y T U I
Y B G Z V I N T A G E N J N D
Q Q B Z E P T Z K V J V U A Y
```

TANNINS	VEGETAL
TART	VELVETY
TARTARIC ACID	VIN
TERROIR	VINIFICATION
TEXTURE	VINTAGE
TIGHT	YEAST
TOASTY	YIELD
TYPICITY	YOUNG
ULLAGE	ZIP

No. 42
Day Drinking

```
L T Z Y R A M Y D O O L B X R
Z B Z S M V L O W A B V B D M
H C N U L T E R Q J B H I A P
M S T I C B E L L I N I E D Y
B A S E B A L L G A M E R A M
C P I U A R G J R O C Z G L I
Q U D U Q H U X I I R M A E M
S N O O N E R N N L V Z R H O
X O G W L N E C C F V K T C S
S P R I T Z I C J H S D E I A
P C W T M P S E N I F P N M G
U E G F L I G H T B E E R O R
J S E T H M E Y E R S T S I A
P Y A R D G A M E Q J I D O Z
D E C A N A P E R I T I F V A
```

APERITIF	LUNCH
BASEBALL GAME	MICHELADA
BELLINI	MIMOSA
BIERGARTEN	NOONER
BLOODY MARY	PICNIC
BRUNCH	SETH MEYERS
LIGHT BEER	SPRITZ
LOW ABV	YARD GAME

US Red Grape Varietals

```
X M V M P T Z I G A Q M Q J S U Y Y N X
E O M A P P H P J C Q W S S G L T M K G
B U I W E L X L H A X B S P I G Y D C Z
M R S E N E W D A B C A Y O V F X R O W
K V S A A N B L J E Q R R G D O S Y N N
B E I E N O M N D R Q B A C L Z P P C Q
W D O I G I P P Q N I E H N X W U H O Y
Y R N L I R E I P E W R B A P W C G R B
E E W G R F T M T T J A I R E R W X D O
M V B A A B I A Z S F G F F T A C E S B
T G S N C A T L K A L L U T I P A M H A
G R E F P C S B G U Z E G E T I T P N N
T E S D W O Y E K V F D M N V N A H N A
H N S U K N R C G I T N I R E O W M O M
V A F M U O A C G G Q A I E R T B X S E
F C Y S A I H R D N N F B B D N A P X Q
H H P K P R G Q Q O B N W A O O C T P D
O E H J B L K H K N R I Z C T I J Y K I
C X O P M E R L O T Q Z M G E R C D V T
S A N G I O V E S E L K Q W Q W L S G W
```

BACO NOIR	CONCORD	PETIT SYRAH
BARBERA	GRENACHE	PETIT VERDOT
CABERNET FRANC	LENOIR	PINOT NOIR
CABERNET SAUVIGNON	MALBEC	SANGIOVESE
	MERLOT	SYRAH
CARIGNANE	MISSION	ZINFANDEL
CATAWBA	MOURVÈDRE	

Cosmopolitan

1½ ounces vodka

1 ounce orange liqueur

½ ounce fresh lime juice

¼ ounce cranberry juice

Lime wheel, to garnish

Add everything to a shaker with ice and shake vigorously until chilled.

Strain into a chilled cocktail glass. Garnish with the lime wheel.

No. 44
Beer Description

```
C A R B O N A T E D D C E T L
E F U L L B O D I E D L K I G
F R M G N I M R A W T S G N N
H E O J J H R M J C X H W B I
H F Z J B I M O U Y T G E R H
Z R T X J S N A P P Y M A I C
M E F F E R V E S C E N T S N
Z S I C R I S P V B T J Z K E
S H D S K M O H X F D U T R U
I I B E M C R E A M Y I I I Q
D N W U G A R O U N D C Y I R
J G I P G E N T L E H Y K K I
D R I N K A B L E C P T N C C
E V P W H S K P T F O S P F L
Q C P F V V K A M U Q J J Q V
```

BRISK — LIGHT
CARBONATED — QUENCHING
CREAMY — REFRESHING
CRISP — RICH
DRINKABLE — ROUND
EFFERVESCENT — SNAPPY
FULL-BODIED — SOFT
GENTLE — WARMING
JUICY

No. 45
Beverages by the Letters E–F

```
E G J Q O S S E R P S E Q S O
L T I A V Y U Y R I M E A N U
P P X D S F R A P P E L H P F
R E A U D E V I E X Q H F I R
E X F R U I T L A M B I C O O
S N F F U O C G R W Z Q V G S
I G O K E Y F J V Z S Y M N E
D F G Q Q R V Y Y I K G R I I
E I C F R A N G E L I C O M N
N N U E S A K E J F L Z K A N
T O T T F G B P T Q G B P L T
E R T F E R R A R I E B A F A
T E E F U Z Z Y N A V E L O G
I U R F L O A T F L I P L U M
F L A M I N G D R P E P P E R
```

EAU-DE-VIE — FLAMINGO
EL PRESIDENTE — FLIP
EMIR — FLOAT
ESPRESSO — FOG CUTTER
FERNET — FRANGELICO
FERRARI — FRAPPE
FINO — FROSÉ
FIZZ — FRUIT LAMBIC
FLAMING DR PEPPER — FUZZY NAVEL

No. 46
Beverages by the Letter G

```
V M G O S E P W R M M A V Z R
G X I K G V Q R E S O E L G E
R H B R R S W G N F N T G I N
E Y S E A G G R I G G O I G I
Y G O P N I O A M A R Q M G L
H L N P D N L P A L O V L L T
O U R O M G D P R L G R E E L
U H W H A E R A T I M G T J E
N W N S R R U W Z A T N G U V
D E T S N A S U R N G Q I I R
V I W A I L H B U O L F N C E
K N V R E E B B W H O Q X E N
O F L G R W N N E C G P N V U
G R E N A C H E G E G X U U R
X G O D F A T H E R O U N G G
```

GALLIANO
GEWÜRZ-TRAMINER
GIBSON
GIGGLE JUICE
GIMLET
GIN
GINGER ALE
GLØGG
GLÜHWEIN
GODFATHER
GOLD RUSH
GOSE
GRAND MARNIER
GRAPPA
GRASSHOPPER
GRENACHE
GREYHOUND
GROG
GRÜNER VELTLINER

No. 47
Beverages by the Letters H–I

```
H U R R I C A N E Q C E J H V
H I C H R T H A I H S H A X Z
E H G H E C I S K R S I Y I U
R A I H J R V S L I R F H R V
B P L X L U M I C O V A O I H
S P M A J A Q I F R R H T S I
A O E T M T N T T D X U T H G
I S F H F N H D S A N M O C H
N H S M A E O E F V G M D O B
T U K D D H L I L L P E D F A
N M J O T T L T P K I R Y F L
U U G D Z L H F D A U N M E L
T D I E F Z Y X U I W L G E J
M L R H U G O S P R I T Z N T
Y K N A P Y K N A H X Z H U W
```

HAIR OF THE DOG
HANKY PANKY
HAPPOSHU
HARD SELTZER
HERBSAINT
HERMITAGE
HIGHBALL
HIGHLAND FLING
HOT TODDY
HUGO SPRITZ
HUMMER
HURRICANE
IPA
IRISH COFFEE

Beverages by the Letters J–K

```
S  J  O  J  A  C  Q  U  E  L  I  N  E  K  O
I  R  E  T  S  I  E  M  R  E  G  A  J  E  W
J  L  Q  V  J  T  K  U  M  M  E  L  X  N  Y
S  T  M  C  U  K  A  H  L  U  A  P  D  T  K
T  B  Q  A  N  O  C  E  M  Z  V  J  C  U  O
B  X  V  J  G  E  Z  A  K  I  M  A  K  C  S
J  U  N  G  E  E  B  I  R  D  A  G  O  K  T
K  K  J  B  E  L  A  B  F  Y  M  E  M  Y  E
I  A  E  K  J  K  L  D  M  M  O  R  P  C  N
R  R  E  J  U  P  E  O  O  B  B  B  O  O  K
S  S  I  G  I  U  L  O  S  N  S  O  T  F  O
C  K  E  A  C  W  A  Z  S  H  L  M  L  F  R
H  J  U  L  E  P  I  B  F  K  O  B  B  E  V
Y  O  K  I  R  R  O  Y  A  L  E  T  E  E  A
K  N  I  C  K  E  R  B  O  C  K  E  R  B  J
```

JACQUELINE

JÄGERBOMB

JÄGERMEISTER

JELL-O SHOT

JULEP

JUNGLE BIRD

JUNGLE JUICE

KAHLÚA

KAMIKAZE

KARSK

KENTUCKY COFFEE

KIR ROYALE

KIRSCH

KNICKER-BOCKER

KOMPOT

KOSTENKORVA

KÜMMEL

Beverages by the Letter M

```
C  R  D  R  E  M  A  L  B  E  C  F  M  W  C
R  M  A  D  I  E  R  A  Q  J  A  G  M  O  L
M  A  R  T  I  N  I  B  H  J  R  S  M  M  M
X  F  M  E  A  D  M  O  J  I  T  O  O  A  A
J  M  E  R  L  O  T  F  B  E  R  G  N  N  R
M  I  N  T  J  U  L  E  P  U  I  M  T  H  T
M  T  M  A  R  S  A  L  A  R  S  U  E  A  I
I  A  K  Q  Q  Y  S  U  I  L  D  D  C  T  N
M  C  X  G  M  A  T  A  D  O  R  S  A  T  E
O  S  L  E  U  G  I  S  N  J  P  L  R  A  Z
S  U  X  L  M  A  I  T  A  I  G  I  L  N  C
A  M  O  S  C  O  W  M  U  L  E  D  O  N  K
C  M  I  C  H  E  L  A  D  A  K  E  Q  X  G
M  D  L  M  M  A  R  G  A  R  I  T  A  U  M
L  K  J  X  C  M  E  S  C  A  L  K  U  P  X
```

MADIERA

MAI TAI

MALBEC

MANHATTAN

MARGARITA

MARSALA

MARTINEZ

MARTINI

MATADOR

MEAD

MERLOT

MESCAL

MICHELADA

MIMOSA

MINT JULEP

MOJITO

MONTE CARLO

MOSCOW MULE

MUDSLIDE

MUSCAT

Beverages by the Letters N–P

```
H  P  O  P  A  P  E  R  P  L  A  N  E  F  R
P  I  I  I  E  B  U  L  C  U  G  E  P  P  J
E  S  R  N  O  R  A  N  G  E  A  D  E  P  O
N  C  E  A  K  R  E  N  S  L  I  P  U  L  F
I  O  L  C  N  S  G  T  O  E  L  N  D  P  P
I  O  I  L  G  W  U  U  P  H  A  F  P  O  C
L  U  K  A  R  O  P  D  I  S  I  I  R  S  K
L  R  N  D  O  K  L  O  H  R  M  U  B  E  L
I  B  I  A  N  O  R  I  R  M  R  J  J  C  E
N  R  A  V  I  D  O  U  S  T  Y  E  V  C  B
O  N  P  S  N  N  P  A  S  T  I  S  L  O  A
O  Y  S  T  E  R  S  H  O  O  T  E  R  P  C
M  L  U  D  G  Q  L  P  A  L  O  M  A  T  K
N  E  W  Y  O  R  K  S  O  U  R  H  W  A  S
```

NEGRONI

NEW YORK SOUR

OLD FASHIONED

OLD PAL

ORANGEADE

OUZO

OYSTER SHOOTER

PAINKILLER

PALOMA

PAPER PLANE

PASTIS

PEGU CLUB

PENICILLIN

PICKLEBACK

PILSNER

PIMM'S

PIÑA COLADA

PINK SQUIRREL

PISCO SOUR

PORT

PROSECCO

PUNCH

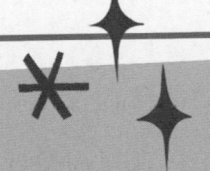

Fun Fact

Ernest Hemingway is a legend in the literary world and in drinking culture. As the story goes, Hemingway saw a bartender mixing a batch of daiquiris at one of his favorite watering holes. He tried one and said, "That's good, but I'd prefer it without the sugar...and double the rum." By swapping the sugar for maraschino liqueur and adding a little grapefruit, the bartender made the drink palatable for everyone. Thus the Hemingway Daiquiri was born.

No. 51
Hop Varietals D–E

```
E C E E F E V V E D U A E E E
A D S G A Z U R A D Z A M A A
S A I S N R O R E N R Y S R S
T N M K C I L N E L U T M L T
W A O A C R S Y Y K K D K Y E
E X R A V I E G B E A D U P R
L O P B T P R D N I V C O R N
L N Y Y A E Y T N Q R S Q O G
G I L K E T G U C E W D I L R
O U R N E O A L L E F C U I E
L Q A E L D O R A D O E F F E
D E E D R R U D I M C P D I N
I D I R L Z A T L E D P A C O
N N D L O G N R E T S A E N O
G E L S A W A S S E R Q P E X
```

DANA
DEFENDER
DELTA
DENSITY
DR RUDI
DUNAV
EARLY BIRD
EARLY GREEN
EARLY PROLIFIC
EARLY PROMISE
EAST KENT

GOLDING
EASTERN GOLD
EASTERN GREEN
EASTWELL GOLDING
EL DORADO
ELLA
ELSAWASSER
EQUINOX
EROICA
EUREKA

No. 52
Beverages by the Letters T–U

```
G T T V E P Q J T I Z K J T A
J O O A O T Y O E A N T E S U
O D M T W I T J Q W T A S T P
B D M O T N O R U B E U M I S
U Y Y M I T M O I T M A Z M I
M U S C P O A U L O P N C B D
E N M O U D N T A N E E E E E
S D A L N E D E S I R O S R D
H E R L C V J Q U C A F E D O
U R G I H E E U N G N W L O W
D B A N V R R I R T I E P O N
B E R S O A R L I R L C I D F
X R I C M N Y A S B L S R L Z
Z G T J Z O Q S E C O J T E C
I B R L T H I S T L E G Q K L
```

TEA
TEMPERANILLO
TEQUILA
TEQUILA SUNRISE
THISTLE
TIMBER DOODLE
TINTO DE VERANO
TI' PUNCH

TODDY
TOM AND JERRY
TOM COLLINS
TOMMY'S MARGARITA
TONIC
TRIPLE SEC
UMESHU
UNDERBERG
UPSIDE DOWN

No. 53
Beverages by the Letters V–Z

```
R W R D O Z K Y I J V U Y W S
B L Z O M B I E U V E Z Z F Q
U W H F W I O O I M R W W W Q
W H Z W P H U T G J M Y H V X
H I J I W K E J W W O R I V T
I T Y T I C H A N P U B S I L
S E U B N V B Q T M T G K R V
K R A I E E N P Q B H X E G I
Y U O E S S B K W B E E Y I O
B S V R Y P S K Q O Q E M N G
M S X S A E E P G Z Y E R M N
M I F E R R A C X U E I V A I
H A V O D K A G P R C X F R E
U N U Z E Y A R V U O V D Y R
R U O S Y E K S I H W M B P N
```

VERMOUTH

VESPER

VIEUX CARRÉ

VIOGNIER

VIRGIN MARY

VODKA

VOUVRAY

WHEAT BEER

WHISKEY

WHISKEY SOUR

WHISKY

WHITE RUSSIAN

WINE

WITBIER

ZOMBIE

No. 54
(Un)Official National Drinks Part 2

```
J L M K D J B O Z V T H L M H
U C K R A A L I U Q E T A U I
P L S V O D K A J B D C M N W
J Y E T N E I D R A U G A X C
W B R W Y Q M G O A C B R T D
Q Y A V C C W U G T J A U C J
G D V L H Q E G L S U I R C P
K V E C I S S A L K G J A V G
P X J Z C T O A S D J U K I Q
O S U X H N J P V A J D I N R
R Q T F A F U V A B R J O U Y
T E P I S C O S O U R X M N P
A O C J W N X E O N F W K T W
I F E R N A N D I T O U O X U
C M A M A J U A N A T C H B Y
```

AGUARDIENTE

BAIJU

CEASAR

CHICHA

FERNANDITO

MACUÁ

MAMA JUANA

PISCO SOUR

PORT

RAKI

RUM

SOJU

TEQUILA

VODKA

US White Grape Varietals

```
B E M U S C A T C A N E L L I N B X N N
N I A G A R A H F C Q M Z I W I L V I N
I E A C H E N I N B L A N C S G A I B V
T S O R V E C B N Y R E F I L R N W L I
G A H S D S P P V Z G O R R H D C P A D
E W C X E P E I V K S E E I O M D X C A
W S X S Z M U Y P H K E N E A K U A K L
U G A A U Q I J V T O P C S R L B B M J
R Y L I P M J L Z A I V H L U K O C U R
Z A B O V H E V L N L O C I R Y I X S O
T N A E I G Q G O O P B O N C N S C C U
R N R I O X Y T N G N O L G X Z I A A S
A O I J G E G Q K A K T O A N Z T Y T S
M D N H N R P X A J R C M S C G I U D A
I R O U I C E O F X T O B J S Z O G J N
N A T S E C G N T M H X A P R D P A U N
E H Q O R M D Z Y Y H I R K E B B S X E
R C U Z O H J J O A E P D K H C L A K X
K S A U V I G N O N B L A N C M A J U F
P Z M A R S A N N E U B L Z B L H C L W
```

ALBARIÑO	GEWÜRZTRAMINER	ROUSSANNE
BLACK MUSCAT	MARSANNE	SAUVIGNON BLANC
BLANC DU BOIS	MUSCAT CANELLI	SÉMILLON
CAYUGA	NIAGARA	SEYVAL BLANC
CHARDONNAY	ORANGE MUSCAT	VIDAL
CHENIN BLANC	PINOT GRIS	VIOGNIER
FRENCH COLOMBARD	RIESLING	

Daiquiri

1½ ounces white rum

¾ ounce lime juice

½ ounce simple syrup

Lime wheel, to garnish

Add everything to a shaker with ice and shake vigorously until chilled.

Strain into a chilled cocktail glass. Garnish with the lime.

To make a Hemingway's Daiquiri increase to 2 ounces white rum, add ½ ounces maraschino liqueur, and replace the simple syrup with grapefruit juice.

No. 56
AKA Booze

```
K T J R G L O H O C L A Z Y J
N E U O T I P P L E H R T G O
I Q I U B D A H S Y L D R R H
R W C Q R M Q L A V S E U O N
D Z E I F U U U M B N T G B
G L N L M R A S C O O T H I A
N K G X H C V H E O T S S N R
O I N T O X I C A N T P E E L
R P Q C O Z T T P S L I R B E
T U U Z C B A L Q H E R U R Y
S D X K H H E S F I H I M I C
S T I M U L A N T N M T C A O
N H P O T A B L E E N S C N R
Z Y F C F I R E W A T E R T N
L A Z S P I R I T S A B T L G
```

ALCOHOL	JUICE
AQUA VITAE	LIQUOR
ARDENT SPIRITS	LUSH
BOTTLE	MOONSHINE
DRINK	POTABLE
FIREWATER	RUM
GROG	SAUCE
HOOCH	SPIRITS
INEBRIANT	STIMULANT
INTOXICANT	STRONG DRINK
JOHN BARLEYCORN	TIPPLE
	TRUTH SERUM

No. 57
Alcohol and Art

```
P P N J Y Y A Z R H P O O U C
O N W E L L S B R E I O L M Z
L Z I Z O H W E Z M C C E C P
L G T A A B N T D I Y G I H A
O S G L W K O M S N F P G E R
C W S C L T X B V G O I W E K
K X B U L B U U W W V C S V E
N M A C Z J M K X A H A R E R
X F C A C O I O P Y G S O R L
Z K O P Z Y W W F V O S L U B
S O N O I C T S V M G O U R Y
Y U G T X E M K O N N H A F R
G S P E H T N I L U A K V N O
O L A U T R E C I A V M S P N
I K Q R P G A U G U I N N Q K
```

Francis BACON	James JOYCE
Charles BUKOWSKI	Henri De Toulouse-LAUTREC
Lord BYRON	Dorothy PARKER
Truman CAPOTE	Pablo PICASSO
John CHEEVER	Edgar Allen POE
William FAULKNER	Jackson POLLOCK
Paul GAUGUIN	Mark TWAIN
Frans HALS	Vincent VAN GOGH
Ernest HEMINGWAY	Orson WELLS

40

No. 58
At the Supper Club

```
O O L D F A S H I O N E D N R
Y A R T H S I L E R W U H P E
O D Y C O C K T A I L S I Q D
B W A P R I M E R I B N W W N
R W Y E O M T A Z D K V L I A
E Z I L R X Y U R S O A V S X
A F L S H P L T Q G Z X F C E
D I O L O Z S U L Y C V N O L
B S D F B O I E S F L J O N A
A H G P L R C U S F F B O S Y
S F E D R Y S S T E X H S I D
K R S E I A N J I P E L I N N
E Y L X N T F Z S N I H R L A
T G R A S S H O P P E R C S R
H S C H D O G G I E B A G L B
```

BRANDY ALEXANDER

BREAD BASKET

CHEESE SPREAD

COCKTAILS

DOGGIE BAG

FISH FRY

GRASSHOPPER

LAZY SUSAN

LODGE

OLD FASHIONED

PINK SQUIRREL

PRIME RIB

RELISH TRAY

WISCONSIN

No. 59
Beer Cocktails

```
P L Z C B I F B B E C L D K F
I Y I Z O N O L I S J A E M L
I H R E I S P A T L E Z K I A
B F I C L N L C C E C R A C M
L Q S H E A O K H G G A N H I
A B H M R K H A E N P D O E N
C P S A M E G N S I H L G L G
K M H T A B B D B H H E D A D
V A A E K I R T R T W R N D R
E N N U E T N A E Y C Y A A P
L T D K R E T N W N P M P V E
V I Y S X O F H S A N Z I X P
E N K O P S T O O T P S K Y P
T I H U I Q T C P V Q E S Q E
T P U H E Z J T J Z G Y K P R
```

ANYTHING ELSE

BITCHES' BREW

BLACK AND TAN

BLACK VELVET

BOILERMAKER

CZECHMATE

FLAMING DR PEPPER

IRISH SHANDY

KOPSTOOT

MANTINI

MICHELADA

RADLER

SKIP AND GO NAKED

SNAKEBITE

No. 60
Beer Flavor

```
T A R T W I O R A N G E B O E
O B K C F R U I T Y J T E K K
C L A H L F V I H V R N W F W
C S A O C A R A M E L A H L U
O P Q C D H V S T B D O E L P
F I S O S M H T U R V B A F J
F C J L P U I R E I A R T C V
E Y K A E B D U W C N T G B O
E F L T G H R C F H I W Q C H
H C Q E S Y Y T Q Y L C F L L
O O A I W K F U U G L H K O E
N R V J E S L R R I A D H V M
E N U D E S G E G N Z U H E O
Y Y J Y T K E D I O Z J F X N
B Q V J E X E E W T B E X N W
```

BITTER	LEMON
CARAMEL	ORANGE
CHOCOLATE	RICH
CLOVE	SPICY
COFFEE	STRUCTURED
CORNY	SWEET
DRY	TART
FRUITY	VANILLA
HONEY	WHEAT

No. 61
Beer Styles from Great Britain

```
S I S T R O N G B I T T E R P
E B A R L E Y W I N E Q M B U
N O L D W W F S I E U W R U O
G K D S T O U T G P T O Q H A
L L P N A W F L M N W K A Q T
I N I L B E X N Q N J H G R M
S F R A I E P G O L D E N D E
H H I C T H S O E U I O R Y A
L P S I T E W J R I Z Y E G L
L D H P E A E U P T S W L W N
P W R O R V E S G T E W I C E
N N E R M Y T J O J W R G E K
F Q D T V B V U K Q I L H Z B
K J D C C X T A P S K J T J C
C T R O P X E N A M K R R L F
```

BARLEY WINE	OATMEAL
BROWN	OLD
DRY STOUT	PORTER
ENGLISH	STOUT
EXPORT	STRONG BITTER
GOLDEN	SWEET
IRISH RED	TROPICAL
LIGHT	WEE HEAVY

French Red Grape Varietals

```
C M R G I P R U M T C U C A M
R A I A O I C B O U A A A I O
O L X M C N O K T A R E B F U
T B J A D O U G O S I L E X R
I E J Y Z T N K L N G L R T V
L C H G K M O I R I N O N E E
A R N C R E I R E C A R E S D
C H H E A U S U M R N G T E R
C A B E R N E T F R A N C R E
C R C C N I E W W R N A F A K
U Y M L S E G R U W N L J C D
X S W O D R C B G B W C V C F
K P E T I T V E R D O T P A M
V Z P I N O T N O I R R B V P
F C A R M E N E R E X J I V X
```

CABERNET	GROLLEAU
CABERNET FRANC	MALBEC
CALITOR	MERLOT
CARIGNAN	MOURVÈDRE
CARMÉNÈRE	PETIT VERDOT
CINSAUT	PINOT MEUNIER
COUNOISE	PINOT NOIR
GAMAY	SYRAH
GRENACHE	VACCARÈSE

Fun Fact

Scurvy is a disease associated with sailors and pirates. It is caused by a lack of vitamin C—something difficult to find in nonperishable foods at sea 300 years ago. The British Royal Navy resolved this by including lemons and limes in sailor's rations. Sailors also had rations of rum. In 1740, Admiral Edward Vernon created a mixture of 1 part rum to 4 parts water, flavored with lemon or lime juice and a bit of brown sugar. This beverage became known as "grog" and British sailors no longer suffered scurvy. See—drinking can be good for your health!

No. 63
Italian White Wine Grape Varietals

```
Z N D Z P I C O L I T K H U O
X C N S I G P N Z C G G A V Z
Q H I B N B X A C Z M Z L E A
C A J I O O A I S X L C L J E
O R N A T T R B X Y Q P A C F
R D G N G S N B J B A V I J R
T O A C R C E E Y C E M G Q I
E N R O I G I R D R O O A E U
S N G X G T S T N G L S L Z L
E A A N I X D A B F A C L J A
R Y N E O F C S X B X A O V N
C B E C X C C L G M S T B L O
X M G A I N N O I H G O I J Y
X V A A G L E R A T K Y R A E
E T F E P I N O T B I A N C O
```

ARNEIS	PICOLIT
CHARDONNAY	PINOT BIANCO
CORTESE	PINOT GRIGIO
FRIULANO	RIBOLLA GIALLA
GARGANEGA	TREBBIANO
GLERA	VERNACCIA
MOSCATO	

No. 64
French Red Wines

```
O J O T U H W F X K U U P X E
C G H E R M I T A G E I F I P
O Y F R L D C D H D N S T C O
T I B X Y C V U M O J O N N V
E F E P F O J M T W R B O P X
S L A A J R F N R E O O G E V
D A U U O B O A T F D R I F L
U S J I P I J O W B C D M A X
R U O L R E C A T C R E A U C
H L L I R H M A H L A R G H
O G A A Z E F Z V O B U G E I
N O F C F S N V E Y C X A R N
E F I D N Z F J L M G P U E O
G N S Y D N U G R U B P X S N
S U M D P O M E R O L N Y R P
```

BEAUJOLAIS	FAUGÈRES
BORDEAUX	HERMITAGE
BURGUNDY	MARGAUX
CHINON	PAUILLAC
CORBIÈRES	PINOT NOIR
CÔTE-RÔTIE	POMEROL
CÔTE-DU-RHÔNE	TAVEL

No. 65
French White Wines

```
S P H R R I R M B W N J J K C
A O Y E Y M A M U S C A T V P
N U M N K H M T B B S W O Y W
C I C I V H L O S I K U R T R
E L H M B U R P L W V B S E I
R L A A M K Z B W R F E U D E
R Y M R M R A D A U N U B A S
E F P T G H H Y B R I C A C L
J U A Z C W S A E L I I R S I
U I G R C W T T B O M W S U N
V S N U S Y U D D L D D A M G
C S E W S A N P Z W P S C H M
F E L E S D C Z T I H S H P Y
Y Z L G R N P I N O T G R I S
B K E M U F Y L L I U O P D K
```

BARSAC

CHABLIS

CHAMPAGNE

GEWÜRZ-
TRAMINER

MUSCADET

MUSCAT

PINOT GRIS

POUILLY-FUISSÉ

POUILLY-FUMÉ

RIESLING

SANCERRE

SAUTERNES

VOUVRAY

No. 66
Cynar

```
R I O S E C A R B D T D F A C
A Q Z Z O R P B I B W I I R I
R Z T U R O E G T U L V I B T
T A I S A L R D T R R T R A A
I R R J N A I I E P K E D C L
C T P N G G T P R Y D E D A I
H I S R E E I W G S I W E P A
O C R I J D F F I I G S A U N
K H A T U O M Z U N E R T H J
E O N A I B S B S C S E H C U
H K Y L C A F R E Y T T S L L
O E C I E R M O P N I T T E E
L K G A P I U W P S F I A I P
D M V N B Y X N E O L B R P C
F J E E Z L O U I S E M I G X
```

APERITIF

ARTICHOKE

ARTICHOKE
HOLD

BITTER
GIUSEPPE

BITTERSWEET

BROWN

CE SOIR

CYNAR SPRITZ

DEATH STAR

DIGESTIF

EL CHUPACABRA

ITALIAN

ITALIAN JULEP

JEEZ LOUISE

ORANGE JUICE

RABO DE GALO

SIN CYN

Australian Wineries

```
E K P E O P G Z D T C N P Z V H C L K X
J T R L Y O O G Z Y D C G Y T I A A C U
I V E I M O H N L R D R R T W D P G C H
A L I G O N Y I I R W K E Z T B E U A C
T E N X A A A R A E S S E G O V M S T L
L E O H K W L E T L G O N M R M E Y W O
A U T S R A U Y W L C P O G B G N D Y N
N W S I I T M A O S R O C I R G T R N A
G I P Q D T B R L M A O K B E I E A N K
M N E O G A A R L D W L C S C A L H S I
E E N D E B P A E E F E R O K C L E P L
I S F J Y D A Y Y Z O Y E N R O E K I L
L T O B E S T S X N R X E K P N A H E A
Q A L J O A V Y F E D Y K A P D J C R X
P T D U N L X S K L R V H Y R A B S R N
S E S D A B A X W L I A K P E P B N O B
G I U Z N A A J R U V P J Z F H A E J Z
T O L P U D D L E C E C N O O N X H B P
G P T N S X X C I Q R N V T Q Y H X P I
Y E R I N G B E R G X N A M K L I S B H
```

BEST'S	LANGMEIL	STONIER
CAPE MENTELLE	LEEUWIN ESTATE	TOLPUDDLE
CLONAKILLA	NOON	TORBRECK
CRAWFORD RIVER	OAKRIDGE	TYRRELL'S
CULLEN	PENFOLDS	WYNNS
GIACONDA	PIERRO	YALUMBA
GIBSON	POOLEY	YARRA YERING
GREENOCK CREEK	POONAWATTA	YELLOW TAIL
HARDYS	SILKMAN	YERINGBERG
HENSCHKE		

Daisy

2 ounces any spirit

1 ounce fresh lemon juice

1 teaspoon grenadine

½ teaspoon simple syrup

Seltzer or club soda

Mint sprigs, berries, or fresh fruit, to garnish

Add the spirit, lemon juice, grenadine, and simple syrup to a shaker with ice and shake vigorously until chilled.

Strain into a chilled cocktail glass and top with seltzer or club soda. Garnish with mint sprigs, berries, or fresh fruit.

No. 68
Garnishes

```
L P I N E A P P L E N O T L B
C I K M I N T W G R C R H A X
B H M A U M B R E L L A S V H
A I D E Y J O L I V E N H E L
N T U N O C O C T J I G J N P
S Z C U C U M B E R H E W D S
Y X R O S E M A R Y F Z V E J
K C I T S N O M A N N I C R I
W K E Y R R E B W A R T S A N
L E M O N F L O W E R Q Z T S
H C E L E R Y A W F F M P C B
C O C K T A I L O N I O N D P
N I R L S W U Z Y N H Y M Z J
W E R R A S P B E R R Y P T P
J U G Y C H E R R Y C K B Y P
```

CELERY	LEMON
CHERRY	LIME
CINNAMON STICK	MINT
	OLIVE
COCKTAIL ONION	ORANGE
COCONUT	PINEAPPLE
CUCUMBER	RASPBERRY
FLOWER	ROSEMARY
LAVENDER	STRAWBERRY
	UMBRELLA

No. 69
Frozen Drinks

```
H E V Z Z C M O M U D A S J T
A F W C S P H O Z P A N Y M E
Q L J A X E G I C H I A S U V
E A T D K A P K C S Q N R D B
U S K A L R F W F H U A E S U
K L C L A L X L U X I B P L S
N U U O V D V B O U R Y P I H
B S F C A I H S R A I T O D W
S H R A F V F U P M T R H E A
W Y O N L E X J M W G I S A C
G Z S I O R L O A M B D S W K
C Z E P W G Z T X E E J A I E
N S G R O P P I N O S R R G R
G Y M A R G A R I T A T G I O
M U A D I T A B Y H Y F Z I P
```

BATIDA	LAVA FLOW
BUSHWACKER	MARGARITA
CHI-CHI	MUDSLIDE
DAIQUIRI	PEARL DIVER
DIRTY BANANA	PIÑA COLADA
FLOAT	SGROPPINO
FROSÉ	SLUSHY
GRASSHOPPER	
HUMMER	

No. 70
Hair of the Dog

```
M  I  C  H  E  L  A  D  A  F  Y  I  F  I  J
B  B  F  U  M  I  M  O  S  A  A  E  G  J  P
E  C  Q  E  X  H  J  W  H  X  R  G  R  P  R
E  G  O  Z  R  G  O  Q  E  N  M  B  A  L  A
R  A  W  C  W  R  C  B  E  R  F  K  N  E  I
B  T  U  U  O  A  A  T  Y  O  B  O  C  T  R
L  O  O  N  B  N  B  R  G  Y  P  M  H  I  I
O  R  W  Q  D  R  U  C  I  A  E  B  W  T  E
O  A  T  M  A  E  U  T  L  D  M  U  A  B  O
D  D  N  N  J  T  R  O  W  O  A  C  T  L  Y
M  E  C  T  T  Z  M  B  C  A  F  H  E  E  S
A  A  L  E  J  A  F  R  E  X  T  A  R  E  T
R  P  R  R  E  D  E  Y  E  R  Y  E  F  D  E
Y  E  T  Y  L  A  I  D  E  P  G  Q  R  G  R
B  F  S  I  L  V  E  R  F  I  Z  Z  K  P  R
```

BEER	LET IT BLEED
BLOOD MARY	MICHELADA
COCONUT WATER	MIMOSA
	PALOMA
FERNET-BRANCA	PEDIALYTE
FERRARI	PRAIRIE OYSTER
FOG CUTTER	RANCH WATER
GATORADE	RED EYE
KOMBUCHA	SILVER FIZZ
	UNDERBERG

No. 71
Harvesting Grapes

```
T  O  N  P  E  R  A  C  R  E  D  D  C  U  R
J  M  C  K  V  O  R  E  R  C  E  E  F  Z  Q
X  Y  D  K  S  E  P  I  A  Y  E  S  L  J  N
W  I  P  Z  R  K  R  M  P  C  S  T  S  R  I
M  E  R  O  O  C  E  A  G  E  J  E  N  C  T
B  L  U  J  S  I  P  D  I  T  L  M  I  R  R
N  D  N  R  S  P  N  X  M  S  Z  R  P  U  E
P  Q  E  X  I  D  G  T  R  S  O  R  T  S  L
D  N  R  I  C  N  B  S  E  A  S  N  U  H  L
D  C  Q  Z  S  A  O  W  S  M  T  B  M  B  I
B  R  I  X  F  H  J  S  Q  E  B  K  V  W  S
M  E  C  H  A  N  I  C  A  L  R  S  T  G  K
U  D  H  J  Y  G  I  S  H  Y  B  P  U  O  K
S  P  H  K  J  R  E  T  S  U  L  C  O  Z  G
S  G  Y  B  V  I  N  E  C  I  G  O  B  P  U
```

BRIX	SCISSORS
CLUSTER	SNIP
CRUSH	SORT
DESTEM	TON PER ACRE
HANDPICK	TRELLIS
MECHANICAL	VERAISON
PRESS	VINE
PRUNER	YIELD
RIPE	

No. 72
Spanish Wineries

```
V I O N T A B X H A S Q Z Q L
A V E G A S I C I L I A X U A
C P Y C U N E A A L T O V X R
R S E G U R A V I U D A S I I
O P O R E I N R U O F O J D O
D T O R R E S H R E Y E S H J
A O Z E T E U G U H R D S I A
F H M A U R O O A L I O N L A
I M N H A O B A L L I F M D L
I E D A L A C S V G Y M U A T
C L O S E R A S M U S I G L A
S A L N E V A L Z C I L A G L
V M A S I G N E U S O C O O A
A O M O R G A D I O S L U D X
Z X A D A S L A X A S B R J T
```

AALTO	MUGA
ALION	O. FOURNIER
AS LAXAS	REYES
CLOS ERASMUS	RODA
CUNE	SALNEVAL
FILLABOA	SCALA DEI
HILDALGO	SEGURA VIUDAS
HUGUET	TORRES
LA RIOJA ALTA	VEGA-SICILIA
MAS IGNEUS	VIONTA
MAURO	YSIOS
MORGADIO	

No. 73
South American Wine Regions

```
X C S P T X E C B M I O W F A
M G A Y P W S A N A T C O Q U
G C L A A O I T E L A S D P G
S A T C T W E A U L T I I L A
A S A O A C R M Q E A P U X H
N A R N G U R A U C N J Q B C
A B L C O R A R E O A L N O L
N L A A N I G C N N U E E M O
T A R G I C A A D Y J D L A C
O N I U A O U E U D N Y U I M
N C O A A A C U C O A A A P V
I A J S A U H G E X S I M O L
O M A H Y P A Z O D N E M J A
L U F O L A O P A H C A C X Y
D H R I O N E G R O L Q F M I
```

ACONCAGUA	MAULE
CACHAPOAL	MENDOZA
CASABLANCA	NEUQUÉN
CATAMARCA	PATAGONIA
COLCHAGUA	PISCO
CURICO	RIO NEGRO
ITATA	SALTA
LA RIOJA	SAN ANTONIO
LEDYA	SAN JUAN
LUJAN DE CUYO	SIERRA GAÚCHA
MAIPO	UCO
MALLECO	

German Breweries

```
Y W C B E Z Z Y S P R U P T W
K E M L I Y B P L E N D R Q E
A O R R D T E E X X W I A K I
N J S D E Z B A C K X E D A H
D D I T I G G U M K X B E R E
E G F A R N N Q R S S E B L N
C K L X U I G I Z G W L E S S
H W A N R G T E Y S E S R B T
S H C H H E D Z R A B R G E E
A U G U S T I N E R J P E R P
W A R S T E I N E R N S R G H
G P G F U A R B N E W O L J A
E C H O F B R A U H A U S R N
H A C K E R P S C H O R R V U
G R E B N E H C E R V D C J T
```

ANDECHS	KARLSBERG
AUGUSTINER	KÖSTRITZER
AYINGER	LÖWENBRÄU
BECK'S	RADEBERGER
BITBURGER	RECHENBERG
DIEBELS	SPEZIAL
ERDINGER	WARSTEINER
HACKER-PSCHORR	WEIHEN-STEPHAN
HOFBRÄUHAUS	

Fun Facts

A cobbler is a wine-based (or more recently, spirits-based) cocktail that is shaken with sugar and ice, poured into a glass filled with crushed ice, and garnished with fruit and herbs.

A julep cocktail is similar to a cobbler except that aromatic herbs are muddled with the sweetener, then stirred with the desired spirit-fortified wine, cognac, or most famously, bourbon.

German Red Grape Varieties

```
N Z T N E R U A L T S C U R S
I J Q S J F I D O M I N A E C
L C A B E R N E T W B Q S G H
S P A T B U R G U N D E R R W
D H C G K H A C O L O N R E A
O J M U L B B P M U R S E B R
R H E W K U H U A H V R G M Z
N N R X V R J T L R E Z N E R
F Y L G L G F U B G Y M I L I
E P O R T U G I E S E R L R E
L T T J J N O N C A C G L E S
D U L V S D T S Y R A H O U L
E A W D H E I I P D C N R A I
R M D O G R B I C U E U T L N
C A B E R N E T F R A N C B G
```

ACOLON

BLAUER LEMBERGER

CABERNET

CABERNET FRANC

DOMINA

DORNFELDER

FRÜHBURG-UNDER

MALBEC

MERLOT

PORTUGIESER

REGENT

SCHWARZ-RIESLING

SPÄTBURG-UNDER

ST. LAURENT

SYRAH

TROLLINGER

German White Grape Varieties

```
M Y V X O I G U O K B G V U W
O A I R R E E R H M X E A S E
R N O E T E W B R W O G G A I
I N G N E Q U X B H R I U U S
O O N R G W R Z L U Y Y T V S
M D I E A S Z H H X S R E I B
U R E K E C T T B E I I D G U
S A R H L H R P A L L E E N R
K H O N B E A B C R V S L O G
A C P F L U M L C E A L W N U
T I W L I R I A H B N I Y B N
W O U K N E N N U E N D L D
J M T Q G B E C S G R G M A E
W M Z E B E R R E B A F X N R
R E D N U G R U B U A R G C Z
```

BACCHUS

CHARDONNAY

ELBLING

FABERREBE

GEWÜRZ-TRAMINER

GRAUBURG-UNDER

GUTEDEL

HUXELREBE

KERNER

MORIO-MUSKAT

MÜLLER-THURGAU

ORTEGA

RIESLING

SAUVIGNON BLANC

SCHEUREBE

SILVANER

VIOGNIER

WEISSBURG-UNDER

1920s and 30s Speakeasy Slang

```
W D D O L L N S V N E L C B G
O C T V Y J L B A I S L S A T
E Q G K B S H A K Q P I E T Z
M Y Z I Z N D R B S I M E H D
S J A R G N E B L P F N N T E
T U A T U G T O R E F I K U I
A I U K S E L V E A L G S B F
C C B D W S C E T K I Y E G I
T E F O W J E G W E C Z E I S
W J H Q O G J C D A A T B N S
L O O Y L T E I A S T E B Z O
H I O B A L L A V Y E E K T A
N N C N X W L E Y D D P R V G
R T H V E R J G G E B S B Z L
B V R E I D L O S D A E D B R
```

ACES

BATHTUB GIN

BEE'S KNEES

BOOTLEG

CAT'S MEOW

DEAD SOLDIER

DOLL

GIGGLE WATER

GIN MILL

HOOCH

JUICE JOINT

OSSIFIED

ROT GUT

SPEAKEASY

SPIFFLICATED

Belgian Breweries

```
D A N O T Y V H U Y G H E N E
E F R O D E N B A C H S F O M
H F Y G O B I S J C T J S L N
A L G D R B Q I U F L P I L C
L I F U V A C Q E E I U O I T
V G V P A E O U I N E Y T T R
E E B O L L I L C J F T R N O
M M Y N E L B H U R M C A A F
A K K T L A I V J B A E A C E
N W T I M M E R M A N S L J H
N N E L A T R R G U S Q L N C
D N Q Y B S U O I Z G S E B O
V A L D I E U S P R H O T R R
V W A K F W R O M A N U S M O
A Q V V L I N D E M A N S G U
```

AFFLIGEM

CANTILLON

CHIMAY

DE HALVE MANN

D'ORVAL

DUPONT

HUYGHE

LIEFMANS

LINDEMANS

ROCHEFORT

RODENBACH

ROMAN

STELLA ARTOIS

ST-FEUILLIEN

TIMMERMANS

VAL-DIEU

WESTMALLE ABBEY

Beverages by the Letter B

```
B P X D B X K U E C I J A R G J F M B V
E B E L L I N I N W N M W B B F G B R Y
A Y I B L U E B L A Z E R R E P R M O B
U P O B U S H W A C K E R A A B K X W A
J B B Y H B C Q P O N I N N D L C D N H
O A D R C E U B C X B G X D L O H I D A
L I B G G A J Z G L L X Y Y E O B H E M
A L O B C C I C U L L R I F S D L O R A
I E U Y L H I E L T U E B K T H U S B M
S Y R N E C M C B B B I E B O O E B Y A
W S B E A O W W I L E D Q I N U L E X M
Q O O C N M E Y J O V R Q T E N A E G A
O U N D I B F C O O A A P T P D G R D J
W H A F N E Q N U D R V W E O B O T K S
Q Y H T E R L L E Y B E Z R K R O C V B
B E E S K N E E S M J L E S D A N N J R
J K C U R G B Y M A R U M U B N D U D O
L G Z V N C M P M R P O X G T D V H E N
D K Z G E I O C Z Y R B K R Q Y Y Z F X
R W B L A C K R U S S I A N B R R Y B
```

BAHAMA MAMA	BIJOU	BOULEVARDIER
BAILEY'S	BITTERS	BOURBON
BEACHCOMBER	BLACK RUSSIAN	BRANDY
BEADLESTONE	BLOODHOUND	BRAVE BULL
BEAUJOLAIS	BLOODY MARY	BRONX
BEER	BLUE BLAZER	BROWN DERBY
BEE'S KNEES	BLUE LAGOON	BUSHWACKER
BELLINI	BLUE MONDAY	

Gimlet

2 ounces gin

¾ ounce simple syrup, or to taste

¾ ounce lime juice

Lime or cucumber wheel, to garnish

Add gin, simple syrup, and lime juice to a shaker with ice and shake vigorously until chilled. Strain into a chilled cocktail glass. Garnish with a lime or cucumber wheel.

No. 80
Hot Drinks

```
O E F R U M N R U T G D C B O
Z E M P U N C H G R X G U R M
C F S H C S B D O Z N T I J U
C F A O H T R G Z K T E G L L
O O C T E O F J F E L L A L
F C G C J D J W R I G O U K E
F N O O J D I E S G L K H T D
E A N C N Y D A J L O R W E W
E C G O I R R G J G G L E A I
R I G A U B K U O V G C I G N
L X E M E Z B L A Z E R N W E
H E K F S C I D E R Y A B D Q
Z M A R C F N O S C G F S I W
S C I R I S H C O F F E E C H
X L Z O U Z T F D B P A A W R
```

BLAZER

BUTTERED RUM

CAFÉ BRASILEIRO

CIDER

COFFEE

EGGNOG

GLØGG

GLÜHWEIN

GROG

HOT COCOA

IRISH COFFEE

MEXICAN COFFEE

MULLED WINE

PUNCH

TEA

TODDY

No. 81
Infusion Flavors

```
E A R E D N E V A L B Y S L E
J C W I J H S D Q H Y N T E Z
A Q U H R O S E M A R Y Y M B
L L J C M R R M I W P Q F O V
A E I P U A X C O F F E E N A
P J D S L M N I A X E H Z G N
E Y L H A Z B G B Y X A G R I
N I D J Z B B E O P K B P A L
O G G X H E K C R D V E F S L
T Y R R E B W A R T S N M S A
B E I D B W J T C I P E U B S
C H I L E Q J Y U Z O R Y A S
P P E P P E R Y S S R O G O G
P G B S G I N G E R V E O T U
I C I N N A M O N T P S J L Q
```

BASIL

CHILE

CINNAMON

COFFEE

CUCUMBER

GINGER

HABENERO

JALAPEÑO

LAVENDER

LEMONGRASS

MANGO

PEPPER

ROSEMARY

SAGE

STRAWBERRY

VANILLA

YUZO

No. 82
It's Green

```
E U C A L Y P T U S N C Q W V
O I G D Y L N A E S C H A P B
I W A N G E L I C A W L B S N
B A S I L I P M D O N O S Z C
L C T N I M E V R V A R I L R
T H H B K L C M Q S J O N S X
Z V N A I T W L O H U P T X L
A P A S R O R U V M N H H B H
N K S J O T R Z R E I Y E O A
I A F D G A R L W N P L M P T
S B O U P U T E Y Y E L S J H
E V H P U B W Y U H R A L D Y
C Q L W O K E J U S G E O W M
V E K M I D O R I E E D I A E
R B F E N N E L Y U Z K S Q W
```

ABSINTHE	JUNIPER
ANGELICA	MELISSA
ANISE	MIDORI
BASIL	MINT
CHARTREUSE	SAGE
CHLOROPHYLL	SOUR APPLE
EUCALYPTUS	THYME
FENNEL	WORMWOOD

No. 83
Kinds of Bars and Places to Tipple

```
Q A R O A D H O U S E M H Z N
Z F C O L L E G E B A R M A T
R E S T A U R A N T S O B P A
S A L O O N W S I P O P E U S
D I V E Q I Q B E R U L E B T
D K Y P N J H A P B N O R W I
K G L E I L K A L C I U G B N
I P R K T E T I W A G N A R G
T Y I C A A C S E F H G R E R
C T S S C H V Y T E T E D W O
H Q Y L O O E E T H C D E E O
E H U U V D H P R X L B N R M
N B S S P O R T S N U A K Y E
F E B I S T R O D K B B C R N
D I S T I L L E R Y H G N Y O
```

BEER GARDEN	PUBLIC HOUSE
BISTRO	RESTAURANT
BREWERY	ROADHOUSE
CAFE	SALOON
CLUB	SPEAKEASY
COLLEGE BAR	SPORTS
DISTILLERY	TAPROOM
DIVE	TASTING ROOM
KITCHEN	TAVERN
LOUNGE	TIKI
NIGHTCLUB	WET
PUB	WINERY

No. 84
Liqueur Brands 1

```
O G O C I L E G N A R F N M S
B C R E V G K Z I T I X A O T
E H S A P E R O L R Q L U W L
N A T G N C Y N A R I T Z D C
E R G S T D W P H B H B I V U
D T E O W A M O U E D S Q B X
I R R V B A J A R K A S H R T
C E M Z C C N N R R R V I M I
T U A A B N C I O N U J E I A
I S I Z N O T N X E I P C D M
N E N Z M Y N I Y W F E W O A
E O D F H O W G M S P D R R R
U G O Q W N O T S O B R M I I
R R G O N A I L L A G D H A A
B F C O I N T R E A U R Y Z Q
```

APEROL

BENEDICTINE

CAMPARI

CHARTREUSE

COINTREAU

CYNAR

DISARONNO

FRANGELICO

GALLIANO

GRAND MARNIER

MALIBU

MIDORI

MR BOSTON

SOUTHERN COMFORT

ST-GERMAIN

TIA MARIA

No. 85
Mescal 1

```
S S F H T A N I P Y A Z U C M
H A A W P H G O R Q D A F I I
F N N L R N U O G U S C R N G
A L A D U V A J R M H A T Q V
L U C P S S N G W F S T A L F
N I A E T Z A T C X I E M W O
J S O N R N J P Y A N C A E X
A P H C O S U Y K L A A U C A
G O C A G C A O O B L S L S C
A T I S H V T E M E O M I B A
V O M U T D O M S U A M P O H
E S T U V J M H S P U G A W Z
T I A U T O C L A V E C S A U
R B X O A S C X Q F O O J V Z
W E E F Z O R E R R E U G D E
```

AGAVE

AUTOCLAVE

DURGANO

GUANAJUATO

GUERRERO

MICHOACAN

OXACA

PENCAS

PIÑA

PUEBLA

ROAST

SAN LUIS POTOSI

SINALOA

SMOKY

TAMAULIPAS

ZACATECAS

Red Wine Grape Varietals A–B

```
E J N U B T O I B E I R L R X
D B M W A Z J X A C R O O O T
A L X H C O B O N A R D A T O
S A X D O W L A D T V R L T U
S U P D N A E R G R H A F E A
O F P J O A K A F A L T R H L
R R Q C I Z P G Z B L S O C I
A A K B R A N L T A Z A C A C
B N K O M L T I O R W B H R A
L K O Y W T B A B B I P E B N
A I V B F I S N O E R B I L T
J S P O N N R I B R J V R Q E
L C E F L T X C A A A G O J A
M H M J Z O L O L E C C C M E
S A G I O R G I T I K O K K N
```

AGIORGITIKO

AGLIANICO

ALBAROSSA

ALFROCHEIRO

ALICANTE

AZAL TINTO

BACO NOIR

BAGA

BARBERA

BASTARDO

BLAU-FRÄNKISCH

BOBAL

BONARDA

BRACHETTO

Fun Facts

A sour cocktail is a drink that includes a spirit, lemon or lime juice, a sweetener, and sometimes an egg white. Examples would be a whiskey sour, a margarita, or a daiquiri.

A collins is a kind of sour cocktail that uses a spirit, lemon juice, sugar, and carbonated water. It's served in a tall glass appropriately named after the drink. There are innumerable variations on this—it's an excellent drink to experiment with.

No. 87
Hop Varietals A

```
U H A M O P E A T L A S R D M
G R C L L L A D Q D M X S I I
P T F Y L D L P U R A G G A K
J Q A L I I K S H A L X F P A
A R M G R E A F W C L R L O R
D G C A A N N N K W I E Y L A
M N M G M R D W C C A A J L M
I M C N A U L D A E Q A Z O I
R U T U E R I N D U Z R S A S
A N P S L Q O I S H O M P M
L A P P G U X L D M V R G O N
G T W E E P A U R O R U I L N
V H M E X Z J O Z H R A X O G
J A N L A M E T H Y S T L N D
B A F W L I J A Z A C C A Y D
```

ADMIRAL	APOLLO
AFRICAN QUEEN	APOLON
AGNUS	AQUILA
AHTANUM	ARAMIS
ALLIANCE	ATLAS
AMALLIA	AURORA
AMARILLO	AZACCA
AMETHYST	

No. 88
Made with Beer?

```
K M H C H I L I A D U P B J S
A S H E P H E R D S P I E H T
P G R N S R G X B E B C E H E
U B Y K H R N S E D T U R V W
O A L J A D P E E M K E C Q S
S R V V M O B H R U X K A E E
E B Y U P N H A B D U A N N S
S A X O O U O V A I F C C S T
E C N Z O T H A T P L T H L X
E O D W L S O R T R G U I M H
H A P A O S N A E I W O C T H
C D A E R B K H R B D T K M Z
Y B R I S K E T E S F S E K L
J P B H S B P E D Z A I N Y B
I V C B R A T W U R S T T U M
```

BARBACOA	DIP
BEER BATTERED	DONUTS
BEER CAN CHICKEN	GRAVY
	RIBS
BRATWURST	SHAMPOO
BREAD	SHEPHERD'S PIE
BRISKET	SOAP
CHEESE SOUP	STEW
CHILI	STOUT CAKE

Hop Varietals B

```
W C K B I A N C A Z O Z U P U
S D J U S I Q C Y R J W V B J
S L P K B L S D E A W R B O X
O O Y E O F T B E L M A A U G
R G U B R Y E Q W Z B Z T C N
C S H O B C L X W O O X E L I
G R A B A Q L W T W A H S I L
N E R B C R U B D R D W B E M
I W K L K J B U C D I X R R A
L E S A A V Z L H B C N E T R
M R I T D V Z L M I E B W O B
A B L O Q D U I Q E A H E V C
R Q B K Z H B O T G Z U R I F
B B R A V O P N U I G O A D X
C B U K E T A J O I I Y C H K
```

BACKA

BATE'S BREWER

BELMA

BIANCA

BLATO

BLISK

BOADICEA

BOBEK

BOR

BOUCLIER

BRAMLING

BRAMLING CROSS

BRAVO

BREWER'S GOLD

BUKET

BULLION

BUZZ BULLETS

Hop Varietals C

```
C I T R A C O L U M B I A G C
Q C F C A L Y P S O U X R V A
C A A N A A M N P S X E C U N
E B O L H I A N U M G Q O C A
N L N K I L E B N N C C B R D
T C X T E C M L E T O A B Y I
E A C H Q U R L E M I L C S A
N S C V L C L O P C G I H T N
N H X O S A R L S V N E I A R
I M C W H S G G B S E N N L E
A E S C O C E R E R A T O K D
L R T Z U A U V I Y U E O O V
Y E L O H D C E K I N G K P I
A I G W Z E J C I C E R O H N
C L U S T E R C O M E T Q W E
```

CALICROSS

CALIENTE

CALYPSO

CANADIAN REDVINE

CASCADE

CASHMERE

CEKIN

CELEIA

CENTENNIAL

CERERA

CHALLENGER

CHELAN

CHINOOK

CICERO

CITRA

CLUSTER

COBB

COIGNEAU

COLUMBIA

COLUMBUS

COMET

CRYSTAL

Beverages by the Letters R–S

```
S S P S S E E L B A C H Y H N P X E M L
U H W C I W R U S T Y N A I L S T F Z H
Z I I F T U O T S D B A I Q W Z H K W Z
E R N R I E H S O U T H S I D E Q A F G
S L S E A B R E E Z E B W L R A K I R X
H E Q I S I N G A P O R E S L I N G J X
A Y H C T O C S I S A Z E R A C P V W R
N T D J Z V I S U N O I P R O C S D E O
D E Y N J Q H W R B Y E F B N D G A S B
Y M O T Q I W F Z E F T S J P G U U T R
E P E K R P L T E A C U B M A S S W O O
V L Q A S A N G R I A I K F I G G Q N Y
L E Z M A E Y H J E S A I S O N W I E C
Z A B S E X O N T H E B E A C H Y W F M
N R L C H J X R A N C H W A T E R A E M
S Y K Y K T H Q I V L K S D U D O K N B
C E B X U W X Q S N A K E B I T E C C F
T R W N G V R A D L E R V C O F M X E H
M X M S G R O P P I N O I N A A I Q N N
C F M Y E T X U S I D E C A R V W T C Z
```

RADLER	SAZERAC	SHIRLEY TEMPLE
RAKI	SCORPION	SIDECAR
RANCH WATER	SCOTCH	SINGAPORE SLING
ROB ROY	SEABREEZE	SNAKEBITE
RUSTY NAIL	SEELBACH	SOUTHSIDE
RYE	SEX ON THE BEACH	STONE FENCE
SAISON	SGROPPINO	STOUT
SAMBUCA	SHANDY	SUZE
SANGRIA	SHIRAZ	

Irish Coffee

2 teaspoons brown sugar, or to taste

4 ounces fresh black coffee

1½ ounces Irish whiskey

1 ounce heavy cream, lightly shaken or whipped

Fill an Irish coffee glass or mug with hot water to warm the glass. Let sit for 2 minutes to warm the glass, then pour out the water.

Add the sugar to the warm glass, then pour the coffee over. Add the Irish whiskey and stir until the sugar has dissolved.

Over the back of a spoon, gently pour the cream in so it floats on top. Don't stir—drink the coffee through the cream.

No. 92
Hop Varietals F–G

```
U V C P J G N I D L O G F F K
G W C I T V F U G G L E U A W
A M V O R U E O C X U E F L M
L G A R G O Y L E F P E H C N
A E N J G R O E N E B E L O J
X G F I R S T C H O I C E N F
Y U L F O E M Y U W C D O E I
G R E E N B U L L E T P H R R
P L G O L D E N S T A R M S S
Q G F U R A N O A C E J J F T
S Q F F C G L A C I E R S L G
U F G T O R G E D C L U E I O
S L P G R E E N S B U R G G L
F A N T A S I A N W B O S H D
W H A G A L E N A C W Z M T U
```

FALCONER'S FLIGHT

FANTASIA

FEUX-COEUR

FIRST CHOICE

FIRST GOLD

FUGGLE

FURANO ACE

GALAXY

GALENA

GARGOYLE

GLACIER

GOLDEN STAR

GOLDING

GREEN BULLET

GREENSBURG

GROENE BEL

No. 93
Hop Varietals H–K

```
R T L I U T D S H Y H T I Y H
E L G I A H L M A H A D J H E
R R K V T E O X L O L L A U R
E K I A R R G U L R L A N L S
T C T N E K U J E I E R U L B
T L A H L U A R R Z R E S M R
I N M O L L T V T O T H B E U
B F I E A E R D A N A T I L C
R O D H H S E Z U A U S J O K
E B O E E G L E B A E Z E N E
L Q R L L F L G L V R R S B R
L I I G G F A T A E G G T P H
U D Y A A F H Y N A O D E S Y
H V E Y C G K H C H L R W W U
D Y U M Q Q T P N K D V F E L
```

HALLERTAU

HALLERTAU BLANC

HALLERTAU GOLD

HALLERTAUER GOLD

HELGA

HERALD

HERKULES

HERSBRUCKER

HORIZON

HÜLL MELON

HÜLLER BITTERER

IVANHOE

JANUS

JESTER

KITAMIDORI

No. 94
Hop Varietals K–M

```
F M O T U E K A O J B R K Y O
U Q L A E N V W K D M T E R V
K M O F G M A N M Q O T Y B E
O U M W T O C T A I S L W R H
H I O W O U N X T D A F O A G
A N U E J N M K H Z I T R K O
T N N K L T U I O C C Q T N Y
U E T M G R L R N K Y V H Y C
C L H A J A T I M V K M S R A
M L O G P I I N Y Z U E E A G
E I O N P N H I D M N R A M E
L M D U X I E I Q M O K R H L
B A P M I E A P D X L U L E C
A T J D H R D K D W X R Y D I
C U A T L F T N I J U V E X L
```

KEYWORTH'S EARLY

KIRIN II

KOHATU

LEGACY

MAGNUM

MARYNKA

MATHON

MELBA

MERKUR

MILLENNIUM

MOSAIC

MOTUEKA

MOUNT HOOD

MOUNT RAINIER

MULTIHEAD

No. 95
Hop Varietals N–O

```
O N N W O D H T R O N N N F O
N N E W P O R T N H U A O J X
A Q C R O R F O G V G G R G N
D Y A A P M B B P E G C T B O
W N O J A D J Q M R E K H G I
I W S K L T Y O E S T R E H R
S O U T E N I Q U A O D R X O
L N O R D G A A R D L Y N H J
A S M E E Y H T K K Y V B P K
N W K W O S R C M D M G R O Z
S N E O P L A N T A P P E R H
K O X I V O K Z X T I Y W B B
A A P N I K T V F N C R E I R
V A O A K M M W D G Q A R T U
F N I V U A S N O S L E N J E
```

NADWISLANSKA

NELSON SAUVIN

NEOPLANTA

NEWPORT

NORDGAARD

NORTHDOWN

NORTHERN BREWER

NUGGET

OLYMPIC

OMEGA

OPAL

ORBIT

ORION

OUTENIQUA

Hop Varietals P

```
U D P G J K N H N W M D L X N
A P A C I F I C A G I B C Z A
V E C H V F H Y G N R C M H M
P P I X R O E P P I G F P N S
A R F I P P S A A D L H R B I
L V I X R R P C C L I R I O L
I Z C M O E W I I O P J D P A
S P S D G M H F F G I S E H T
A E U G R I S I I M M I O O T
D R N C E A B C C A H R F E E
E L R H S N J J G H W A K N K
T E I B S T Y A E T P L E I C
C D S M Y L G D M E C O N X O
D I E V D K A E E P C P T P P
X K P P I O N E E R Q Z U L C
```

PACIFIC GEM

PACIFIC JADE

PACIFIC SUNRISE

PACIFICA

PALISADE

PERLE

PETHAM GOLDING

PHOENIX

PILGRIM

PIONEER

POCKET TALISMAN

POLARIS

PREMIANT

PRIDE OF KENT

PROGRESS

Hop Varietals R–S

```
X V D W V A Z A A S X A D S S
R Y Y K W N S S V S L Y D O O
S A X O N R A K A U R I A H U
S F T I W N V A W M E E K S T
A H M S T P K T S M D E N O H
P S I I N A T Y U I E A A R E
H B A N W R M E R T A J I A R
I M G I S P E P D R R Q R C N
R S R T H H R H E Z T W B H B
M O A O B E U C T R H I E I R
H D N T P U O W L U V L R A E
F Y H U U R B J A X O O E C W
M C S S D S Y U U S D S S E E
W J C G X Z V Z I I E X V Z R
R R U A S O V E R E I G N H W
```

RAKAU

RECORD

RED EARTH

RIWAKA

SAAZ

SANTIAM

SAPHIR

SATUS

SAXON

SEREBRIANKA

SHINSHUWASE

SORACHI ACE

SOUTHERN BREWER

SOUTHERN STAR

SOVEREIGN

SUMMIT

SUPER PRIDE

SYMPHONY

Becherovka

```
C L O V E S C H G N B X Q G P
P O G P L D Z W N X E N K N R
S D T I I B E P C R T D E C A
J K X O N V C T H Z O J D I G
O A Z A N G H M I R N E E C U
S T S V S I E V L B G C E I E
E A E T Z I C R L X U U S N C
F E E T A M H C E Z C N I N O
B N N H O N E Y D C M N N A O
E L I C O R I C E S F X A M L
C S P R I N G F L I N G H O E
H C I T R U S G B Q X T V N R
F T Y Z R U R D D E M R W Z P
R G B I T T E R S V P F X B R
B C N D I G E S T I F H U O O
```

ANISEED	GINGER
BETON	HONEY
BITTERS	JOSEF BECHER
CHILLED	LICORICE
CINNAMON	NEAT
CITRUS	OAZA
CLOVES	PRAGUE COOLER
CZECH	
CZECHMATE	SPRING FLING
DIGESTIF	TONIC

Fun Fact

A float is a cocktail in which the top layer ingredient "floats" over the heavier ingredients, for visual effect or the enhancement of the cocktail experience. The technique to create a float is called layering. Once you know the density of each of your ingredients, add them to the glass, pouring over a spoon very slowly to keep the layers from clouding into one another. Examples of floats and layered drinks include a New York Sour, a White Russian, and a Tequila Sunrise.

No. 99
Hop Varietals U–Z

```
K J F W J W N H R S L N V U G
R B T U K D H V E U M Z I F Z
Q Y E E E S Z I T E Y W T G L
M E R R E Y X K S W S A A V A
V O C T R A U I U I W R L O T
A M E T C K T N L L A R W J A
N A S E W I A G C L I I A V N
G N C M O M K S A A I O I O S
U R I B L A A O M M T R M D Z
A H V E L G W R I E I U E I E
R K B R I O V K K T Q L A N N
D A S G W L G Y A T Q T D A I
C M P E X D A R Y E N R Y D T
I V V R I S O H T Y Z A I O H
U N I V E R S A L Z E U S A E
```

ULTRA	WILLAMETTE
UNIVERSAL	WILLOW CREEK
VANGUARD	WUERTTEM-BERGER
VIC SECRET	YAKIMA CLUSTER
VIKING	
VITAL	YAKIMA GOLD
VOJVODINA	YEOMAN
WAI-ITI	ZENITH
WAIMEA	ZEUS
WAKATU	ZLATAN
WARRIOR	ZYTHOS

No. 100
Hops

```
D D E I R D Q S F Y S R R W F
W S P I C Y B U R S M E T Z H
V M B O I T C L E S B W R D E
F R A I T H H U S A T O O I R
O E L L R N B P H R G L P C B
F S P S U H G U W G B F I A A
S I H V S I A L H I R C C A L
E N A B Y A Z S O M I W A T B
L K A P O R S U L F G B L E I
A N C I G O V L E L H I H B N
M F I N O M A U C O T T Y Z E
E L D E R A Y M O R Q T H B D
F U C Y C V J U N A Z E H K F
P E L L E T U H E L D R D A D
O P K R Q Y Q G H E T H G P H
```

ALPHA ACID	FRESH
AROMA	GRASSY
BETA ACID	HERBAL
BINE	HUMULUS LUPULUS
BITTER	
BRIGHT	OIL
CITRUSY	PELLET
DRIED	PINEY
FEMALE	RESIN
FLORAL	SPICY
FLOWER	TROPICAL
	WHOLE-CONE

No. 101
It's Brown

```
Y G C E I A T E A X L H E P W
B P U E Y R J Q S Y L L S F B
R S B F F Q I S K A L K P G P
E Y A F B S E S K A W I R O F
D E L O G X I N B H K K E D M
N L I C P H O N I K N N S F A
W I B B W B O S A A E B S A N
O A R T R B K D M H F D O T H
R B E U R E T A A L J A M H A
B Q O U Y Q U L R U T R A E T
S B O F R H E O E A U K R R T
F B Q Z M G A C T J T R T J A
M U D S L I D E T N I U I R N
K D W S Z G I A O A F M N O Y
S I C Q P E R E E B H A I Z J
```

AMARETTO

BAILEY'S

BEER

BOURBON

BOURBON BALL

BROWN DERBY

COFFEE

COLA

CUBA LIBRE

DARK RUM

ESPRESSO MARTINI

GODFATHER

KAHLÚA

MANHATTAN

MUDSLIDE

TEA

WHISKEY

WHISKY

No. 102
Italian Red Wine Grape Varietals

```
U C V E S P O L I N A W L Y N
S O Y O N E G R A N A M X N R
C R F L M O L I N A R A E F D
H V C O L O R I N O B B N A O
I I B I B L X O E A B O L Y S
O N B A C P R H R I M L M C A
P A O N Y E L B O Z E O H A N
P V T A Z Z E L E N G N E B G
E E M C D R O K I O E G L E I
T R A S A E O D E K W I U R O
T O L R E M N T U T T P S N V
I N Q Y P O B O N A R D A E E
N E T J R O S E L E T A J T S
O S O L C R R E F O S C O Y E
Z E O T T E C L O D N L Z X Q
```

BARBERA

BONARDA

CABERNET

CANAIOLO

COLORINO

CORVINA VERONESE

DOLCETTO

MERLOT

MOLINARA

NEBBIOLO

NEGRANA

OSELETA

PIGNOLO

REFOSCO

RONDINELLA

SANGIOVESE

SCHIOPPETTINO

TAZZELENGNE

VESPOLINA

French White Grape Varietals

```
A V F D E E T O G I L A B K E S F W B L
O I O Q Y R T P I N O T G R I S P W J G
I O L A C B O U R B O U L E N G W J Z R
K G L W N A O O R S A R B O I S R P N E
Z N E G E W U R Z T R A M I N E R O T N
S I B M U S C A T P I C P O U L U H G A
A E L O S F B I D D R I E S L I N G H C
U R A A O P Q Q I H X W T U I E Q R U H
V E N U N Q D D S Y F S N M V S C I I E
I E C U M A R S A N N E X M H J P F F B
G V H H M Y T C L A I R E T T E L I I L
N M E L O N D E B O U R G O G N E V S A
O N W X C H E N I N B L A N C C Q X Y N
N O B K V W T A Y J E Q U W S A Z H L C
B Q Y W I U G N I B L A N C N F S R V M
L P C A Z U A M D B Y X M K H I H S A O
A X I U T M E Q C S E M I L L I O N N Y
N K G C H A R D O N N A Y V S M X R E B
C K U O L E L L E D A C S U M S C H R M
M V P I C A R D A N R O L L E V P Q F X
```

ALIGOTÉ

ARBOIS

BOURBOULENG

CHARDONNAY

CHENIN BLANC

CLAIRETTE

FOLLE BLANCHE

GEWÜRZTRAMINER

GRENACHE BLANC

MARSANNE

MAUZAC

MELON DE BOURGOGNE

MUSCADELLE

MUSCAT

PICARDAN

PICPOUL

PINOT GRIS

RIESLING

ROLLE

ROUSSANE

SAUVIGNON BLANC

SÉMILLION

SYLVANER

UGNI BLANC

VIOGNIER

Mai Tai

¾ ounce white rum

¾ ounce dark rum

¾ ounce Curaçao

¾ ounce lime juice

¾ ounce orgeat

Maraschino cherry, pineapple wedge, and orange twist, to garnish

Add the liquid ingredients to a shaker with ice and shake vigorously until chilled. Strain into an ice-filled glass. Garnish with maraschino cherry, pineapple wedge, and the orange twist.

Italian Red Wines

```
P O M E R L O T C F V W O G G
C N C H I A N T I Y Y M U S U
S A H V P M W T K R U F Q C W
U B B O C E M M E H G E M H B
P A B E V A K V B M I D E I R
E R C A R M I G N A N O Z O U
R B C W O N G W L Y V L G P N
T E K B C K E S D Q V C C P E
U R D O H C U T T A H E J E L
S A B A R O L O F C R T L T L
C A M A R O N E J R T T Y T O
A G O R E F O S C O A O E I Y
N L P F I G R M H O I N D N E
A L L E C I L O P L A V C O Q
S X I L A M B R U S C O D M O
```

AMARONE	GHEMME
BARBERA	LAMBRUSCO
BAROLO	MERLOT
BRUNELLO	REFOSCO
CABERNET FRANC	SCHIOPPETTINO
	SUPER TUSCAN
CARMIGNANO	VALPOLICELLA
CHIANTI	
DOLCETTO	

Italian White Wines

```
R E S O C E S E T R O C B G C
W S Z O N Y K Y M O K H R V G
X I T S A D O T A C S O M W A
P Z K M L V J G B K N D F Y V
I C O O B N E A P D M U R Z I
C C K T N U I E M T A I I F G
O P I N O T G R I G I O U C W
L S H A N M S Q J E Z D L J A
I Y X S G G D Q H A L J A O S
T T X N I H A R N E I S N G T
G S G I V N E O R D Y M O H I
Y A E V U C V U Q G Y B Y B C
N V D Y A N N O D R A H C F U
L Y V M S O C C E S O R P L O
P Q P I N O T B I A N C O Q A
```

ARNEIS	PICOLIT
ASTI	PINOT BIANCO
CHARDONNAY	PINOT GRIGIO
CORTESE	PROSECCO
FRIULANO	SAUVIGNON BLANC
GAVI	SOAVE
MOSCATO D'ASTI	VIN SANTO

No. 106
Italian Wine Regions

```
F S T R E N T I N O D H F N S
V C E U M B R I A B H G R X A
P A G E I J X H A V G H I U R
O K I Y L M B E B T B T U H D
A V R N I J X K R N A U L X I
P E N U A R H X U O S P I X N
U N T E R P F F Z M I L V U I
L E U S O V M Y Z D L O E T A
I T S W M S H A I E I M N X S
A O C E A S I Y C I C B E J W
T D A Z G T M C U P A A Z P S
A Y N X N X U M I G T R I K V
J J Y F A V Z Z D L A D A H O
A I R B A L A C N Y Y Y U W M
P L I G U R I A X P X O A J X
```

ABRUZZI	LOMBARDY
APULIA	PIEDMONT
BASILICATA	SARDINIA
CALABRIA	SICILY
CAMPANIA	TRENTINO Alta Adige
EMILIA-ROMAGNA	TUSCANY
FRIULI-VENEZIA	UMBRIA
LIGURIA	VENETO

No. 107
Scotch Whisky Distilleries

```
G I A O R H P A L F K C A B C
X B R E M S G M K R B A U U A
A A V B A B L D T L L R C N O
B L A O C A E P U T A D H N L
E V R W A L N Q L U D H E A I
R E R M L B K N L E N U N H L
L N A O L L I X I L O Y T A A
O I N R A A N L B E C W O B W
U E R E N I C F A T H W S H Z
R K Z H D R H U R E A O H A B
G L E N N F I D D I C H A I F
A J U E R D E A I O L D N N I
K S M Z P G B T N T N E N S N
T O B G B E N N E V I S L B N
G A G L E N F A R C L A S N Y
```

ABERLOUR	BUNNAHABHAIN
ARRAN	CAOL ILA
AUCHEN-TOSHAN	CARDHU
BALBLAIR	GLENFARCLAS
BALVENIE	GLENKINCHIE
BEN NEVIS	GLENNFIDDICH
BLADNOCH	LAPHROAIG
BOWMORE	MACALLAN
	TULLIBARDINE

No. 108
It's Yellow

```
S C H A R D O N N A Y D Y X A
G K V C H A M P A G N E L T S
R L B R I S U S T T K Y E Y I
O G L C S N M X A O E M M Y L
P M I E Z E E D G K I Y O E V
P I C I M X H W F A D T N L E
I M K D M O T N N J V S A L R
N O L L E C N O M I L I D O F
O S J S R L A D H F D D E W I
M A I D E N S P R A Y E R B Z
N G B M N B Y H J O I C D I Z
R V O B C P R I T Y P A I R X
S N W D W H C E K G Y R W D W
I R I S H G O L D K V Q M J O
C H A R T R E U S E M V W S O
```

CHAMPAGNE

CHARDONNAY

CHARTREUSE

CRYSAN-
THEMUM

IRISH GOLD

LEMON

LEMON DROP

LEMONADE

LIMONCELLO

MAIDEN'S
PRAYER

MIMOSA

SGROPPINO

SIDECAR

SILVER FIZZ

TOKAJI

YELLOW BIRD

No. 109
Influential Names in Wine

```
P E P P D Z D B O H B E R E T
A Z E W X O R J X Y S T O K Q
R I T R P S A T Q M J U B M R
K X E A U C P R W Z H R E U O
E M R I C F E I K X D L R U B
R C M S K J R N Y F Q E T V I
Z P O U E I P C H E B Y M O N
O H N C T N J H A A G C O K S
N E D K T J E E R K A Q N O O
O A A L D F N R K S L O D L N
O R V I W T E O A P L U A X N
M S I N O T U J C D O Y V F O
C O U G H S D R A W D E I L T
S N A T K I N K I E A X P G E
H P C T Z G D H V E K M V Q I
```

ATKIN

BARRET

DRAPER

EDWARDS

GALLO

MCPHEARSON

PARKER

PETER MONDAVI

PUCKETT

ROBERT
MONDAVI

ROBINSON

SUCKLING

TRINCHERO

TURLEY

74

Measurements

```
B K A A R F S T S U V V C W C
A W J V I X Y A P V O P Y W Y
C U Q F S I U B L H K S R P P
D A T G K S S L I T Q E M F S
A H R X K K J E T C T T I P Q
S R A V G I P S D I S O L A S
H C U S G T L P L I R A L H H
A F Q G L E S O N V S P I T O
T K E O P A Y O V H S A L P T
E R S D T S P N T X Z E I E B
N Y M R R P P F V X D P T L H
T L H A I O Z F X V C U E L N
I I T N M N O A H A F R C R P V
X X W Y L N P I N T V K Z I P
C G P Y O Q T O U N C E M B N
```

CUP	PONY
DASH	QUART
DRAM	SHOT
FIFTH	SPLASH
JIGGER	SPLIT
LITER	TABLESPOON
MILLILITER	TEASPOON
OUNCE	TENTH
PINT	

Fun Fact

In cocktails, it is traditional to use one or three garnishes, but never two. A martini may have one olive or three. Sambuca is traditionally served with three coffee beans, which represent health, happiness, and prosperity. Superstition says that an even number of olives is bad luck. Oddly, this superstition does not apply to cocktail cherries.

No. 111
Liqueur Brands 2

```
R U M C H A T A B E R O Y D R
Y B O R D H O K F Z E L E E I
A D E M L T S E W N T U C K R
V Z R A Z R C E O I S X O U N
I R E T U G F S K M I A C Y B
D E G H I C T U A E E R H P J
O I A I H O H Z H L M D A E Z
G U J L I I M E L P R O M R U
G B N D S N O P U M E T B V D
P M E E R T Z M A U G L O K C
V A R D V R A B C R A H R K A
M R A L B E R X O Y J Y D Q U
Q D B K H A T F Z L N H E A Z
D H F H W U M W D T S L G Z Y
X Y S Y E L I A B G C K X B Y
```

BAILEY'S
BÄRENJÄGER
BOLS
CHAMBORD
COINTREAU
DEKUYPER
DRAMBUIE
GODIVA
JÄGERMEISTER
KAHLÚA
LUXARDO
MATHILDE
MOZART
RUMCHATA
RUMPLE MINZE
SUZE

No. 112
Mescal 2

```
S T E C M V Z E W L K S O D G
U N S U C T O B A L A R R W I
O E P P I M M S M T N C L D A
M M A R V A Z B A F T O O U T
A R D E Q D S T T N A R A R P
F E I A F R M X B D R X U A U
D F N T W E F L E X U Y N N L
N V P A F C Y D V L T N W G Q
A C E U J U P X X L N C Y U U
D R B L G I Y H A I E U H E E
E U L S S S P B O T V S X S D
K S J T Q H C H S S A W F E D
A H O B E E L Z E B U B M L G
N L B D E V I L S S O U L X W
H F A R R O Q U E N O K S L X
```

ARROQUEÑO
AVENTURA
BEELZEBUB
CRUSH
CUPREATA
DEVIL'S SOUL
DURANGUESE
ESPADÍN
FERMENT
LOADED PISTOL
MADRECUISHE
NAKED AND FAMOUS
PULQUE
STILL
TOBALA

No. 113
What to Drink in Mexico

```
T M E A Q M S E P P A K T W W
E H O G S E O H U U Q R E H T
Q H T U C H T C L M U W Q I E
U O P A H A O A Q A A E U C Q
I R D D A D L P U R F D I A U
L C C E V A M E E G R H L R I
A H E J E L E T Z A E X A A L
B A R A L E S R P R S O R J A
L T V M A H C J O I C J E I A
A A E A C C A F X T A O P L N
N E Z I T I L E C A O R O L E
C N A C V M Z N T L J O S O J
O U Y A A M O L A P H J A H O
B T B R A I C I L L A O D T P
G C H E L A D A L I I P O D R
```

AGUA DE JAMAICA

AQUA FRESCA

CARAJILLO

CERVEZA

CHAVELA

CHELADA

HORCHATA

MARGARITA

MESCAL

MICHELADA

OJO ROJO

PALOMA

POX

PULQUE

RAICILLA

SOTOL

TEPACHE

TEQUILA AÑEJO

TEQUILA BLANCO

TEQUILA REPOSADO

No. 114
Words that Rhyme with Beer

```
T S E A R O C O T F N Z M L V
C U F V D V H N E E K V B K O
I R O K S J P A O G P Z N R V
L J N N G Y R I X T M B E Y S
X J H W E E Y C E B O A N G P
P S V F C A R E E R R A H P Y
E D E A R R R E O I D J E J U
E A Y S A V P Y C H E E R H K
R P X N W Z F T R E O I E S C
L E E R S Q I T R R H A V F V
J E O H G H E E R V R U G U V
T S F R S A E R Q V E E R W Y
H E S D R F Z E M Y A R Z J S
C A L J B Y M M R R X S P E Y
I B K S F B T R E E D B E K P
```

CAREER

CHEER

DEAR

DEER

FEAR

GEAR

HEAR

HERE

LEER

MERE

NEAR

PEER

PIER

REAR

SEAR

SHEER

TEAR

VEER

YEAR

French Wineries

```
P C E G U I G A L B H A L G H P L O D E
G U C P M I E T S A E Q W E T A L Q T I
M Q O G Z L T P N N R L P C P C K P B R
H B S X T Q T H B D Z A A K Z I Z E V U
U I D D U M I Q L O E F L X C D N T B E
Y L E P F V F H F L X I M R B H Q R F L
L L S G N B A A G I X T E H E A O U P F
A E T R H K L U F W J E R X Y U E S T G
F C O B V A T T G L H R K L C T B G X C
L A U O E V U B U A Z O H E H B M V U J
E R R U S A A R K T Y T D O E A J K W C
U T N T O J H I J O W H Z V V I M B N E
R S E H R P W O O U V S G I E L D A Y L
N A L P T O B N U R Y C N L L L B Z Q W
V L W A N P Z N T Q D H Y L L Y T C I W
D M N V O Y X N U T X I M E E Y O D M O
V O E I M W G E J G T L K V I G N O N R
Z N A E M J M P J J G D Q B G H X H Z W
M O U T O N R O T H S C H I L D J U K S
I P S U P I C H O N L A L A N D E R S Q
```

BANDOL

BEYCHEVELLE

BILLECART-SALMON

COS D'ESTOURNEL

E. GUIGAL

FLEURIE

HAUT BAILLY

HAUT LAFITTE

HAUT-BRION

LAFITE-ROTHSCHILD

LAFLEUR

LATOUR

LE PIN

LÉOVILLE

MONTROSE

MOUTON ROTHSCHILD

PALMER

PAVIE

PÉTRUS

PICHON LALANDE

Y'QUEM

Manhattan

2 ounces rye whiskey

1 ounce sweet vermouth

2 dashes of Angostura bitters

Brandied or maraschino cherry, to garnish

Fill a mixing glass with ice, then pour in the whiskey, vermouth, and bitters. Stir steadily to chill, 20–30 seconds.

Strain into a chilled cocktail glass. Garnish with the cherry.

Replace rye whiskey with Scotch to make a Rob Roy.

No. 116
Bourbon

```
X L O A K A M A R A N T H V C
Q Y I Q U I N O A R T T C P A
B O T T L E D I N B O N D S R
N V E Y K C U T N E K Y F B A
B A D K S O U R M A S H O O M
B N B E H Y X P E S M A O T E
L I U G G K O H H S W E R T L
E L C Z I A O J T U W H P L J
N L K E V N L R T M H P L E S
D A W E E A A E D C E W E I R
E I H Y E I P S R W A R R T E
D Y E L G H A N D R T G R P Y
P T A H F Q C O R N A T A X R
E M T O B A C C O O K B B B E
A D I S T I L L F V D T K D F
```

AMARANTH	HONEY
BARREL PROOF	KENTUCKY
BARREL-AGED	OAK
BLENDED	QUINOA
BOTTLE	RYE
BOTTLED IN BOND	SOUR MASH
BUCKWHEAT	STRAIGHT
CARAMEL	TOBACCO
CORN	VANILLA
DISTILL	WHEAT

No. 117
Bourbon Brands

```
H E N A J W O D I W T B Z P W
E O L D F O R E S T E R F O C
V R Z J S X W K O V A L O Z H
A O R I N A I M K A A D U E E
N O B M O A L Q E R F B R L N
W D A B T B D K E O L U R I R
I S R E N O T N R M A L O J Y
L N R A A O U D C D R L S A M
L E E M L K R S B K C E E H C
I V L X B E K P O Z E I S C K
A A L P S R E R N G N T A R E
M E Z E U S Y K K U Y C J A N
S H R K M I C H T E R S I I N
E V L N O A H S M I L L J G A
E K R A M S R E K A M L H W J
```

BARRELL	KNOB CREEK
BLANTON'S	KOVAL
BOOKER'S	LARCENY
BULLEIT	MAKER'S MARK
ELIJAH CRAIG	MICHTER'S
EVAN WILLIAMS	NOAH'S MILL
FOUR ROSES	OLD FORESTER
HEAVEN'S DOOR	WIDOW JANE
HENRY MCKENNA	WILD TURKEY
JIM BEAM	WOODFORD RESERVE

No. 118
White Wine Grape Varietals N–R

```
E N R O T G I P F L E R T P R
R O N I M O L A P R R P N F O
O N B H P R P D W P I E I X B
L E C R I K A P R E B D A V O
L U V H C A R E A T O R G F L
E B B O O T E T V I L O A O A
R U P D L S L I A T L X R C R
E R I I I L T T M A I A C E
D G C T T T A C B A G M V E N
N E A I M E D O L N I E Q S A
A R R S C L A R A S A N P O L
L R D U X I S B N E L E Y R S
U N A S H F A U C N L Z F P E
R M N R O E L O C G A N G B I
P E D E R N A E N A S S U O R
```

NEUBURGER

NIAGARA

PALOMINO

PARELLADA

PEDERNÃ

PEDRO XIMÉNEZ

PETIT CORBU

PETIT MANSENG

PICARDAN

PICOLIT

PROSECCO

RAVAT BLANC

RHODITIS

RIBOLLA GIALLA

RIESLANER

RKATSITELI

ROBOLA

ROLLE

ROTGIPFLER

ROUSSANE

RULÄNDER

No. 119
Other Whisky

```
L B F V Q A R A N U Z I M D Z
V W Y S P I C E S I S Q I W E
A R E S M O K E I H M S H P O
N Z L Q R H Y Q N W T P B A P
I X R Y V O R S G I K E C C S
L A A F D N W O L G I A I Z K
L K B B S E H L E D K T T Y C
A K D W U Y I R M O O I R O O
I I E P N K T I A R R B U I R
K N T O T M E C L M I C S C E
I U L K O R O E T A P R O H H
B J A F R H A K U S H U M I T
I S M Z Y T K Z H H J S B H N
H A Y T Y A M A Z A K I J H O
A S M E L K H Q M G Z B K P Z
```

CITRUS

DISTILL

HAKUSHU

HIBIKI

HONEY

KIKORI

MALTED BARLEY

MASH

MIZUNARA

NIKKA

ON THE ROCKS

PEAT

RICE

SINGLE MALT

SMOKE

SPICE

SUNTORY

VANILLA

WHITE OAK

YAMAZAKI

YOICHI

No. 120
US Whiskey

```
S R E K O O B T E P E P X Z G
R E U G O R L U E L I A M X H
A E E K O B X T A E L P B W I
N Y V N L A F H G K E P E E J
O R A O D S O I L C O Y R L M
A N N B F I U L E I P V N I C
H O W C O L R L R D O A H J C
S T I R R H R T A E L N E A A
M E L E E A O O R G D W I H R
I L L E S Y S W E R B I M C T
L P I K T D E N E O R N J R H
L M A P E E S I I E O K W A Y
W E M E R N W R R G S L H I S
R T S Z W I L L E T T E W G P
B U F F A L O T R A C E C Y T
```

BASIL HAYDEN

BERNHEIM

BOOKER'S

BUFFALO TRACE

EAGLE RARE

ELIJAH CRAIG

EVAN WILLIAMS

FOUR ROSES

GEORGE DICKEL

KNOB CREEK

LEOPOLD BROS

MCCARTHY'S

NOAH'S MILL

OLD FORESTER

PAPPY VAN WINKLE

ROGUE

TEMPLETON RYE

TUTHILLTOWN

WILLETT

No. 121
Types of Wine Glasses

```
K P Z F B U R G U N D Y Y S Q
E I S K G U Z T N W B E Y W D
D N C A B E R N E T C O A T X
E O B B U V F M G O Z K N U Q
R T X S Y T N G I P G C N M Q
Q N B O R D E A U X B O O B K
P O R T D O Z R X T B H D L I
Q I S W E E T D N M F T R E B
H R N H K W H I T E H Q A R Q
J K E K S T E M L E S S H C R
S H E R R Y I L Z A K R C D Z
S F L U T E T F F D F A Y F I
M A D E I R A S I N Q V L Q C
S Y C A L S A C E X Q Q Z C J
H O P I L U T S J B A V H Y P
```

ALSACE

BORDEAUX

BURGUNDY

CABERNET

CHARDONNAY

FLUTE

HOCK

MADEIRA

PINOT NOIR

PORT

RED

SAUTERNES

SHERRY

STEMLESS

SWEET

TULIP

TUMBLER

WHITE

No. 122
Types of Cocktails

```
M S D Y W S S H O D S Z H M Z
M M A D N T K C G J H O C Z C
S A I N L I C N L R A L P C R
L S S A C N O U K Y K C E F U
I H Y H T G R P C N E O L U S
N H F S O E E Y O E N B U G T
G I L D D R H G S W E B J S A
E G R S D U T A Q J A L O T D
L H U G Y F N C J H T E B I C
Z B O G Y G O H N H M R L R N
Z A S Y A P S P R I T Z A R E
I L V R R M O W A N Z L Z E A
W L E K T R I C K E Y R E D T
S E R E L O O C W Y Z J R Y B
F R O Z E N V E M F I Z Z B Q
```

BLAZER

COBBLER

COOLER

CRUSTA

DAISY

FIZZ

FROZEN

HIGHBALL

JULEP

NEAT

NOG

ON THE ROCKS

PUNCH

RICKEY

SANGAREE

SHAKEN

SHANDY

SLING

SMASH

SOUR

SPRITZ

STINGER

STIRRED

SWIZZLE

TODDY

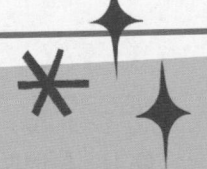

Fun Fact

The color of glass matters. Most beer is bottled in brown glass because sunlight makes beer containing hops go bad quickly. The industry term for this is "lightstruck," but is more familiarly known as skunked. Green beer bottles were originally used during World War II, when brown glass was difficult to obtain. For the green glass bottles in use today, they are part of the beer's branding.

No. 123
The Color of Beer

```
S I L S Y Q D D O N K V G R U
T K N W O R B L Q S R Q G F Y
R B C O P W S X T V U O L Y X
A Y G O I B Z V B Z S I Q V G
W E J A P V B U L I S G M V O
B F R W K P Z S A H E Z C Y L
T U L R L E E P C A T O K T D
A F F T R K J R K Z N W H O R
N M S K E F Q Y I Y I Y T R Y
R W Z M D Z A K K R X E P A W
Q D N U O M I U K A E L F N I
S T M X B G A R N E T L H G L
T P T E E C L E A R L O L E O
A S R L P C G T J E Y W N E J
I W V N M D J E T W R G N F J
```

AMBER
BLACK
BROWN
CLEAR
COPPER
GARNET
GOLD
HAZY

JET
ORANGE
RED
RUSSET
STRAW
TAN
YELLOW

No. 124
Stirred

```
Y I V R N C C S A M A O M X G
X W O O U A A V N O Y C Y U I
M L L B W I N S E N G R H X N
A B D R H P R A G T U Y M G A
Y Y F O I I E N R E L S O S N
M H A Y T R V G O C B A S A D
A P S Y E I I A N A C N C Z T
N I H N R N T R I R V T O E O
H M I U U H U E E L I H W R N
A M O Z S A X E W O M E M A I
T S N X S C A N R E U M U C C
T C E P I N P T B P X U L G J
A U D H A O L D P A L M E W Q
N P V K N M A R T I N I G U L
B I C I C L E T T A Y K Y C N
```

BICICLETTA
CAIPIRINHA
CRYSAN-
THEMUM
GIN AND TONIC
MANHATTAN
MARTINI
MONTE CARLO
MOSCOW MULE

NEGRONI
OLD FASHIONED
OLD PAL
PIMM'S CUP
ROB ROY
SANGAREE
SAZERAC
WHITE RUSSIAN

No. 125
Spanish Red Wine Grape Varietals

```
T M R Q L T O L R E M H X T E
E U L L D E L L E B R E F M L
M S L T R E P A T E K V A B H
P Q G R A C I A N O U T I C S
E H C U T S H Y V Z U L V R Y
R C A B E R N E T R C M G I R
A B W E J A H C A N R A G O A
N J W C A R I N E N A J C N H
I Q P M O N A S T R E L L T C
L S E K A T M A Z U E L O O G
L J A G I Z L I A V G B K N C
O B T N D T M B Y Z J G O I B
P F T F T H Q X M Z F L B P H
M A T U R A N O S X M Y C W F
F Z P Y T I N T O F I N O Y G
```

CABERNET

CARIÑENA

GARNACHA

GRACIANO

MATURANA TINTA

MATURANO

MAZUELO

MERLOT

MONASTRELL

PINOT NOIR

SYRAH

TEMPERANILLO

TINTO FINO

TREPAT

ULL DE LLEBRE

No. 126
Spanish White Wine Grape Varietals

```
P A L O M I N O B S N G P S U
A H Y L C M B M S U K A E A C
R H A V U A M U Y B V R D U H
U A R M T T O S A I L N R V A
I P U A U U S C F R O A O I R
V A D C R R C A Z A U C X G D
G R A A R N A T A T R H I N O
V E X B U A T X L P E A M O N
E L I O E B E A B A I B E N N
R L E N N L L R A R R L N B A
D A R D T A J E R E A A E L Y
E D T K E N X L I N X N Z A N
J A O O S C J L N T W C M N Y
O A Y N H A K O O K B A D C W
P C M A L V A S I A W W G F J
```

ALBARIÑO

CHARDONNAY

GARNACHA BLANCA

LOUREIRA

MACABO

MALVASIA

MATURNA BLANCA

MOSCATEL

MUSCAT

PALOMINO

PARELLADA

PEDRO XIMÉNEZ

SAUVIGNON BLANC

SUBIRAT PARENT

TREIXADURA

TURRUENTÉS

VERDEJO

VIURA

XAREL-LO

What to Drink in Germany

```
P X A P F E L W E I N E I L W M C Y Q I
J M P G S C H N A P P S R A D L E R G T
A I X G K K H P T I R E I B T L A E F L
B N C B K I L L E P I T S C H Y N E H A
B Q E D E M R B S J A U W T M W I Z B R
T R G Z J M U D E D V A I X U X I N A U
S I I F T W R B O R T I F R O O I I R H
B E R L I N E R W E I S S B I E R M E C
W E I S S H E R B S T T L Q L P R E N A
E Q L G P N A R M A R T O E U W U L J B
V K B N B C M Q E A Q P Z Z R A V P A S
F O S I X R H J L B B B E P G Y U M G A
R L D L L Y Q I P R E I S L I N G U E G
W S G G Q W N F K I R S C H V S K R R R
G C V I J E Y X U L H W M G C A S P Y B
W H T E R D J A G E R M E I S T E R X R
I M H F X N I E W H U L G G R X Q Z R E
H I M B E E R G E I S T O A B O B X N S
M W E I S S B I E R D H T D D T U M V A
D U N K E L G X Z S B G R T R L L Q R K
```

ALTBIER	FEIGLING	RADLER
APFELWEIN	GLÜHWEIN	REISLING
ASBACH URALT	HIMBEERGEIST	RUMPLE MINZE
BÄRENJÄGER	JÄGERMEISTER	SCHNAPPS
BERENTZEN	KILLEPITSCH	WEISSBIER
BERLINER WEISSBIER	KIRSCH	WEISSHERBST
DUNKEL	KÖLSCH	

Margarita

2½ ounces tequila

1¾ ounces fresh lime juice

¾ ounce orange liqueur

Lime wedges, to garnish

1 tablespoon coarse salt (optional)

Pour salt into a small dish or saucer. Rub the rim of a chilled cocktail glass with a lime wedge, then roll the wet rim in the salt.

Add the tequila, orange liqueur, and lime juice to a shaker with ice and shake vigorously until chilled. Strain into the cocktail glass. Garnish with another lime wedge.

Variations to try: spicy, strawberry, mango, watermelon, grapefruit, Italian, pineapple, hibiscus, cranberry, pumpkin spice

No. 128
Spanish Wines

```
D R B F Q L A U Z H P A O A O
T V G G G R E N A C H E V V P
U T M O N A S T R E L L H X E
J O N I F O T N I T S G M A T
A S Z J O V B T H Z H E R I I
L I C A W V X C I I E H R Y T
B B C A V A E A F H R P I S V
A P T I K F J R Z X R D U G E
R W D O Q P E I D J Y L G A R
I Z L L T X I N G E Y O N I D
N I N I M I W E M K J T R R O
O R I O J A H N J D Z O Y E T
K T E M P E R A N I L L O N V
B X Z N U W T Z U C Z U F E O
T C W M M E N C I A S D W Z O
```

AIREN	PETIT VERDOT
ALBARIÑO	RIOJA
CARIÑENA	SHERRY
CAVA	TEMPERANILLO
GRENACHE	TINTO FINO
MENCIA	TXAKOLI
MONASTRELL	VERDEJO

No. 129
Spanish Wines Regions and Requirements

```
O G N H Y R R U E D A I J R P
U X M H J U M I L L A T E I L
R G S B A S Q U E R P U R B A
I I R I A S B A I X A S E E M
M R E S E R V A S B C B Z R A
T O O L M N J N J Y C O B A N
B N C A S T I L L A R Q R D C
U P P E N E D E S F I A I E H
G R A N R E S E R V A S O L A
M I Y F T S M G Q A N L J D Q
N O A O I O H N H E Z V A U T
I R O B I E R Z O L A E B E L
X A C W T F W O C E S X N R Y
B T C A L A T A Y U D G N O Z
A J R O B E D O P M A C R M S
```

BASQUE	JEREZ
BIERZO	JUMILLA
CALATAYUD	PENEDÈS
CAMPO DE BORJA	PRIORAT
CASTILLA	RESERVAS
Castilla LA MANCHA	RÍAS BAIXAS
CRIANZAS	RIBERA DEL DUERO
GRAN RESERVAS	RIOJA
	RUEDA
	TORO

What to Drink in Spain

```
B C K O R U J O D R V R A I P
T G G P A R P J H V C E G R C
I V U N W C A V A E Z B U A N
N C M H X Q L Y Y R E E A F V
T J A R D I S S K M C J D A V
O P P L J A H P X O A U E T J
D Z B C I E S G N U R I V I O
E S X E R M J R X T E T A A J
V Q Y R V Q O C I H T O L P C
E W Y V T Q L C W S M L E D Y
R I H E L A F S H N O P N H Q
A N G Z R U B H V O J L C U N
N E X A R L E E Z X N X I F I
O L A D A M I E U Q N U A W I
A I R G N A S H P D G F N M N
```

AGUA DE VALENCIA

CALIMOCHO

CAVA

CERVEZA

CLARA

ORUJO

QUEIMADA

RAFATÍA

REBEJUITO

RISOL

SANGRIA

SHERRY

SIDRA

TINTO DE VERANO

VERMOUTH

WINE

What to Toast To

```
J G U E S T O F H O N O R A A
P V B I R T H D A Y L U S X N
S K N A H T E V I G O S T W O
N G O O D T I M E S N V L W T
G S B A B Y P P N U G B M E H
G R A D U A T I O N E H E G E
P E U K O S G H I X V A M A R
H S D N X H B S W U I P O I R
K E X I T A D D N J T P R R O
P V A O N T E N E C Y I I R U
B O U L N N I E W O H N E A N
Z T X O T D E I J Q N E S M D
E V O L Q H V R O S W S F X F
R R I Y D A F F B Q I S E J C
E Z O W G G N E F A E P W D P
```

ANOTHER ROUND

BABY

BIRTHDAY

CHEF

DINNER

FRIENDSHIP

GIVE THANKS

GOOD TIMES

GRADUATION

GUEST OF HONOR

HAPPINESS

HEALTH

LONGEVITY

LOVE

MARRIAGE

MEMORIES

NEW JOB

NIGHT OUT

No. 132
Whiskey

```
S O B V K X J P V K A Y W E D
W R A H V Y A B I E O E O H Y
J B Z K N N C A R E L L I M H
I U W S L A K R E R V N C C T
M S H M A G D L L C Z O O O R
B H E O Y G A E A Y R O R F A
E M A K O E N Y N T R C N F E
A I T Y R B I D D R Y E N E D
M L U N N L E T C O E F I Y E
H L D Z W I L L T F T Y P S D
L S I J O K S C A N A D A T N
I M P E R I A L B L U E I I E
Y C N W C D Z W L U T S D L L
H N T E N N E S S E E J W L B
R T Z J A M E S O N O W Y C B
```

BARLEY	IRELAND
BLENDED	JACK DANIEL'S
BUSHMILLS	JAMESON
CANADA	JIM BEAM
COFFEY STILL	KILBEGGAN
COONLEY	OAK
CORN	RYE
CROWN ROYAL	SMOKY
EARTHY	TENNESSEE
FORTY CREEK	WHEAT
IMPERIAL BLUE	

No. 133
Whiskey Brands

```
V J D L A Y O R N W O R C K Y
J E F F E R S O N S K N E G G
F I R E B A L L H R E U G Y E
G C S E A G R A M S R I W Y O
K C A N A D I A N C L U B K R
N Q M J C N E L S O N S V T G
A O L D O V E R H O L T O E E
G D B O T U L L A M O R E M D
G P A H G A I G W Y S C T P I
D S B U S H M I L L S O H L C
W H I S T L E P I G D H E E K
I N I J A M E S O N U E O T E
H O C H S T A D T E R S Y O L
J A C K D A N I E L S A I N Y
R E D E M P T I O N M D Y Z B
```

BUSHMILLS	JEFFERSON'S
CANADIAN CLUB	NELSON'S
CROWN ROYAL	OLD OVERHOLT
FIREBALL	REDEMPTION
GEORGE DICKEL	SEAGRAMS
HOCHSTAD-TER'S	TEMPLETON
	TULLAMORE
JACK DANIEL	WHISTLEPIG
JAMESON	

No. 134
Whiskey Cocktails

```
O H K D W A R D E I G H T G V
L D S S A Z E R A C G U P X J
D E S A E W K M T O O H A F B
F L B B M K R O W L L O P M O
A A E B S S F N H D D T E I U
S L R R M M Y T I P R T R L L
H O R O I A S E S A U O P L E
I U A W N N H C K L S D L I V
O I C N T H A A E S H D A O A
N S X D J A M R Y W I Y N N R
E I U E U T R L S Z V H E A D
D A E R L T O O O R T L W I I
O N I B E A C E U N I Q K R E
O E V Y P N K U R X J N J E R
Y N E W Y O R K S O U R R G R
```

BOULEVARDIER

BROWN DERBY

DE LA LOUISIANE

GOLD RUSH

HOT TODDY

MANHATTAN

MILLIONAIRE

MINT JULEP

MONTE CARLO

NEW YORK

SOUR

OLD FASHIONED

OLD PAL

PAPER PLANE

SAZERAC

SHAMROCK

VIEUX CARRÉ

WARD EIGHT

WHISKEY SMASH

WHISKEY SOUR

Fun Fact

Indeed, the color of glass matters for wine bottles, too. Green and amber are the traditional colors for wine bottles, particularly for red wine and heavier types of white wine, like chardonnay or champagne. The colored glass protects the liquid from oxidation. For wines like rosé or lighter whites, winemakers often want to display the beautiful color of the wine, so these are bottled in clear glass. These days most glass is made with UV protectant, but if your wine tastes likes vinegar, it's a sure sign that oxidation has occurred.

No. 135
Whiskey Making

```
F A N G E L S S H A R E B B X
O U D F Y K R T U C E H T F E
R V D A D X G P R P F W X E Q
E W I H K M S O B J E A O R L
S I S V M A T T A E I S B M M
H F T R A T O S R N N H H E H
O F I R L U R T R O T B A N I
T N L V T R A I E T G A W T H
U X L S I A G L L O N C C A B
G M A I N T E L K Z I K A T O
M C T T G I W K D Y H S S I T
Q V I M E O M V W Y S F K O T
H J O X R N R C S X A E N N L
H O N T V P R U K M M Y R R E
C O L U M N S T I L L Z G W H
```

ANGEL'S SHARE	MALTING
BARREL	MASHING
BOTTLE	MATURATION
CASK	POT STILL
COLUMN STILL	STORAGE
DISTILLATION	THE CUT
FEINT	WASHBACKS
FERMENTATION	WORT
FORESHOT	

No. 136
Whiskey Styles

```
P A M E R I C A N R Y E Z P D
U H I R R N E D T J G Z D W E
R U X S I N G L E M A L T N A
E V Y K S N H W A Q Y A N T L
P S M G R A I N S F Q T B E Q
O U B L E N D S H H A O A N H
T O I D N C O R N E U L V N C
S U N F A C M P H R R M A E T
T N E I I L K W B H S B G S O
I I W X D R B O V O A X T S C
L T O Y A N N Q X R P F M E S
L N A Q N A G L L U N J M E R
G O K C A Z X E E C N Q F C V
J C D P C P Y E Y R E E K H L
C N B H R A C B A T C H R L Y
```

AMERICAN RYE	NEW OAK
BARLEY	PURE POT STILL
BATCH	RYE
BLENDS	SCOTCH
BOURBON	SINGLE MALT
CANADIAN	TENNESSEE
CONTINUOUS	WHEAT
CORN	
GRAIN	

No. 137
Whiskey Tasting Notes

```
L I G H T T O F F E E X R Y F
O A K C H O C O L A T E B U N
L Y Z J L I C O R I C E R H S
H C I R P T X C R L N N I M H
Z S L V Q N D J J A I W O L E
S A C A T N U Y O T N K A E R
F W A N A N H T U X E G P A R
L N R I D Y A R T V K G E T I
O W A L W H E G V Y Q R A H E
R O M L Z P I G E H T A T E D
A O E A O S Y C K L S S Z R O
L D L L P H O N E Y E S X F I
N G I G V N S P I C E Y Q T L
Q S C O M P L E X Z B H H T Y
H I P A P P L E C M A L T V R
```

APPLE

CARAMEL

CHOCOLATE

COMPLEX

ELEGANT

FLORAL

FURNITURE POLISH

GRASSY

HONEY

LEATHER

LICORICE

LIGHT

MALT

NUTTY

OAK

OILY

ORANGE

PEAT

RICH

SAWN WOOD

SHERRIED

SMOKE

SPICE

TOFFEE

VANILLA

No. 138
Tastes of Honey

```
B G F T X D G T Y T I W P Y O
C J T H A J V E J F I X R Q X
A D P E A R L D I V E R E V K
N C L P T W F E D Z R U L H Y
C G B R H H S P P H I B B O U
H A E O O O Y H E O U A B N K
A X E S L T R S N N R R O E O
N Z S P L T U U I E Y E C Y N
C H K E B O P R C Y M N Y B J
H P N C R D D D I D C J E A A
A Z E T O D I L L E D A N D C
R T E O S Y P O L U M G O G K
A G S R E P Q G I C Q E H E X
D A E M R X H I N E T R P R D
A A F N A I R M A I L Y F I G
```

AIRMAIL

ATHOLL BROSE

BÄRENJÄGER

BEE'S KNEES

CANCHÀN-CHARA

GOLD RUSH

HONEY BADGER

HONEY COBBLER

HONEY DEUCE

HOT TODDY

MEAD

PEARL DIVER

PENICILLIN

SYRUP

THE PROSPECTOR

YUKON JACK

German and Czech Beer Styles

```
D O R T M U N D E R R K B F S B O J D W
P S B A E L Y B U R O K Q E R P E Z U J
Y A E S W H V L Q E C O K S Q I K H N X
W K R E E K E T Q I S L K T V L G V K P
K M L L I C A M N B K S J B P S A G L G
H T I L Z L W A U Z L C J I R S H W E I
M E N E E G F R B R K H O E R S I O S X
L C E H N R D Z A A L L F R F B L P W P
X C R E B O O E D W B E R Y I I E J E I
W S W L O G P N U H R S K R W E I J I L
P E E E C G P G N C A Y E E O R S O S S
U S I W K E E Q K S U X O I I P B L S N
G O S J D N L O E Z C I Q B C A O T B E
P G S O U B B A L J H S N S S L C T I R
J I E T N I O H E A B D I S E T K L E K
J J L X K E C K S J I P P I E B T F R F
O O O S E R K Y K U E K Z E K I G F O B
U Y V F L B F T T Y R X L W J E R A S L
W Z I M A I B O C K Y T W Q B R L S M K
L L I C H T E N H A I N E R A R T U X P
```

ALTBIER	FESTBIER	PILS
BERLINER WEISSE	GOSE	PILSNER
DOPPELBOCK	HELLES	RAUCHBIER
DORTMUNDER	KÖLSCH	ROGGENBIER
DUNKEL	LICHTENHAINER	SCHWARZBIER
DUNKLES WEISSBIER	MAIBOCK	WEISSBIER
EISBOCK	MÄRZEN	WEIZENBOCK

Martini

2½ ounces gin

½ ounce dry vermouth

Dash of orange bitters

Add the liquid ingredients to the mixing glass with ice and stir until very cold. Strain into a chilled martini glass.

The less vermouth, the drier the martini. For a dirty martini, add a splash of olive brine, and additional olives to taste.

Swap gin for vodka to make a Vodka Martini. Swap gin for tequila to make a Tequini.

Other variations to try: gibson, dirty, vesper, pornstar, elderflower, turf club, lemon drop dry, wet, 50/50.

No. 140
Scotch

```
U W P E A V B C Q E F M H R Y
W G Y L H A A G H N L P I O D
B N E R S M R A A O Y A G B R
N I C U C R B T I T I N H R U
I L N S O E A G R S N A L O N
L F E T T Z R B O E G F A Y K
L D F Y C A Y C F L S F N G U
I N E N H L C N T D C I D Y N
C A N A M B O S H A O N C A C
I L O I I E A P E E T I O L L
N H T L S U S T D B S T O D E
E G S L T L T D O I M Y L T F
P I M Z Z B O O G K A I E U A
B H X T H I S T L E N I R A P
H H W C H I N C H I N R G B Y
```

AFFINITY

BARBARY COAST

BEADLESTONE

BLUE BLAZER

CHIN CHIN

DRUNK UNCLE

FLYING SCOTSMAN

HAIR OF THE DOG

HIGHLAND COOLER

HIGHLAND FLING

PENICILLIN

ROB ROY

RUSTY NAIL

SCOTCH MIST

STONE FENCE

THISTLE

No. 141
Moonshine

```
Z G R M U L E K I C K Q E M W
A P P A L A C H I A G B U F H
Q P C O R N M A S H J A P I I
L L I T S N Y J R R K R Q R T
P C O N I P J O I N T L N E E
A N I G H T T I M E M E P W L
X L A G E L L I R W S Y N A I
C I D E R W E R B E M O H T G
M O U N T A I N D E W Y W E H
H I G H P R O O F K E D U R T
B U Y T C H O O P Q W A P X N
U K V U S X V Y M O V P W N I
U Z W S H O O C H I N O O W N
S Y D J E T H A N O L H N H G
K L K L D E B O O T L E G W F
```

APPALACHIA

BARLEY

BOOTLEG

CHOOP

CIDER

CORN MASH

ETHANOL

FIREWATER

HIGH-PROOF

HOMEBREW

HOOCHINOO

ILLEGAL

MOUNTAIN DEW

MULEKICK

NIGHTTIME

NIP JOINT

STILL

WHITE LIGHTNING

No. 142
Scotch Whisky 1

```
R R Y E A F S E T M X Y R K Y
C U S G A L B D L W L G B B H
Z R A Q U A V I T A E M B L O
B S K V L J J V T F O O L E N
O T B D C Z P J K S Q P E N Y
C Y S I N G L E M A L T N D S
O U I S G E B E A T H A D E J
B A R L E Y A R P T S P E D L
I X E Z D M A M P K L U D G X
R N I A R G E L G N I S M R M
J T T V A J I O Z Z S T A A O
M A L T M M U Z U A B K L I O
M T A E H W R N U O H K T N G
G U A R A N T E E D A G E C L
I U D S U T H S A M V M I O F
```

AQUA VITAE

BARLEY

BLENDED GRAIN

BLENDED MALT

DRAM

GUARANTEED-AGE

MALT

MASH

PEAT

RYE

SINGLE GRAIN

SINGLE MALT

UISGE BEATHA

WHEAT

No. 143
Popular Cocktails of the 1970s

```
K L J H S C G F R W T M S E X
N E N M A G O N R Z E K I W P
P R F E L R L P K G Q V N H I
E R E R T E D A S B U H G I N
P I M R Y Y E D T R I R A T A
R U S Y D H N R I Q L W P E C
L Q L W O O C U N M A J O R O
L S O I G U A N G H S Z R U L
A K W D G N D E E W U M E S A
B N S O N D I U R U N J S S D
W I C W B P L C X M R Y L I A
O P R B J B L F D X I X I A B
N W E I Q B A K J K S X N N B
S T W W U M C N H X E T G J J
B T U R E H T A F D O G A X E
```

BLUE HAWAII

GODFATHER

GOLDEN CADILLAC

GREYHOUND

MERRY WIDOW

PIÑA COLADA

PINK SQUIRREL

SALTY DOG

SINGAPORE SLING

SLOW SCREW

SNOWBALL

STINGER

TEQUILA SUNRISE

WHITE RUSSIAN

No. 144
Say Cheers

```
D I G L R Z B O R K T N E J F
T E R V I S E K S A O O Q P E
N O G H G Z X V S M Y R J R N
I M D E C U A Q L P O O X O E
M N X R S K A L A A U C G S K
C H E E R S E P I I R B O T I
J S Z S K K I B N I H O O C G
Z A W T K A W G T E E T V H C
O L I O I N O X E C A T Z O I
N U P Y P P R S E H L O K K N
Z D K O P A D A D Y T M E D C
Q Y I U I I Z N L D H S S E I
T Y Z E S H A T X D Y U A E N
T O A S T U N E W A A P K V D
O F D V N L C H A I M R V T R
```

BOTTOM'S UP	L'CHAIM
CHEERS	NA ZDROWIE
CHOK DEE	NOROC
CIN CIN	PROST
FENÉKIG	SALUD
HERE'S TO YOU	SANTE
IECHYD DA	SKÅL
KAMPAI	SLÁINTE
KANPAI	TERVISEKS
KESAK	TO YOUR HEALTH
KIPPIS	TOAST

No. 145
Rum

```
Z H N C S X S S P I C E D J W
G V O H A U V S K R V J I M H
O N X N Z R G R R D A R K R M
L D L V E S I A T E V V R H O
D E T L C Y A B R E T F I U L
B M R W I V F V B C E S T M A
N E O H T T A E N E A W E A S
I R P I I X S N R A A N S G S
N A I T K P C T I M V N E R E
N R C E I J G H O L E A N I S
A A A B A R R E L P L N L C X
T N L Y C A R E L O S A T O S
O V E R P R O O F J Z B A L C
L P A R T S K C A L B H J E F
P C O L U M N S T I L L E P T
```

BARREL	OVERPROOF
BLACKSTRAP	POT STILL
CARIBBEAN	RHUM AGRICOLE
COLUMN STILL	SOLERA
DARK	SPICED
DEMERARA	SUGARCANE
ESTERS	SWEET
FERMENT	TANNIN
GOLD	TIKI
HONEY	TROPICAL
MOLASSES	VANILLA
NAVAL	WHITE

Rum Brands

```
B G S A I L O R J E R R Y C A
A U G H R W C V X Z M D A P L
R T M O K N H J J X I P P E L
C B O K V S Q X U P T L L B E
E A U R L W H B L A E Q A R R
L C N A L O A O I T M W N U R
O A T K D I M N O L M R T G A
I R G E M A M N Y T A E A A B
M D A N T O E E V P L N T L X
P I Y I R S Y V F B I H I P V
E D C G T Y Z M Z U B Y O R I
R O A A H W W Z N M U B N Y E
I N T D O N Q W L B P S A A G
A E D F L S L C S U M M E T Q
L A D M I R A L N E L S O N P
```

ADMIRAL NELSON

APPLETON ESTATE

BACARDI

BARCELO IMPERIAL

BARRELL

BRUGAL

BUMBU

CAPTAIN MORGAN

DIPLOMATICO

DON Q

KRAKEN

MALIBU

MOUNT GAY

PLANTATION

PRYAT

SAILOR JERRY

On Drinking

Here's to alcohol, the rose-colored glasses of life.
—F. Scott Fitzgerald

Beer is proof that God loves us and wants us to be happy. —Benjamin Franklin

There comes a time in every woman's life when the only thing that helps is a glass of champagne. —Bette Davis

No. 147
Rum Cocktails

```
C U B A L I B R E D J Q A M B
H U R R I C A N E M A D M W P
L W R B A H A M A M A M A M L
B I D N D L U G N L K J K J A
I E P A D A X M O V U C U F N
F S A A R O I C A N T N L Y T
A O Y C I K A Q G I G A S Z E
I P G Q H N N L U L T C D O R
R J W C I C E S E I O A M M S
M G U P U B O J T R R O I B P
A E F K I T U M P O J I D I U
I L F R K I T I B I R O P E N
L X D Y C P O E T E B M J A C
G X S E X N T O R E R Z Y C H
K P A I N K I L L E R J Q S H
```

AIRMAIL	JUNGLE JUICE
BAHAMA MAMA	MAI TAI
BEACHCOMBER	MOJITO
CUBA LIBRE	PAINKILLER
DAIQUIRI	PIÑA COLADA
DARK 'N' STORMY	PLANTER'S PUNCH
FOG CUTTER	SCORPION
HURRICANE	ZOMBIE
JUNGLE BIRD	

No. 148
Rum Pirates

```
P R O Y A L N A V Y A T R B U
Y E D O C E T A R I P H E U Y
Q B L A C K B E A R D E D C M
C F N J A G U T R O T N L C A
D M L F A B T N G T S R E A L
E B V Y U C A H L H C Y G N L
A L G X I S K I F V U J S E E
T A C O S N M W E D R E G E B
H C F A R E G B A S V N R R M
S K U J L G T G J R Y N E S A
H B D A E R Y R A M D I A U S
E A A N N E B O N N Y N V G U
A R E Y O H O H O S G G E A M
D T P O R T R O Y A L S S R J
I F K C A J O C I L A C H F P
```

ANNE BONNY	MARY READ
BLACK BART	NASSAU
BLACKBEARD	PIRATE CODE
BUCCANEER	PORT ROYAL
CALICO JACK	RED LEGS GREAVES
DEATH'S HEAD	ROYAL NAVY
FLYING GANG	SAM BELLAMY
GROG	SCURVY
HENRY JENNINGS	SUGAR
JACK WARD	TORTUGA
LIME	YO HO HO

No. 149
Other European Wines

```
Q P T I N I R O T N A S A E O
B L A U F R A N K I S C H W Y
Q Z V I N H O V E R D E F U C
M E H S O X L D M W L P I Y W
W B G Ã T B H K Y S O T L M P
F A D T X L G T E R W A A X F
C I X M P L A T T P Y D A T B
R R J W G B U U A Y E N D O U
E R V O A B O T R I V I H F U
T A S P A O R I R E G T G B Z
E D P L M A G A U S N M Z K Q
B A S E S F U R M I N T B T I
S K U T T O K A J I X Z V J A
D F I K I D I K L A H G E P N
Q N D Y N T K B M H F I D I Y
```

BAIRRADA

BLAUFRÄNK-
ISCH

CRETE

DÃO

FURMINT

HALKIDIKI

MADEIRA

PATRAS

PORT

SANTORINI

SETÚBAL

ST. LAURENT

TOKAJI

VINHO VERDE

No. 150
Other Wine Regions in Europe

```
B S S B X Z I W L Z J A G K S
H A S L O V E N I A L W S S X
V T I S B X S L T E B O A T B
I C Y R T V D Z N I M A C Y U
E K R C R G K T H A J K I R R
N A E E F A E M S P E Z T I G
N P C F T J D R I O N U T A E
A E H U O E T A F I O E A H N
T O K A J H E G Y A L J A E L
D O L Y C Z V Q J T C G L E A
O H K A K H E T I F Q H E E N
U N N A E Q X U X J Y Q W F D
R I I G S E T U B A L L M A B
O M S R E G E M W M C A U P K
K D A O V R E B S F I G G L R
```

ALENTEJO

ATTICA

BAIRRADA

BURGENLAND

CRETE

DÃO

DOURO

EGER

KAKHETI

MINHO

SAMOS

SETUBAL

SLOVENIA

STYRIA

TOKAJ-
HEGYALJA

VIENNA

German Wineries

```
O O P R U D E S H E I M E R B E R G S W
B M S X B E C K S T E I N E R V R D C K
K B S D A R L L O V S S O L H C S C H P
H R B O Z V N P V M A X M A N N E R L B
X E N N Q Q I U G C K I Y X R X A W O C
B M P N E A E D I E F K M D H C L Q S A
J M G H U K T T H O R L E K Z V Q T S R
J E Z O I C S L I J N E S O O L R D J L
R R V F C U R K S I R B B G F I C H O L
O C J F N O E G E S L E F N E T O R H O
D A O A R D G N N S J Y X Q O U U I A E
L L P I X T R Y K A S L Y G P Y C A N W
Y M I J D M U S S Z H L L K D W E A N E
W O A H C A B R E B E R E T S O L K I N
G N U L D D Z X Q Y O J E R P K U V S X
J T P Q W Y R S Y G W M U T S B F L B H
Q B T D J N U K R P T J H R O E E F E O
O O W K V K W E J J P R U M R R K H R I
A J R E N G A W Z N I E H H J C C T G T
T I A H L K A P B R O T E R H A N G P I
```

BECKSTEINER

BREMMER CALMONT

CARL LOEWEN

DÖNNHOFF

DR LOOSEN

HEINZ WAGNER

J J PRUM

KESSLER-SEKT

KLOSTER EBERBACH

MAX MANN

ROTENFELS

ROTER HANG

RÜDESHEIMER BERG

SCHLOSS JOHANNISBERG

SCHLOSS VOLLRADS

THÖRLE

WÜRZBURGER STEIN

Mint Julep

4–5 mint leaves, plus more for garnish

½ ounce simple syrup

2½ ounces bourbon

In a julep cup, or similar cocktail glass, muddle the mint leaves and simple syrup, then pour in the bourbon.

Fill the glass with cracked or crushed ice, stir, then garnish with mint.

No. 152
Share a Drink With...

```
A Q M Z S L A P G V X C F C U
E X R P P G A M D N A R G G M
U B E A O S C M T I I G Z R R
G R K R U D I R G E W Y F W D
A O R T S V A S N W I F E N C
E V O N E N F D T F D G C O H
L N W E F W U B C E N T U I G
L I O R K H D R M V R S I R M
O Q C X F U K O S A I C A O G
C O B C E S K T X N E N M E B
V A U F T B U H V N D T V P B
N R D Z A A Z E K P D I Z B A
Q M D Z Z N Z R A E G S G C Z
I U Y E G D P G O R I M B W Z
T Y Z J O W D O Z Y O U Z Q C
```

BROTHER   HUSBAND

BUDDY   MOM

COLLEAGUE   PAL

COUSIN   PARTNER

COWORKER   SISTER

DAD   SPOUSE

FRIEND   TEAM

GRANDMA   WIFE

GRANDPA

No. 153
Popular Cocktails of the 1920s

```
M C D Y D B O H O D G R S P W
A O L D F A S H I O N E D T H
R C Y O X R U I P U H V H H I
Y H T F V N A M Y A U I C B S
P T J H Y E E C N W Y V Z E K
I U O G G T R K E E J E D E E
C N P M T I Y C K D N R C S Y
K F E C C P E C L I I E A K H
F T C G A O I D T U G S R N I
O K T N R R L R R U B P E E G
R E K V N O A L Y A L R Z E H
D Y W I F M N V I P W O A S B
E O G M M Z E I E N R C S U A
Q P E G U C L U B X S R S I L
Y T D H S O U T H S I D E H L
```

BEE'S KNEES   OLD FASHIONED

CLOVER CLUB   PEGU CLUB

CORPSE REVIVER   SAZERAC

SIDECAR

GIN RICKEY   SOUTHSIDE

HANKY PANKY   TOM COLLINS

MARTINEZ   WARD EIGHT

MARY PICKFORD   WHISKEY HIGHBALL

NEGRONI

No. 154
Prohibition

```
I X E H D R Y S O U Q N O G D
V R C A B N F U J N W A K E W
O G N M O I C C F T P T D D I
L D A A V B S B R O W I X Z L
S V R F O A S Q N U H O T W L
T Q E I L S S K O C E N F I A
E J P J S N S A O H E N H T R
A N M T T O E N L A L V N T D
D G E V E T N S A B E M Q E G
K E T E A R N A S L R V I N Z
E U R O D O V S I E N H Z M D
Y C O U A M Z E T S Y X J Y M
U W R D C J B Q N D R O I E I
E O P A T T E N A R U G G R K
J F A F R P K W T C U Z M T T
```

ANTI-SALOON	UNTOUCHABLES
DRYS	VOLSTEAD
KANSAS	VOLSTEAD ACT
MORTON SABIN	WHEELER
NATION	WILLARD
NESS	WITTENMYER
PATTEN	WTCU
TEMPERANCE	

No. 155
Popular Victorian Cocktails

```
W O O B L U E B L A Z E R Q W
V E L H N R I U Z Q D Y V H T
B S G D P A B N I P I N I C I
A P G G F N T E I O Y T E G M
G P L I N A S T O T E Q L M B
O G P W N O S T A T R I J I E
N N J L I A G H I H D A A N R
A I P F E J N G I N N B M T D
C L U A T T E D D O G A G J O
I S N X L R O V T I N E M U O
R N C B S D A D Z O Q E R L D
E I H M N K F P D B N W D E L
M G I F Y W R U Y Y C I R P E
A L B R S A N G A R E E C R F
M L A M B S W O O L E Y A I L
```

AMERICANO	MINT JULEP
APPLE TODDY	OLD FASHIONED
BLUE BLAZER	PUNCH
EGGNOG	SANGAREE
GIN AND TONIC	STINGER
GIN SLING	TIMBER DOODLE
LAMB'S WOOL	WHITE TIGER'S MILK
MANHATTAN	
MARTINI	

No. 156
Popular Cocktails of the 1950s

```
Z P I N K S Q U I R R E L T F
F Z H W J L F U F F D T R G X
S N T H Q U Z H H R Q S E W O
M C H I O G Q O E Q L Z P Z L
A U I T R P I P M O J I P S D
I B G E A P S M E B N P O E F
T A H R A E S G L I I M H A A
A L B U V V I L T E U E S B S
I I A S Q N X R O S T X S R H
O B L S F C A A B R V P A E I
V R L I Q M S Y Z O E U R E O
J E Z A B B S L R X C P G Z N
T Z O N G I N P U N C H A E E
P I N A C O L A D A H A Q D D
M V T O M C O L L I N S B E F
```

APEROL SPRITZ   PIÑA COLADA

CUBA LIBRE   PINK SQUIRREL

GIMLET   SEA BREEZE

GIN PUNCH   SLOE GIN FIZZ

GRASSHOPPER   TOM COLLINS

HIGHBALL   VESPER

MAI TAI   WHITE RUSSIAN

MARTINI   ZOMBIE

OLD FASHIONED

No. 157
Scotch Whisky 2

```
N I T K F L O R A L I G S V X
W I F G I D G P U V O C D M M
O G Q S S V K E C C A M N R C
T Y Z U L Y H R O S N K A M E
L M C B A X Z T K V S D L I Z
E O M Z Y Y E A S T F Q H M X
B M L O W L A N D S A I G T X
P H D O U B L E W O O D I E E
M E Q S Z M Z R X L G G H E R
A S F H M A I L L A R D F W N
C O O H I S P E Y S I D E S V
T J Q O K O A K E O Q O R M E
N K J K V F G R A I N Y X K S
S P N N D C C J C W M X S F E
L S Q Z L S Z S O U R J Z B H
```

CAMPBELTOWN   LOWLANDS

CASK   MAILLARD

DOUBLE WOOD   OAK

FLORAL   SOUR

GRAINY   SPEYSIDE

HIGHLANDS   SWEET

ISLAY   YEAST

Wine Tasting: Flavor Notes

```
N S G P H K V M C T I N L F C
L M S E C C B A O L U A N J L
F O K P H K I B N T O I T H J
M K C P A S A N T I Z V D R V
K Y Z E R C A Y N X L M E M E
I E E R C T N F F A R L I E L
B D W O O O Y C F I M N A U E
M U B B A A D O K R D O J X M
A U T L L S I C V R O D N B A
N I S T W T O O L C W N M R R
I Q U K E Y I N U T L J M I A
S G A B Y R Y U U D I L L G C
E C R E A M Y T J F O E B H C
Z A G G I N G E R A Z G P T X
S P I C Y V N U T M E G W Z Q
```

ANISE	MUSKY
BRIGHT	NUTMEG
BUTTERY	NUTTY
CARAMEL	PEPPER
CHARCOAL	SAFFRON
CINNAMON	SMOKY
CLOVE	SPICY
COCONUT	TOASTY
CREAMY	TOBACCO
DILL	VANILLA
GINGER	

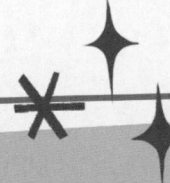

Fun Fact

In French, "vueve" means "widow." Veuve Cliquot is indeed named for a woman who was integral to the brand's growth and dominance in the world of champagne. Widowed at 27, Barbe-Nicole seized the reins of the family business. She invented the riddling table to clarify champagne (a process that is still used today) and innovated the first blend of rosé champagne. Madame Cliquot was the first woman to take over a champagne house and the first female champagne producer, leading the way for generations to follow.

No. 159
Modern Cocktails

```
O A X N C A O L M F A S G I O
F X Q D E A T H F L I P I C I
R J F H Z Q U V Q D K G L R I
E X Y W H I T E N E G R O N I
N K D Z M Z H L Q G H F O K A
C J H I G H L A N D E R X P C
H Y N D R Y S S J E S A O A P
P L G O L D R U S H T I N L Y
E M S V C E N X J G G W J O A
A U P A P E R P L A N E Z M J
R C H A F T R E F S E S W A Z
L Z H H U Q N R D Q S U O L D
F Z Q K C A B L E C A R D W S
X L M C O S M O P O L I T A N
N A K E D A N D F A M O U S N
```

CABLE CAR
COSMOPOLITAN
DEATH FLIP
FRENCH PEARL
GOLD RUSH
HIGHLANDER
NAKED AND FAMOUS
PALOMA
PAPER PLANE
WHITE NEGRONI

No. 160
Mocktails

```
U N F U Z Z Y N A V E L S G S
Y E K C I R S S E L M U R T O
X Q E L C I S M A E R C R C R
R U N N E R S M A R K A L A A
W A K I D S I C L E W A I H N
L L I M E C O L A B I P M C G
S H I R L E Y T E M P L E O E
O Y A G U A F R E S C A A M A
T L Y X Z Z R X B M Z T D D D
N S Y K P Y D P J G J O E E E
H J Y A C O Q H V A J K N C T
N H J R E D A N O M E L Q I F
H R U V I R G I N M A R Y I F
D S P E A C H M E L B A Z K Z
H A E K F L A M I N G O G A X
```

AGUA FRESCA
CREAMSICLE
FLAMINGO
ICED MOCHA
KIDSICLE
LEMONADE
LIMEADE
LIME COLA
ORANGEADE
PEACH MELBA
RUMLESS RICKEY
RUNNER'S MARK
SHIRLEY TEMPLE
STRAWBERRY CRUSH
UNFUZZY NAVEL
VIRGIN MARY

No. 161
Monastaries That Brew Beer

```
S S B E L L E Z U E N O W S N
W A B L E F F E M B J E R T R
E I E E P P A R T A L D O A E
S N N C H I M A Y T M S C C Y
T T A K X K W H E E A U H S E
V W T L U V D N W N L S E E H
L A N U A O B L E G L H F D C
E N O J R U A Q S E E C O T S
T D F X R V X G T L R E R N E
E R E G R O E R M Z S D T O P
R I R O K T Q M A E D N T M Z
E L T M T U Z L L L O A L J X
N L N A I T D H L L R W V L E
R E L M M D W Q E E F E O X D
R E T T A T S N E I R A M B Z
```

ANDECHS

CHIMAY

ENGELZELLE

ETTAL

LA TRAPPE

LEFFE

MALLERSDORF

MARIEN-STATTER

MONT DES CATS

NEUZELLE

ORVAL

ROCHEFORT

SAINT-WANDRILLE

SCHEYERN

TRE FONTANE

WELTENBURG

WESTMALLE

WESTVLETEREN

No. 162
Belgian and French Beer Styles

```
G D B E S Y T B P U L J Q R F
O C I X N I M T L M Y P U L L
L I E C Z I N X B O A D A Y E
D B R I L C U G E Y N N D L P
E M E F A P N R L Y D D R K I
N A D A M M M E B E J M U I R
S L E R B D A O R D M E P E T
T T G O I E H S M C U X E Q G
R I A F C W R G T A P O L C U
O U R U Y E E A W K R X A E E
N R D V D I S Y P K M S F T Z
G F E A E L A E L A P D Y I E
A J L D U B B E L I L F B H D
L E R Z D Y U P I H R G T W Z
E S Y V S A I S O N G L F M R
```

BIÈRE DE GARDE

BLOND

DUBBEL

FARO

FLANDER'S RED ALE

FRUIT LAMBIC

GOLDEN STRONG ALE

GUEZE

LAMBIC

MARS

OUD BRUIN

PALE ALE

QUADRUPEL

SAISON

SINGLE

TRIPEL

WHITE

German Wine Regions and Classification

```
T E B Q N E D A B W G T A Y B X D Z A H
R K A B I N E T T Q O E H K Q Z L Q U E
O Z E H Z Q H Y F A H X R Z E Z X R S S
C R H I N E L A N D C Y P U K L U H L S
K Q U A L I T A T S W E I N I A W E E I
E H R E I E I S W E I N P N G N L I S S
N U G V R H E I N H E S S E N D B N E C
B P C N O C A B O G S F N M U W F G W H
E M O S E L S A A R R U W E R I Y A U E
E C D R C E B B N A H E F A X N A U R B
R U Z W K I F P K Z E V X B Z E S R T E
E H W U N P R A D I K A T S W E I N T R
N W Y E T Z E S E L T A P S T J D H E G
A D C J H E M Y P D J P G C O S E G M S
U T Z J H F A N C O N I A Q Y A E U B T
S B E E R E N A U S L E S E D X B G E R
L W B Q G A Z A N M A C E L K E I W R A
E S A A L E U N S T R U T I F I P G G S
S J R F K C P W B V D Z X G N A H E V S
E N V Y P A L A T I N A T E V C F F E E
```

AHR	KABINETT	RHEINHESSEN
AUSLESE	LANDWINE	RHINELAND
BADEN	MOSEL-SAAR-RUWER	SAALE-UNSTRUT
BEERENAUSLESE	NAHE	SAXE
EISWEIN	PALATINATE	SPÄTLESE
FANCONIA	PRÄDIKATSWEIN	TROCKENBEER ENAUSLESE
HESSISCHE BERGSTRASSE	QUALITÄTSWEIN	WÜRTTEMBERG
	RHEINGAU	

Moscow Mule

½ a lime

2 ounces vodka

4-6 ounces ginger beer

Lime wedge, to garnish

Over a copper mug or tall cocktail glass, squeeze out the ½ lime then drop it in.

Add ice to taste, pour the vodka over and then top with ginger beer.

Stir to mix. Garnish with a lime wedge.

Swap vodka for mescal to make a Mescal Mule.

No. 164
Best-Selling American Beer

```
F V C Q E Y B B K H M A R P L
K N O B T U L W V C I Y M A D
E A R U I E U U C S L O I B S
Y C O S L N E H O U L C C S T
S U N C R G M E O B E B H T E
T R A H E L O I R P R U E B L
O A E L L I O N S D H D L L L
N L X I L N N E L O I L O U A
E D T G I G O K I S G I B E A
L I R H M L Q E G E H G U R R
I G A T E M P N H Q L H L I T
G E Q D U V J L T U I T T B O
H T O B U D I C E I F I R B I
T M V B U D W E I S E R A O S
O N A T U R A L L I G H T N R
```

BLUE MOON

BUD ICE

BUD LIGHT

BUDWEISER

BUSCH

BUSCH LIGHT

COORS LIGHT

CORONA EXTRA

DOS EQUIS

HEINEKEN

KEYSTONE

LIGHT

MICHELOB ULTRA

MILLER HIGH LIFE

MILLER LITE

MODELO ESPECIAL

NATURAL LIGHT

PABST BLUE RIBBON

STELLA ARTOIS

YUENGLING

No. 165
Bootlegging

```
M D F Z B P C E B G Y P R T W
I S E P R L K J A L T Y F V I
H S U T C U B A H Y I V T A A
B T R P R F Y B A T C F O R G
D P O U B O G L M R C R R E R
X I S R N Q I S A A I O P N E
L E D P N C M T S N T G E N E
Y R N L G U B R D S N A D U N
T R I E G K R M J P A C O R M
H E W G G W U H U O L I Z M I
G R L A J Z M X X R T H O U L
O E I N U A R E V T A C L R L
E O Q G C C O W S H O E E Z I
O E R M A A W C A N A D A Q O
K K D W H I S K E Y L K D U A
```

ATLANTIC CITY

BAHAMAS

CANADA

CHICAGO

COW SHOE

CUBA

DETROIT

GREEN MILL

LYTHGOE

PURPLE GANG

RUM ROW

RUM RUNNER

SMUGGLE

ST. PIERRE

TORPEDO

TRANSPORT

WHISKEY

WINDSOR

No. 166
Boozy Professionals

```
V R V I N T N E R B T G I W Z
M E M E X P O R T E R I M N R
I K V P A C K A G E R N P W E
X R I M P O R T E R M T O I D
O O S E N O R E C I C E A N N
L W D C O O P E R N C R T E E
O D S E R V E R X S E N E M T
G R D I S T R I B U T O R A R
I A X H O P S F A R M E R K A
S Y B R O K E R U E Y Q Z E B
T E G C E L L A R R A T B R A
X N Q S O M M E L I E R W R G
C I D I S T I L L E R Z E Z O
B V B R E W M A S T E R B W I
R E G A N A M R A L L E C O O
```

BARTENDER	GINTERN
BEER INSURER	HOPS FARMER
BREWMASTER	IMPORTER
BROKER	MIXOLOGIST
CELLAR MANAGER	PACKAGER
CELLAR RAT	SERVER
CICERONE	SOMMELIER
COOPER	VINEYARD WORKER
DISTILLER	VINTNER
DISTRIBUTOR	WINEMAKER
EXPORTER	

No. 167
Brewing

```
B G B B O I L U T F H E M V P
E N Z Y M E U S E E J T Q T N
G R G I L G D P M R L R F W L
P D J X T L I A P M V A Z N D
K D O N S U C R E E O G Z B R
E P G I A C A G R N J U I A R
R D E A E O E E A T A S M R L
N K R R Y S K G T U L C A L A
E R M G R E E H U F E A S E U
L O I Y E V H Z R F Y E H Y T
K W N P G X X O E S E S Q I E
U E A N A Q D T P F A L E I R
T Q T O L N W J D S S S G V L
C M E O O H Z C R E T A W T X
A W I A I W Q W P M A L T C F
```

ACID	KERNEL
ALE YEAST	LAGER YEAST
BARLEY	LAUTER
BOIL	MALT
ENZYME	MASH
FERMENT	SPARGE
GERMINATE	SUGAR
GLUCOSE	TEMPERATURE
GRAIN	WATER
HOPS	WORK

Celebrities Who Have Liquor Brands

```
Y E N O O L C O Q H N E R J Z
U D C Z N L F D A J Y P P O H
C V T O G E L G Y Q K Y Q H V
R F R F Q B Q Q O S N L F N M
E G P F F R A N K E L J G S J
Y O Y E I O R G H L O D K O F
N D A R J N I S X R M Q E N J
O R R M F J I X D X X K J N D
L I R A E A M A B H P D S B Y
D U U N Q M N F M V E D R U O
S C M Z H E U G H A N T G I R
L Z Y A J S Y L K R R E N V K
Q L K Z D Y L A N R Y I X L Y
K E E S D S T R A I T W N F A
O O S N O O P D O G G Y X T H
```

Dan AYKROYD

George CLOONEY

Bob DYLAN

Bethany FRANKEL

Sam HEUGHAN

JAY-Z

Dwayne JOHNSON

Michael JORDAN

LEBRON JAMES

Cheech MARIN

Bill MURRAY

Nick OFFERMAN

Ryan REYNOLDS

SNOOP DOGG

George STRAIT

Chain Bars and Nightclubs

```
M W E C P R V V T J D M U K H
I A F S A L W L B T A W T T X
L P A T H A N M E O V G I G W
L P C A S V S D E L E H L I G
E L K C Z O K E F I A I T F B
R E C P B A A A O V N O E R R
S B O O A Y E T B E D Q D I A
A E R H R C P H R G B B K D S
L E D T L H N A A A U A I A S
E S R A O I I N D R S V L Y T
H B A O U L W D Y D T S T S A
O M H D I I T C S E E A D F P
U E H E E S A O T N R I F D E
S E V Y A R D H O U S E W W W
E Q Q A G H O O T E R S D C G
```

APPLEBEE'S

BAR LOUIE

BEEF O'BRADY'S

BRASS TAP

CHILI'S

DAVE AND BUSTER'S

DEATH AND CO

HARD ROCK CAFE

HOOTERS

HOPCAT

LAVO

MILLER'S ALE HOUSE

OLIVE GARDEN

TAO

TGI FRIDAY'S

TILTED KILT

TWIN PEAKS

YARD HOUSE

Champagne Houses

```
H G O S S E T D E U T Z X C S
P V R S I G K E V R M D J M A
E R E F M Z X L E U M L K O Y
R H G T J W E A U I H Q C E D
R H O L A C D M V N M H E T C
I Y R W C I S O E A U R I C Y
E H L R Q N T T C R M O S H W
R E O K U B O T L T M E D A E
J N P X E R C E I A V D I N L
O R K D S C K L C N F E E D E
U I R Y S F S E Q O G R H O B
E O U H O R H F U T Y E G N A
T T G K N Q F M O H R R R Y E
K H A U F T R R T E Z U C H V
C Y M T H I E N O T W T I E B
```

ABELE	MUMM
DELAMOTTE	PERRIER-JOUËT
DEUTZ	POL ROGER
GOSSET	ROEDERER
HEIDSIECK	RUINART
HENRIOT	TAITTINGER
JACQUESSON	THIÉNOT
KRUG	VEUVE CLICQUOT
MOËT CHANDON	

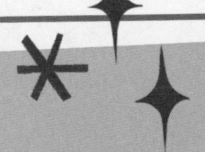

Fun Fact

The 1920s and 30s birthed some delightful terms centered around alcohol:

Bar: Speakeasy, gin joint, blind tiger, blind pig

Liquor: cocktail, devil's candy, bathtub gin, booze, hooch, giggle water

Drunk: spifflicated, zozzled, boiled as an owl, fried, plastered, blotto, canned, bent, out on the roof

No. 171
Cider

```
W H N C S Q U N E S B A T Z E
I U A A K A C I Z F W L E G X
N W P R K I I P D Z N A E R P
E T O B D F D P M F X G W A Q
S N M O E C E I N I H Y S V R
A E M N E D R P J L F T Z E R
P M E A R L C N E T Z U U N N
E R L T F O O W B E B A F S U
S E I E N W N O P R R E R T O
J F E Y E A S T A E E B U E B
D G R E T B D W P D W E I I R
H R L A U V A E P D U M T N U
A U Y S L Y C N L M F O T A T
F R Z T G E C C E T Q R N R J
M V Z W E T T A N N I N S Z S
```

APPLE
BREW
BRUT
CARBONATE
CIDERCON
DRY
FERMENT
FILTERED
FRUIT
GALA
GLUTEN-FREE
GRAVENSTEIN
HARD
LOW ABV
NEWTOWN PIPPIN
POMMELIER
ROME BEAUTY
SWEET
TANNINS
WINESAP
YEAST

No. 172
Cider Brands

```
H A N G R Y O R C H A R D F A
T B L A K E S P H M F U S P C
H W O C N I P S I R C A A X E
W O L F F E R E S T A T E R S
M Q O X M A G N E R S E C I D
E S C H I L L I N G O U I G O
T L S T R O N G B O W T D H W
S P X T U C R A T S X R E T N
N F T W O F O O L S G I R B E
Y P M U R C S K J B M V B E A
S E A T T L E C I D E R O E S
O R I G I N A L S I N Q Y C T
A W O O D C H U C K F H S H L
S D W Y D E R S Z L H L C L K
Z R E O R D E R L I G V S O C
```

ACE
ANGRY ORCHARD
BLAKE'S
CIDERBOYS
CRISPIN
DOWNEAST
JK SCRUMPY
MAGNERS
ORIGINAL SIN
REORDERLIG
RIGHT BEE
SCHILLING
SEATTLE CIDER
STARCUT
STEM
STRONGBOW
TWO FOOLS
VIRTUE
WÖLFFER ESTATE
WOODCHUCK
WYDER'S

No. 173
Fall Cocktail Flavors

```
N N L Y R R E B N A R C R E L
U Y G Q K X V T W G P T P E T
T Z N C H O C O L A T E U A A
M Q W X K W C R N F V I M P L
E N C A R A M E L Q A T P P C
G K Y K X D P S A G E H K L I
E S M O K E Q E O U U Y I E N
D V H E M H L L C V G M N P N
C L O V E S J B A A K E G E A
F G I N G E R N S E N A P A M
X F I G G O I F C L P J J R O
A X J K H L I V I P K I M H N
Y F R G L R A E V A O O X C W
I A C A K Y R R A M O T C X G
U X G W B N R Q C D Z Y F E C
```

APPLE

CARAMEL

CHOCOLATE

CINNAMON

CLOVES

CRANBERRY

EARL GREY

FIG

GINGER

MAPLE

NUTMEG

PEAR

PECAN

PUMPKIN

SAGE

SMOKE

THYME

VANILLA

No. 174
Containers and Caps

```
N B J U M P K E G Y H T F F E
E O U D E I I C P E Q A P D B
B J U G T T A K G B K P Z D A
U V G H H C E L T T O B E K R
C I R O U H X I G N K M R S R
H S O M S E U B E P I D E A E
A A W A E R L A K W P R H L L
D L L G L I V L Y S I E O F E
E M E N A B E T N P C T B Z H
N A R U H G P H O C C N A B V
E N D M I K A A P O O A O C A
Z Z I W X F C Z A R L C M S O
Z A Z O Q A S A Z K O E F G A
A R B V N H M R B T E D K L B
R N L W C A S K X F J W E R X
```

BALTHAZAR

BARREL

BOTTLE

BOX

CAN

CAP

CASK

CORK

DECANTER

DEMI

FLASK

GROWLER

JUG

KEG

MAGNUM

METHUSELAH

NEBUCHA-
DENEZZAR

PICCOLO

PITCHER

PONY KEG

REHOBAOM

SALMANZAR

TAP

Globe-trotting Cocktails

```
C H A M P A G N E F N T W X A Q C F N N
M O S C O W M U L E H P O U X A G M A R
Z X Y U S I N G A P O R E S L I N G I Y
L O N D O N F O G Y Y K H Y I Z F O S S
B F R E N C H C O N N E C T I O N Z S A
E X Y F V U Z U M A D R E T S M A I U V
R Y Y M E B X C V T O R T U G A E J R O
L U L V I A K W K C H I M A Y O J B E Y
I N O P E L W P O N X E W S K M N R T R
N G N H J I A G D Z O T N O R O T M I O
M U D B W B M N L V G N H W I A C A H Y
A E O T W R W D O A V Y T V G I I B W A
R N N A B E Z T M T N P K B N F S N D L
T O B Y L C M B G U O V J Y U U E L F E
I X U Y B E R L I N E R W E I S S E M K
N Q C P I L S N E R Q J I S H V B S K J
I T K U T A H I T I D R I N K R E P K U
W D L T H E P A R I S I A N O B M L G A
A C G L Q N H U S R W D H N J M N D V K
L A C I A G U A D E S E V I L L A S S P
```

AGUA DE SEVILLA	FRENCH CONNECTION	SINGAPORE SLING
AMSTERDAM	LONDON BUCK	TAHITI DRINK
BERLIN MARTINI	LONDON FOG	THE PARISIAN
BERLINER-WEISSE	MILANO-TORINO	TORONTO
CHAMPAGNE	MOSCOW MULE	TORTUGA
CHIMAYÓ	PILSNER	WHITE RUSSIAN
CUBA LIBRE	SAVOY ROYALE	YUNGUENO

Negroni

1 ounce gin

1 ounce sweet vermouth

1 ounce Campari

Orange twist, to garnish

Fill a mixing glass with ice, then pour in the gin. Add the sweet vermouth and Campari. Stir steadily to chill, 20-30 seconds.

Strain into a cocktail glass, over an ice cube or two. Garnish with the orange twist.

No. 176
Directions

```
Y J X L H A P C B M T Z U G O
G H S C O M B I N E E Z W B A
S X P Z A D D W H W X L G L T
H E O U S T R A I N C M T E A
A T O N R I Y D L I U B E N E
K J N J K L A Y E R A F U D H
E P E V Q M A C E R A T E V S
M M Z E X P R E S S L N M T V
O U S C H I L L P W I J I C Z
P T D G A R N I S H C R H S K
O O M D K F F W H I E O V T M
U P O W L I U L I S P L S E I
R F U L G E Y K I K K B J E X
F L O A T J O F R E E Z E P H
N U V Z V P A W R G Y T Y T Y
```

ADD	MACERATE
BLEND	MELT
BUILD	MIX
CHILL	MUDDLE
COMBINE	POUR
EXPRESS	SHAKE
FLOAT	SPOON
FREEZE	STEEP
GARNISH	STIR
HEAT	STRAIN
ICE	TOP
LAYER	WHISK

No. 177
Drinking Don'ts

```
U D R I N K T O O M U C H W I
F U P R N I E F Z U J B F F N
G F B I Q Y E X R V K T S O J
B E A D H D R U Y T E G X R U
N D T E C H U G T X H E J G R
C I H A X P W V T J O T O E E
Y W G B T E D Y B Y O P V T Y
S E I I P A O R T A U I W T O
O O F K K U T U I P A E O O U
Y I E E R Y Q T Y V J R R T R
R R W E W R W I O J E C K I S
X T X M G H E T X O A E X P E
P U W O R H T W L O O D B G L
E B E U N D E R A G E U K L F
E M P T Y S T O M A C H M S Z
```

BE UNDERAGE	GET A TATTOO
CHUG	GET PIERCED
DRINK TOO MUCH	INJURE YOURSELF
DRIVE	RIDE A BIKE
EMPTY STOMACH	TEXT YOUR EX
FIGHT	THROW UP
FORGET TO TIP	WORK

120

No. 178
Equal Parts

```
J K N L P N N F T F M C V M E
P X A S C C A A L G U O L I X
A S T I J P K L I Y P R U L P
P S I Y E Y E L N A E P L D E
E O R G A S D I I T N S A R N
R G A R S L A N T F W E C E S
P A M E Y L N T R Q B R O D E
L N A W B A D O A W U E N P A
A E S O P S F I M K L V D I C
N G D L M T A T S Q C I E E C
E R O F J W M A E D U V S R O
C O O N C O O L K K G E A C U
S N G U E R U Y U A E R Q E N
G I X S G D S L D P P K A Y T
F D B L A C K V E L V E T J B
```

BLACK VELVET

CORPSE REVIVER

DUKE'S MARTINI

EASY

EXPENSE ACCOUNT

FALL INTO ITALY

GOOD SAMARITAN

LA CONDESA

LAST WORD

MILDRED PIERCE

NAKED AND FAMOUS

NEGRONI

PAPER PLANE

PEGU CLUB

SUNFLOWER

No. 179
Food to Eat with Red Wine

```
C L Y T A B V S A L A M I Z O
H P L R L U E D B A M H Q L H
O O E Z A V A V B G E L G L V
C R G I S D L T C E A R Y M E
O T O R A B D L L M T O W E N
L O F T G A Z E E L L A S A I
A B L E N U E S H S O S H T S
T E A A A Q P T E C A T O B O
E L M G I I T E G R F P R A N
P L B V Z N E A A E D O T L I
I O S Z X H U K S O A R R L D
V D A K F L W C U G Q K I S G
N G T D U C K C A I M U B B O
G X P G K A C X S I H O S K J
X Q N X G U N O W X E S H O M
```

CHEDDAR

CHOCOLATE

DUCK

LASAGNA

LEG OF LAMB

MEATBALLS

MEATLOAF

PIZZA

PORTOBELLO

ROAST PORK

SALAMI

SAUSAGE

SHORT RIBS

STEAK

VEAL

VENISON

No. 180
Food to Eat with White Wine

```
C S D Y M V P K F G D U N W V
R W R Y U U A B R I E N D O O
A L K E C W S Z K M B T A I L
B A L Z E N T S I N C K L U F
C F R U I T A C E A V N A D N
A C X S Y J A A U L D L S V X
K V E H Z H L V D L S O S G I
E S B R E H F I J U C B O O Y
S F O I E G R A S D R S V Y B
T D B M W L E R R P V T C S R
V Q I P J K D G P B T E L T E
B G U W T W O K W I Z R A E A
Z T H A I Y P P L I E P M R D
P S P I H C O T A T O P S S D
Y J Z X K C H I C K E N E W J
```

BREAD	LOBSTER
BRIE	MUSSELS
CAVIAR	OYSTERS
CHICKEN	PASTA ALFREDO
CLAMS	POTATO CHIPS
CRAB CAKES	SALAD
FOIE GRAS	SHRIMP
FRUIT	THAI
HERBS	

No. 181
Festive Drinks

```
W H I T E R U S S I A N Y C S
G E U W B N W K O M P O T H O
G S S B P A L M W I N E G A Y
O O U C P A R H C T X L W M K
L B J O O X F L U I U Q Y P I
G I E L I C Y I E H Z U T A R
A S O A N R C Q W R L I U G R
E S N D S A E E K E R W S N O
N A G E E F I G M C Z O U E Y
N P G M T N W U G B Y O S O A
C L W O T S L A H N R R T J L
W F A N I E R D V C O O B F E
J L N O A S A L E P S G X C E
I J A M J Z Q Z R O R V C V R
M P O T I U Q O C P L S T W E
```

BISSAP	PALM WINE
CHAMPAGNE	POINSETTIA
COLA DE MONO	SALEP
COQUITO	SORREL
EGGNOG	SUJEONGGWA
GLØGG	ȚUICA
GLÜHWEIN	TUSU
KIR ROYALE	WHITE RUSSIAN
KOMPOT	YULE MULE
OTOSO	

Japanese Whisky

```
C Q O S C H I C H I B U F X K
M U N P E A T E D P Y I N O A
F Y I S H E R R Y N D V X L R
E B U C T B S U N T O R Y F U
F O E D H M U S H R O O M T I
L O U G T I Y B K A I X H H Z
J X V Z A L R Y E F F O C A A
L Y E D E B U O U Q Y B H K W
M I Z U W A R I S T Y L E U A
F I U M U C W A N M I A U S N
A X J P W Y A M A Z A K I H I
Z P E A T E D N W D V L D U K
B B O U R B O N D B T K T U K
M I Y A G I K Y O I C H I H A
K P O V A A K E Y O I C H I N
```

BOURBON	MUSHROOM
CHICHIBU	NIKKA
COFFEY	PEATED
HAKUSHU	SHERRY
ICHIRO'S MALT	SUNTORY
KARUIZAWA	UNPEATED
MIYAGIKYO	YAMAZAKI
MIZUWARI STYLE	YOICHI

Fun Fact

It is no secret that Winston Churchill, the British prime minister during World War II, enjoyed a good tipple. He started his day with a "mouthwash" of whisky and continued on from there with champagne, wine, brandy, and more whisky. It would be quite a feat for anyone to keep up with such an intake!

No. 183
What to Drink in Japan

```
A U B O A U S A K E L R H H W
T M I O H S R H P C C T D I A
S Y O L R L A S J H F K I G H
U N C O Y E H H A U R O P H A
K I M N L O I P I H J H J B P
A P V G C W Q Q G A A H T A P
N G O H J Q S K U I D H J L O
T M U A H T A W A M O R I L S
G Y E I L J F Z P Y W B K S H
X J U K U T L L V K H E E S U
A U H S O M O M P I I L G X S
V F A M A Z A K E R S V W S E
J S A P P O R O P I K R T P A
K U M E S H U L R N Y J L V O
Y U Z U S H U H A Z C M L S U
```

AMAZAKE   MOMOSHU

ASAHI   OOLONG HAI

ATSUKAN   SAKE

AWAMORI   SAPPORO

CHUHAI   SHOCHU

HAPPOSHU   UMESHU

HIGHBALL   WHISKY

KIRIN   YUZUSHU

No. 184
What to Drink in France

```
I M W V I N C H A U D Y P U I
C Z C E M E P A S T I S I V V
H H H J S O D A V L A C C O P
C Q A T E N N O B U D A O L F
O I M R A B S I N T H E N Q C
G H P K T I Q D R Y V H B O R
N E A I O R J A O M E C I K A
A G G R R P E P X Y L N E S E
C P N S V A A U H R T U R B K
B R E C R N T S S R J P E H I
W B S H A E O A E E O I O F R
I I O C R E D A F S U T M R Z
N J H T S F U I A I N P Z J R
E E M Z Q P X V C O A V R S A
Z J A C Q U E L I N E U Y Z D
```

ABSINTHE   KIR

CALVADOS   KIRSCH

CHAMPAGNE   PANACHÉ

CHARTREUSE   PASTIS

CIDER   PICON BIÈRE

COGNAC   RATAFIA

COINTREAU   TI' PUNCH

DUBONNET   VIN CHAUD

JACQUELINE   WINE

No. 185
Words You Can Make from "Cabernet Sauvignon"

```
R O A S T V O T E R E B U A F
P Y Q T A O B P N O T E H G R
S K N O T E R A B A C L N T O
E B O A S T H F Z O A O R U S
U V C O N V E R S I N G C R E
E A A P W V H S X A V R A N A
S B R C R J U R B Q N A V I T
O U V L U A B R Y W H T E E O
N R G D V A A E T K S I R S E
Y N O E Y S T Y A B D G N A S
N F A A I V A I B C O B O V K
Q W T V R K B G O E O E U G V
F R E V O C N U S N N N S I O
T N R U B S J C C O A S T Y T
W A A X O V E R C A S T F S E
```

BEACON   NONABRASIVE
BERET   NOSE
BOAST   NOTE
BOAT   OVERCAST
BURN   ROAST
BURNT   ROSE
CABARET   SUAVE
CAVERNOUS   TOES
COAST   TURN
CONVERSING   UNCOVER
EVACUATION   VASE
GOAT   VOTE
GOES

No. 186
Reasons for Drinking

```
Z D U K S S H C S Z T Z B X V
Z S R I U T H O L I D A Y S T
P S E J M B R U N C H N P S A
I R V N E E L D Z D P I R H W
X Y E D S X D N F B F P T O Y
A T T G S P W E S S R Z O I W
Y R N N A M T R A E I B A L O
H A H O H M K V D Q D Y S O S
I P B I N G E O L I A O T N U
R S V T E G O U M N Y O M G C
R E K A T L E S S B X L E D C
U N L C L H A P P Y C Q J A E
Z Z V A O E T A G L I A T Y S
Q I R V X S W E E K E N D S S
E J C W T H I R S T Y A D Y V
```

BINGE   RELAX
BRUNCH   SAD
FRIDAY   SUCCESS
HAPPY   TAILGATE
HOLIDAY   THIRSTY
LONG DAY   TOAST
NERVOUS   VACATION
PARTY   WEEKEND
PRE-GAME

Liquid Literature

```
J E J O H N B A R L E Y C O R N Q T B D
C A A D A N A V A H N I N A M R U O R T
K D E C L I N E A N D F A L L C J P E O
C T Q X T G Z T H E S W I M M E R O A F
A U H Q H A N L M W U L G H G P T D K F
T A T E E R G R D Y Z F O A D B M N F I
O M H Y M G G I G W X G U M S I X E A N
N O E S O A F G G U A H U O D R M K S N
A V G X O N L H C Y P N T N U S D E T E
H E R C N T S T A T K F I R I I V E A G
O A E U S U P H E M U G V Y X R N W T A
T B A Y H A V O J S H J E E V E S T T N
T L T T I L Z U N T E Y D L P Q G S I S
I E G R N X V O U U N F A C W L G O F W
N F A H E R R P R I V K A U E W O L F A
R E T W W I Z Y R I T V J L K K J E A K
O A S A A C H O J D Y L U B C G U H N E
O S B S R O R C Z J N G M U Z O R T Y S
F T Y B W G O O D M O R N I N G N J S A
A A Q Q T M I J Y K C U L D L M M X X Y
```

A MOVEABLE FEAST

BREAKFAST AT
TIFFANY'S

CAT ON A HOT TIN
ROOF

DECLINE AND FALL

FINNEGANS WAKE

GARGANTUA

GOOD MORNING

HAM ON RYE

JEEVES

JOHN BARLEYCORN

LUCKY JIM

MIDNIGHT

OUR MAN IN HAVANA

RIGHT HO

THE GREAT GATSBY

THE LOST WEEKEND

THE MALTESE
FALCON

THE MOONSHINE WAR

THE SWIMMER

Old Fashioned

¼ ounce simple syrup

2 dashes Angostura bitters

2 ounces bourbon or rye whiskey

Orange twist, to garnish

Add simple syrup and bitters to a rocks glass or similar. Stir to combine. Add ice to taste, then the whiskey. Stir gently to combine.

Express the orange twist over the glass then drop it in.

Swap whiskey for mescal to make an Oaxaca Old Fashioned.

No. 188
Red Wine Grape Varietals C

```
C A W U Q C A N A I O L O C N
A O E D V A D Y Q T Q C G A U
B V R S U B B B B U M X I T X
E D E V R E S O C F C I U A Z
R S N L I R U Q H C I R P W K
N C E Z E N U O A A L O C B N
E A M C C E A C M L I C I A C
T R R O H T K O B I E A N W R
C I A U A F Y N O T G R S R I
M G C N R R H C U O I D A N O
N N W O B A L O R R O I U S L
V A R I O N T R C L L N T T L
V N H S N C Z D I Y O A V V A
J C G E O X X T N G K L I U H
B G U A C A N N O N A U Z K O
```

CABERNET	CATAWBA
CABERNET FRANC	CHAMBOURCIN
	CHARBONO
CALITOR	CILIEGIOLO
CANAIOLO	
	CINSAUT
CANNONAU	CONCORD
CARDINAL	
	CORVINA
CARIGNAN	COUNOISE
CARMÉNÈRE	
	CRIOLLA

No. 189
Red Wine Grape Varietals D–K

```
Q G A G L I O P P O J C K L A
I O N D H O E E S Q A K U G J
R T G D T T A H O S E O S G D
U L R O G A K C Q W N T K Z O
B K A L R S R A L H Z S M L R
X E C C I S A N M G D I G K N
G K I E G A D E F I O F A S F
R F A T N R A R D R U A M K E
O R N T O K K G N O C L A D L
L A O O L T F K F P E I Y U D
L N A P I E D Y B O N N L R E
E K H R N Q H N E K O J J I R
A O B V O C H E W X I Q N F D
U S F Q F R E I S A R U M C A
D E L A W A R E W Q T P S H X
```

DELAWARE	GRACIANO
DOLCETTO	GRENACHE
DORNFELDER	GRIGNOLINO
DOUCE NOIR	GROLLEAU
DURIF	JAEN
FREISA	KADARKA
GAGLIOPPO	KĖKFRANKOS
GAMAY	KOTSIFALI
GIRÔ	KRASSATO

No. 190
Red Wine Grape Varietals L–M

```
M O M A V R O D A P H N E E B
X U L A M B R U S C O L C P G
R E G R E B M E L R Q P B G L
A M A R E C H A L F O C H I S
U K C E B L A M B J O T S M V
L L I M N I O X N H P T U L M
Q M A V R O T R A G A N O M A
T J U L P I X B Y N Y M L A V
L F J I Q O I U P A A Z A R R
E F I A J S F R Q M P P G S O
N C A T P B I W M E B P R E U
O K B I H E V O W U K U E L D
I W B K T Q L G K W S D I A A
R H J O J O K M N X J L N N V
K S W M A N D I L A R I A L H
```

LAGREIN

LAMBRUSCO

LEMBERGER

LENOIR

LIATIKO

LIMNIO

LISTÁN PRIETO

MALBEC

MAMMOLO

MANDILARIA

MARÉCHAL FOCH

MARSELAN

MAVRODAPHNE

MAVRO-TRAGANO

MAVROUDA

No. 191
Red Wine Grape Varietals M–N

```
O E L K T J M E R L O T A K S
V F E C N D H A D G O Y M Y Y
D H M O E M Y I M N M N U I L
K M O R G E P O I E O N S C L
N O U R R N N R S G L E C N E
E L R S A C E T S R T G A Y R
G I V O M I R I I O P R R L T
O N E L O A O D O A U A D O S
S A D O L N D O N M Q R I L A
K R R I L O A R I A C A N E N
A A E B R R V E K R I J G U O
V S N B N T O N T O A D G Z M
U B N E G O L M F I N O T A L
Q R Q N T N A C W T O D P M Y
B A B F N E G R E T T E J X O
```

MAZUELO

MENCÍA

MERLOT

MISSION

MOLINARA

MONASTRELL

MOURVÈDRE

MUSCARDIN

NEBBIOLO

NEGOSKA

NEGRAMOLL

NEGRARA

NEGRETTE

NEGROAMARO

NERO D'AVOLA

NERO DI TROIA

NORTON

No. 192
Red Wine Grape Varietals P–S

```
F P I N O T N O I R I G Z K J
Y J P E R I Q U I T A K B J R
A K A L P E L O U S I N C E T
O D I X S P I G N O L O F G R
L Z S T L A U R E N T L X A E
U E Y A L L E N I D N O R T F
R S A G R A T I N O L Y A O O
O B X K I N P R I E C Z H N S
S P I N O T M E U N I E R I C
E S A N G I O V E S E D D P O
L N P R I M I T I V O V M R N
E C Y M H F I N G Z W Y O T B
T Q P E T I T V E R D O T E X
A Z P E T I T S Y R A H C G Y
R O S S E S E Q L F E C O L Y
```

PAÍS	PRIE
PELOUSIN	PRIMITIVO
PERIQUITA	REFOSCO
PETIT SYRAH	RONDINELLA
PETIT VERDOT	ROSELETA
PIGNOLO	ROSSESE
PINOT MEUNIER	SAGRATINO
PINOT NOIR	SANGIOVESE
PINOTAGE	ST. LAURENT

No. 193
Red Wine Grape Varietals S–T

```
S O T A Z Z E L E N G H E T T
C L O Y W G M T N I A T Q I M
H L V T Z W A U V Z V H N N X
I I B I O N M A X J I T I T P
O N U N N R R W V X A A E A T
P A I A L E V H K N Q R L F E
P R T S P B T A E F O S T R R
E E S A C X J G T L O S I A R
T P S Y F H R J D S N O B N E
T M V W R A I E I V A U O C T
I E F F M A G A R Y R S U I N
N T Q O M O H N V J R A R S O
O A L V M S Q B E A E O E C I
S E W B Y G S C I F T N N A R
V A C O R R A B A T N I T L B
```

SAPERAVI	TEROLDEGO
SCHIAVA	TERRANO
SCHIOPPETTINO	TERRET NOIR
SOUSÃO	TIBOUREN
STAVROTO	TINTA BARROCA
SYRAH	TINTA FRANCISCA
TANNAT	
TAZZELENGHE	TINTA NEGRA MOLE
TEMPERANILLO	

Red Wine Grape Varietals T–Z

```
H T V J T Q V R T Z T B P T H
X R A C D R T P O I J Q X O K
I I C O A E I Z U N A S V U Z
A N C S Z G N Z R F L P I R N
Q C A J A N T W I A X Q N I V
K A R T M I O E G N B Y H G A
V D E R E L F I A D G V A A L
B E S E T L I G F E U B O N D
D I E P O O N E R L P Q J A I
L R H A V R O L A U K C D C G
Y A J T K T D T N K L X L I U
S S S B A N U W C U Y W Y O I
U Z T I N T O C A O F S Z N E
H I X A X I N O M A V R O A W
S I R P S J Y U G U L N X L Y
```

TINTO CÃO	VACCARÈSE
TINTO FINO	VALDIGUIÉ
TOURIGA FRANCA	VINHÃO
	XINOMAVRO
TOURIGA NACIONAL	ŽAMETOVKA
TREPAT	ZINFANDEL
TRINCADEIRA	ZWEIGELT
TROLLINGER	

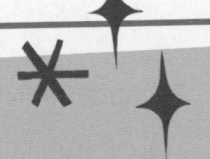

Fun Facts

In Spain it's believed that toasting with water instead of wine will bring you seven years of bad sex.

When prosting in Germany, maintain eye contact until the glasses are back on the table as a sign of respect and trust.

No. 195
Sad Whines

```
L C L V U M W L L B I Y T B Y
E L U B F K Y E E I O J X Y B
L O C O L D L Y M T Z U Q I R
T S Y N O M O R E T R J Z B O
T I D E V R E S R E V O K T K
O N E N R W M Y J R Z R J W E
B G S W E E T Y N W H T N A N
Y T Z O Q V P C C D O B E R G
T I P A R T Y S O V E R Z M L
P M R L A L L G O N E W Q K A
M E X K A A H R R K G W P V S
E B T G V T K O R Y M M N A S
E A R L Y U E X O Y O C W U F
R S N E C Q X M O S J K B D R
O D I G O N E B A D C L B R F
```

ALL GONE	GONE BAD
BITTER	LATE
BROKEN GLASS	NO MORE
CLOSING TIME	OVER SERVED
COLD	PARTY'S OVER
EARLY	SWEET
EMPTY BOTTLE	WARM

No. 196
Fictional Bars in Books

```
T H D E E M R O P M S T Q C K
I V Y B U S H F A R O L I T O
D O M A I N O F T H E K I N G
N K B J G E O R G E I I I O R
O E N J O B L I V I O N B A R
G D I N G O M C A N A L L Y S
A D G O R L M E I B E Y E R S
R K O R O V A M I L K B A R C
D P L E A K Y C A U L D R O N
N J A M A I C A I N N H O J L
E R Y J K Z B O A R S H E A D
E X O B U C K S H E A D I N N
R Q S T A R L I G H T R O O F
G M O O N U N D E R W A T E R
M B F S L U R H O G S H E A D
```

BOAR'S HEAD	JAMAICA INN
BUCK'S HEAD INN	KOROVA MILK BAR
DINGO	LEAKY CAULDRON
DOMAIN OF THE KING	MCANALLY'S
FAROLITO	MEIBEYER'S
GEORGE III	MOON UNDER WATER
GREEN DRAGON	
HOG'S HEAD	OBLIVION BAR
IVY BUSH	STARLIGHT ROOF

No. 197
Digestif

```
E T R O P W S A M B U C A R S
D V C H A R T R E U S E Q P J
I G A M M E L D A N S K P A A
W L I M O N C E L L O G Y C G
E A U D E V I E X F D U D H E
Q S M G R E B R E D N U N A R
S P P A N H C S Y Y Y R A R M
S U Z E S C O T C H U Y R A E
B F W K Q U N I C U M J B N I
B A R O L O C H I N A T O A S
Q N I E G R A P P A L M K V T
W M A S A L E R S A U J Q E E
D R A M B U I E U J I A B Z R
F K J K U M M E L D W T M E K
A K V O R E H C E B V F D A O
```

AVÈZE

BAIJU

BAROLO
CHINATO

BECHEROVKA

BRANDY

CHARTREUSE

DRAMBUIE

EAU-DE-VIE

GAMMEL DANSK

GRAPPA

JÄGERMEISTER

KÜMMEL

LIMONCELLO

PACHÁRAN

PORT

SALERS

SAMBUCA

SCHNAPPS

SCOTCH

SUZE

UNDERBERG

UNICUM

No. 198
Cocktails with Weather Names

```
W B S F S N O W B A L L B P T
I L J O E F F O R A D T W E R
N U N G A F E D I R G H Q R O
T E I C B Q D A G R V U D F P
E L A U R L I R H J I R U E I
R I R T E O L K T L J R O C C
S G E T E N S N A N A I L T A
N H L E Z D D S N T C C C S L
O T P R E O U T D W K A R T T
W N R B I N M O R I F N E O H
F I U K R F V R A S R E V R U
L N P I C O M M I T O E L M N
A G S M C G R Y N E S L I B D
K E O U I H Q Z Y R T S S M E
E T S I W T O D A N R O T Z R
```

BLUE LIGHTNING

BRIGHT AND
RAINY

DARK 'N'
STORMY

FOG CUTTER

HURRICANE

JACK FROST

LONDON FOG

MUDSLIDE

PERFECT
STORM

PURPLE RAIN

SEA BREEZE

SILVER CLOUD

SNOWBALL

TEQUILA
SUNRISE

TORNADO TWIST

TROPICAL
THUNDER

TWISTER

WINTER
SNOWFLAKE

Italian Wineries

```
I I O G F F O C F L O B Y M Y B M T L H
L P N A B U L A B S N M L O P X J A E M
L O I S Z L O S T I I A K I P C E L C A
E D D W U I R A E H C R R Z X D I E B S
N E R H S G A N N C L C U R X Y F N M S
U R A B I N B O U S A H G E B I S T Q E
L I R O R I I V T O T E G O A N A I Y T
E A E G O X D A A B N S R V R I N M K O
T L B A P Y I D L A O I A O O T P O G L
U D O D A C S I U R M A U T N N O N L T
N O R E C G E N C A I N O R E O L T P B
E C T N E K H E E I D T D E R C O A A W
T O S S N X C R R H I I O B I I O L U V
G N A B T T R I L C R N I O C N A C J O
K T M U I E A D W B E O G R A I F I B T
M E L R P W M R R V I R E G S V N N A A
N R X O O N K K V M N I H G O T O O I N
G N T L P I M P X S E R N Q L R B C R E
R O A L B N O K O R R S R V I T D X A Z
E T X B O P P I L I F N A S V M N Q V I
```

BARONE RICASOLI

CASANOVA DI NERI

CHIARA BOSCHIS

FULIGNI

GIODO

MARCHESI ANTINORI

MARCHESI DI BAROLO

MASSETO

MASTROBERARDINO

PODERI ALDO CONTERNO

RENIERI DI MONTALCINO

ROBERTO VOERZIO

SAN FILIPPO

SAN POLO

SIRO PACENTI

TALENTI MONTALCINO

TENUTA LUCE

TENUTE LUNELLI

VINI CONTINI

ZENATO

Paloma

2 ounces tequila

2 ounces fresh grapefruit juice

½ ounce lime juice

¼ ounce agave nectar

2 ounces sparkling water

Grapefruit or lime wheel, to garnish

Add the tequila, juices, and agave nectar to a glass and stir to mix. Fill the glass with ice, then add the sparkling water. Garnish with grapefruit or lime wheel.

No. 200
Brand Names

```
M N Z E D E R G O D I V A U P
O A M L O V E Z F O J M N P E
Z G O I N A M A X M O L A I R
A R T J J N Y A O B H U G E N
R O I A U W M M J E N R R R O
T M T H L I A R I N N T O R D
M N E C I L R B M E Y I M E S
A O G R O L T O B D W A N F A
T S R A J I I S E I A M I E M
H K O I N A N T A C L A A R A
I C E G S M C O M T K R T R D
L A G K X S K N D I E I P A A
D J T J A M I S O N R A A N M
E Y S G O R D O N E T W C D S
G K J O S E C U E R V O Q P Y
```

CAPTAIN MORGAN

DOM BENEDICTINE

DON JULIO

ELIJAH CRAIG

EVAN WILLIAMS

GODIVA

GORDON

JACKSON MORGAN

JAMISON

JIM BEAM

JOHNNY WALKER

JOSE CUERVO

MATHILDE

MOZART

MR BOSTON

PERNOD

PIERRE FERRAND

REMY MARTIN

SAM ADAMS

ST GEORGE

TIA MARIA

TITO

No. 201
A Little Lemon

```
R A C E D I S N O F E V N V V
F M W H I T E L A D Y H X D O
H T R S O U T H S I D E W E D
U P K E B K A G O U X F O N K
L I M O N C E L L O S X I A A
C O R P S E R E V I V E R L L
G L P E N I C I L L I N W P E
C O S M O P O L I T A N L R M
U N E W Y O R K S O U R S E O
P O R D N O M E L B S I Q P N
J Z F G I N F I Z Z A S A A A
D L M A V I A T I O N G C P D
Z J W H I S K E Y S O U R D E
L J S N I L L O C M O T M E B
B C D D F H U N C R O L N G W
```

AVIATION

CORPSE REVIVER

COSMOPOLITAN

GIN FIZZ

LEMONADE

LEMON DROP

LIMONCELLO

NEW YORK

SOUR

PAPER PLANE

PENICILLIN

SIDECAR

SOUTHSIDE

TOM COLLINS

VODKA

WHISKEY SOUR

WHITE LADY

No. 202
A Little Lime

```
Q J T I Q L O N J H R G L M K
K T E L M I G A G D I R I A J
U M O J I T O K I B Z E B R U
F R E N C H P E A R L K A G R
C S Z Z M C M D P G I C I A U
U K I W A A O A L R O O R R M
B D I X I I S N A O N B M I S
E A H F T P C D S G S R A T W
L I Z P A I O F T C T E I A I
I Q O A I R W A W Y A K L Y Z
B U M L N I M M O M I C Y C Z
R I B O M N U O R X L I U N L
E R I M F H L U D L I N F G E
K I E A K A E S D X I K A E V
T J U N G L E B I R D P J Q S
```

AIRMAIL

CAIPIRINHA

CUBE LIBRE

DAIQUIRI

FRENCH PEARL

GIMLET

GROG

JUNGLE BIRD

KNICKER-
BOCKER

LAST WORD

LION'S TAIL

MAI TAI

MARGARITA

MOJITO

MOSCOW MULE

NAKED AND
FAMOUS

PALOMA

RUM SWIZZLE

ZOMBIE

No. 203
Airline Cocktails

```
B E E R X X N S S M G T P S X
Y X U I W F O C E O I E I Y C
E I B P H W B O L S N A R J M
K N L R I B R T T C A A T Y I
O U O A S V U C T O N M T E M
C T O A K N O H O W D A U G O
D S D D E K B A B M T R S N S
N H Y Z Y Y R N I U O E O A A
A Z M K R J U D N L N T N P P
M C A P J R M S I E I T I M J
U W R E O Q H O M Q C O P A K
R U Y C R V O D K A X F C H V
O V N N R B R A B I R F Q C P
I F Y R U D A D B Z R B F U C
D O E N I W V A V W M H P P P
```

AMARETTO

BEER

BLOODY MARY

BOURBON

CHAMPAGNE

GIN AND TONIC

MIMOSA

MINI BOTTLES

MOSCOW MULE

NIP

NUTS

RUM

RUM AND COKE

SCOTCH AND
SODA

VODKA

WHISKEY

WINE

No. 204
Ancient Drinks

```
M E U Q L U P V Y D K H S W S
T N Q X Q U A K H P I A T D C
H H E R B A L W I N E J S G G
E E E E X Y M G S W T I W W E
O A R E Q G W S U R A I R U O
B C E B H N I N D R H F I C R
R P E I C I N M V I U I C H G
O X B S A W E H F T A R E I I
M W Y A U S F V E O N U W C A
A Q E K I I R P I Z G Z I H N
O S L N M T A M S Y J T N A W
E M R I O C Q Q E H I E E L I
Q X A N H J U N S A U P U K N
D O B E P R E U I U D E G T E
L B A L C H E L U K L B R V N
```

BALCHÉ

BARLEY BEER

CAUIM

CHICHA

GEORGIAN WINE

HAJII FIRUZ TEPE

HERBAL WINE

HUANGJIU

MEAD

NINKASI BEER

PALM WINE

PULQUE

RICE WINE

SURA

TEPACHE

THEOBROMA

TISWIN

No. 205
Bachelor Party

```
B U R O A D T R I P H P L N S
D O P U S T R I P C L U B V I
R H A Y A M M B F B V T A C C
Z U I E G M I A D A V Q S W J
A N N K E W Q S B R W D H I V
F G T S V P F E E B A H O N P
B O B I S B I B E E B I T E A
A V A H A K S A R C O K S T X
P E L W L G H L J U I E J A E
H R L C C F U L U E P V F S T
S H O O T I N G R A N G E T H
G C B C I I K A P M A C K E R
P O K E R F E M U T J D I A O
T L O P B Q K E G Z S P B Y W
C D Q P U B C R A W L K W I D
```

AXE THROW

BARBECUE

BASEBALL GAME

BEER

CAMP

FISH

HIKE

HUNGOVER

LAS VEGAS

PAINTBALL

POKER

PUB CRAWL

ROAD TRIP

SHOOTING RANGE

SHOTS

STRIP CLUB

WHISKEY

WINE TASTE

Botanicals 1

```
G S A N I S E R O K W E W A E
O J Y Q A S J T Q S A J M G V
L U O R A N G E N A G A R A E
L I C O R I C E T I E J P V B
Z Z N H Z M C I O L M I C T F
C O R I A N D E R U O Y A T P
F Z Q J Q O W J H B I A R O D
E I R E K O H C I T R A D K X
N N O O D R A C L W U G A K L
N Z Z T U C A S S I A Y M L E
E O R R I S K P L T S K O O M
L D O U C Q M S U B A Z M W O
L C L G I N G E R W G H T B N
N B A N G E L I C A E M B D G
A D J U N I P E R J U E E D D
```

ANGELICA

ANISE

ARTICHOKE

CARDAMOM

CARDOON

CASSIA

CORIANDER

FENNEL

GINGER

JUNIPER

LEMON

LICORICE

MINT

ORANGE

ORRIS

SAGE

Fun Fact

The term "happy hour" has been around for ages—used by Shakespeare to the US Navy—meaning "drinks before dinner." However, it's believed its use is rooted in the Prohibition era, when people would host "cocktail hours" aka happy hours at a speakeasy before continuing on to a restaurant where alcohol could not be served.

No. 207
Botanicals 2

```
R F C H R R Y M A J S H J Q U
T S H D P D Y L L D O I G U X
D A A K C H I N O T T O P M P
Y F M G O J I B E R R Y B E B
G F O T M O C K F X Q C Q U N
E R M Q C L G Y E B C C P C X
N O I E O Y D V R W T I S A L
T N L V K Z T U O E V J U L A
I Y E T G S R K X Q U E C Y Q
A R E W O L F R E D L E S P I
N A O Z H S E Z Z E K J I T W
T G I N S E N G D B F A B U Y
O M W O R M W O O D I M I S U
A T E C H I N A C E A X H I G
A E D M H W R H U B A R B N U
```

ALOE FEROX
CHAMOMILE
CHINOTTO
CLOVE
ECHINACEA
ELDERFLOWER
EUCALYPTUS
GENTIAN
GINSENG
GOJI BERRY
HIBISCUS
MYRRH
RHUBARB
SAFFRON
WORMWOOD

No. 208
Canadian Whisky

```
Q W I G W M V A O C H U U C U
C I Y L R C B L Y S I C A S M
A N G E V I Y B Y S R N I H A
N S I N I T R E U N A C V E S
A O B B V R E R K D M N K L T
D R S R T U I T I T W Y E T E
I C O E C S F A W U A W E E R
A A N T K J N S I Q L H R R S
N N S O H M P P S A K I C P O
C A Z N I I K R E P E T Y O N
L D D S C R S I R N R E T I S
U I T Y O H K N S S Y O R N A
B A S W E E T G M V J W O T I
M N G G Y N A S Q J S L F X W
S T I L L W A T E R S E G X M
```

ALBERTA SPRINGS
CANADIAN MIST
CANADIAN CLUB
CITRUS
FIERY
FORTY CREEK
GIBSON'S
GLEN BRETON
HIRAM WALKER
MASTERSON'S
SHELTER POINT
SPICY
STILL WATERS
SWEET
WHITE OWL
WINSOR CANADIAN
WISER'S

No. 209
Chocolate

```
B G P W O N K D M G M B W A T
E O D H L T J N O B U R H D Q
G L E I Q V W D Z A D A I D A
S D A T G I I L A Y S N T E M
C E T E O V Z L R H L D E N A
J N H R A M H A T I I Y M O R
H C B U E A L B T L D A A I E
O A Y S G R W N L L E L R H T
K D W S G T V O W H Q E T S T
H I X I N I K B A U Y X I A O
X L T A O N D R X M D A N F S
U L P N G I Z U B M X N I D O
B A H P E F K O O E O D M L U
U C R J U V R B X R Y E B O R
E M S P I K E D H O T R T G C
```

BRANDY ALEXANDER

AMARETTO SOUR

BAY HILL HUMMER

BOURBON BALL

DEATH BY EGGNOG

GODIVA

GOLDEN CADILLAC

MARTINI

MOZART

MUDSLIDE

OLD FASHIONED

SPIKED HOT

WHITE MARTINI

WHITE RUSSIAN

No. 210
Cocktails with Coffee

```
E C X Q I Y H Y O D U E X C S
S O B I R R O F I E P E F O A
P L E S I O T E J A S F Z F M
R O N I S M W I E T I F T F B
E R O C H A H S L H D O M E U
S A O I C N I W M B E C L E C
S D M L O H T P E Y D Y A C A
O O K I F O E A R M O K Y O D
M B R A F L R U C O W C O C B
A U A N E I U A A R N U R K V
R L D O E D S T D N K T E T S
T L T L G A S K I I H N F A J
I D S O C Y I S D N V E A I B
N O L K O F A E O G M K C L P
I G P R I Y N N I G H T C A P
```

CAFÉ ROYAL

COFFEE COCKTAIL

COLORADO BULLDOG

DARK MOON

DEATH BY MORNING

EL MERCADIDO

ESPRESSO MARTINI

HOT WHITE RUSSIAN

IRISH COFFEE

KENTUCKY COFFEE

NIGHTCAP

ROMAN HOLIDAY

SAMBUCA

SICILIANO

UPSIDE DOWN

Beer Competitions and Awards

```
W E D H A W I W L E H R J R A W U W B H
P V E Q K N G U X S B F C E T D R J P X
U W J J M Z S S K C E D S E C C H T L Z
C E R Y D E R A Y V S E R B K L K J R L
M N L L W U Y B G S T O Z N T L M I W E
W E E P B M I E L S O M Y A C E K P L Z
B G T F E N P E I U F W K C O A G F A M
E P W H E B O R G S C N H I P S Y W Q F
E B E A R V X R I O R A G R A Y Y O N N
R J V P M S G A B P A B E E B O G R O A
L B D P I P R T C E F A W M A D U L Q I
Y H T Y L G O I M N T P U A J A Y D E R
M P D C E I S N S B B R Q T A P G B L E
P I P U I M E G C E E W I A P L X E I E
I B U P U H V S R E E N X E G H K E P B
C I P A F J X B Q R R Z W R Y H Q R R I
S I N K A B E E R C U P Y G D Z D C X A
X A M E R I C A N H O M E B R E W U S P
D C Y T L Q H X R O F O L I W Z X P L D
Q S O T I I I H G V I C B R E W M O I J
```

AMERICAN HOMEBREW

BEER MILE

BEERLYMPICS

BEST OF CRAFT BEER

CERYDER

COPA BAJA

GIBCMSC

GREAT AMERICAN BEER

HAPPY CUP

IBEERIAN

INKA BEER CUP

NABA

US OPEN BEER

USA BEER RATINGS

VICBREW

WORLD BEER CUP

Sidecar

1½ ounces brandy

¾ ounce orange liqueur

¾ ounce fresh lemon juice

Orange twist, to garnish

Add the liquid ingredients to a shaker with ice and shake vigorously until chilled.

Strain into a chilled cocktail glass. Garnish with the orange twist.

No. 212
Distilling 1

```
O T M A C E R A T E X W T E A
C N N I E B V B N H Z Z T J C
O X J G D R Z P L A C H K L I
B I T V I D L K R E A D F U D
F N E F S E J U P N N Y E T S
I X M J T C J E O Q Q D R I I
L C P V I O G L G C U H M N H
T F E J L C L S T Z T F E F Y
R V R V L T T P R O O F N U U
A B A Y C I Q W P Z Y S T S U
T A T A L O H J Y A E W M I E
I T U L S N T R P J A P W O M
O C R Y R U Y N T A S H J N Q
N H E G A G E P C Q T X K A M
V S A E I E L T T O B E B Q J
```

ACID	FERMENT
AGE	FILTRATION
BATCH	INFUSION
BLEND	MACERATE
BOTTLE	PROOF
DECOCTION	STILL
DISTILL	TEMPERATURE
ETHANOL	YEAST

No. 213
White Wine Grape Varietals A–B

```
T K A L V A R I N H O Q A A V
A N S O N I C A A A C V L U V
I N A L B A N A L G L K I X S
E O P E V E E B T M C C G E W
Q E H F O X A J C H S W O R P
U A S S Y R T I K O I L T R A
I O S B I X K S M Z T R E O V
B L A N C D U B O I S H I I O
A G O W C Y N U V P C L Y S R
I B I Y A R I N T O H U Z P A
D D R B A C O B L A N C Y J I
A C B O U R B O U L E N C N R
N W E Z H B L K G B U A L M E
I C A S P I R I N O P X P H N
W W B A R N E I S G C D U F W
```

AÏDANI	ASPIRINO
AIRÉN	ASSYRTIKO
ALBANA	ATHIRI
ALBARIÑO	AUXERROIS
ALIGOTÉ	BACO BLANC
ALVARINHO	BLANC DU BOIS
ANSONICA	BOURBOULENC
ARINTO	BUAL
ARNEIS	

No. 214
Drinking Games

```
D A C S N T A F J I B U L M B
R R I C E J K U B S C O O A B
U O R R V J G Z E L W C O R K
N U C E E F N Z E A B O S E Q
K N L W R L O Y R P E R E T U
J D E T H I P D A C E N T S A
E T O H A P R U M U R H O A R
N H F E V C E C I P O O N M T
G E D D E U E K D O P L G K E
A W E E I P B T A O O E U S R
N O A A E C P I C O L O E A S
U R T L V P D Y L H Y F S T I
F L H E E B U L L S H I T P Y
M D R R R M R A N D M R S B P
K I N G S D U C K A N J A M H
```

AROUND THE WORLD

BEER PONG

BEERAMID

BEEROPOLY

BULLSHIT

CIRCLE OF DEATH

CORNHOLE

DRUNK JENGA

FLIP CUP

FUZZY DUCK

KAN JAM

KINGS

LOOSE TONGUES

MR AND MRS

NEVER HAVE I EVER

PICOLO

QUARTERS

SCREW THE DEALER

SLAP CUP

TASK MASTER

No. 215
Events to Drink At

```
X N D J T S U P E R B O W L B
M E T Q H A F S U C B B V L A
A W O T A N O T M I M A Q A R
I Y K O N Z U P A N S C B V B
F E T G K A R A R C A H L I E
E A O A S C T T D O M E O T C
S R B P G D H R I D T L C S U
T S E A I A O I G E S O K E E
E E R R V Y F C R M I R P F W
J V F T I O J K A A R P A B E
V E E Y N T U S S Y H A R R D
C O S N G H L D M O C R T U D
U K T V V E Y A E J Z T Y N I
Z O L N T R V Y Z K L Y R C N
H B R I D A L S H O W E R H G
```

ANZAC DAY

BACHELOR PARTY

BARBECUE

BLOCK PARTY

BRIDAL SHOWER

BRUNCH

CHRISTMAS

CINCO DE MAYO

FESTIVAL

FOURTH OF JULY

MAIFEST

MARDI GRAS

NEW YEAR'S EVE

OKTOBERFEST

ST. PATRICK'S DAY

SUPERBOWL

THANKSGIVING

TOGA PARTY

WEDDING

No. 216
Famous Bars

```
F M G R E E N D R A G O N W J
N A P O L E O N H O U S E A G
D L A Y D V J M R Q G R E M E
S B D V W C V I D M Z A L E L
Y R P E G U C L U B V Y O R F
R I P G M Y H K B P Y N C I L
R N E U T R D A S T G C G C O
A D S G R E E N M I L L N A R
H I K I Z O M D M K T B I N I
V S A D A O B H O I G A K L D
A I T G T N T O A T K R H O I
Z Y V C S E A N S I U Z K N T
H A R R Y S N E W Y O R K G A
I O D U K E S Y V F C H S R S
A L I H E M I N G W A Y N G N
```

AL BRINDISI

AMERICAN

BOADAS

DUKES

EL FLORIDITA

GREEN DRAGON

GREEN MILL

HARRY'S

HARRY'S NEW YORK

HEMINGWAY

KING COLE

LONG

MILK AND HONEY

NAPOLEON HOUSE

PEGU CLUB

SEAN'S

TIKI TI

No. 217
Frangelico

```
N V A M L H G B E H Y H N J B
U V L U H I I F N R F R U I G
T Y L L M T U F V N I V S F Y
T I I A E A S T Y U C C N O D
Y N N S E L E E N T O Q A S E
N S A K F I P S N T A I I B B
A O V N F A P V T Y P C L U E
S M A O O N E I C R I C A R A
H N O M C M S C G U E K T Y U
V I C W W P H Q Y S D J I F V
I A O O R O A F T S M K M L O
L C C I F I B E B I O T I I I
L I T M Q B I K M A N P E P R
E Z I H U A T V P N T Z O H G
C H A Z E L N U T J N T B L I
```

BISCOTTI SPRITZ

COCOA VANILLA

COFFEE

DE BEAUVOIR

ENVY

FOSBURY FLIP

GIUSEPPE'S HABIT

HAZELNUT

INSOMNIAC

ITALIAN

ITALIAN SUN

MONKS

NUTTY NASHVILLE

NUTTY RUSSIAN

PIEDMONT

Fortified Wines

```
Q Y A N I U Q N I U Q M C B S
U C N A R I E D A M I X A H G
W K O D H I N L B S A R E L E
A A A M I I K H T D O R I L L
D L M X M C P E I L R L D I Y
R U J E O A L E O Y L P L I C
Z Q B H R L N C P E Z L P V U
Q D Z O E I H D T Q E C U E M
P D Y B N I C R A T D O N R A
R P Y C N N O A B R A G T M R
Y J G A D U E L N R I N E O S
P V T V G P A T A O Z A M U A
U O E E Y N T J G X P C E T L
F W Q Y C X M J Q W L V S H A
V L K H H M U S C A T E L A H
```

AMERICANO

BAROLO CHINATO

COGNAC

COMMANDARIA

DUBONNET

LILLET BLANC

LILLET ROUGE

MADEIRA

MARSALA

MISTELLE

MUSCATEL

PUNT E MES

QUINQUINA

SHERRY

VERMOUTH

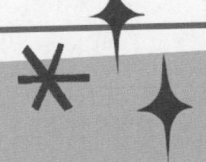

Fun Fact

Cocktail bitters are essential ingredients for many modern mixed drinks. Angostura and Peychaud's are among the most well-known, but cocktail bitters come in a wide variety of flavors. These bitters are made of a neutral spirit with a relatively high alcohol content and a blend of herbs and spices that add depth and flavor to a cocktail. While it's classic to have Angostura bitters in your manhattan and Peychaud's in your sazerac, experiment with other bitter flavors to see what sparks your taste buds.

No. 219
Distilling 2

```
W Q L A C F U S E L H D P D O
W R J C I L N Y B E Y N T T S
Y U W O B O B R A K J U D A F
I F F N M J B R X U N A G I Y
E O R D E R T Y X W E B X L D
V R A E L L V B R H N Y U A O
A E C N A V A P O R B C L B P
P S T S J T Q T A E H P F H P
O H I A K Y A Z T W T C E J P
R M O T B N J S A P O R R G A
A P N I E Q H S U L U C N H X
T S S O L O H B U G K O Z M Z
E A R N H U Y M X M A N T K I
H N V S C P N W E Y A R S N D
M N H Z X L Q W N M A S H D B
```

ALEMBIC
COLUMN
CONDENSATION
EVAPORATE
FORES
FRACTIONS
FUSEL
HEAD
HEART
HEAT
MASH
REFLUX
SUGAR
TAIL
VAPOR
WASH

No. 220
White Wine Grape Varietals C–F

```
C C Y C N V E F F Z C C P F E
F P A E W D T I E E L A F O M
R L N P P J N A N H A Y U L E
I J N F E L A N D R I U V L R
U C O U E R C O A E R G N E A
L O D R N S I D N N E A X B L
A L R M C B R E T F T E Y L D
N O A I R F R X S E T J D A R
O M H N U Q A B S L E T Q N I
P B C T Z T C E B S I P R C E
Y A D G A G A T X E A N N H S
D R A X D S X S H R A Q G E L
L D K X O B E S E T R O C S I
P F A L A N G H I N A X F X N
C H A S S E L A S I M S I L G
```

CAPE RIESLING
CARRICANTE
CAYUGA
CHARDONNAY
CHASSELAS
CLAIRETTE
COLOMBARD
CORTESE
EHRENFELSER
EMERALD RIESLING
ENCRUZADO
FALANGHINA
FENDANT
FIANO
FOLLE BLANCHE
FRIULANO
FURMINT

No. 221
White Wine Grape Varietals G

```
C G A R G A N E G A F U G U G
G R A U B U R G U N D E R E R
L C H H M F E V G G G R W J U
G B N V T R L O K L P U G G N
Y R C A W G D R E V R Y R U E
G T I D L E O R U Z Q S E T R
P O N L L B A U T X Z F C E V
B H C L L D S R V Z Q K H D E
E O O E Q O A I F E T J E E L
N Z U S R M D K A A I B T L T
K Y A D I G T J I U T O T A L
B B H N X N Y V F Q O X O S I
D E E D C K D O E N Z G H F N
G R E N A C H E B L A N C R E
G S G R A S E V I N A Y H B R
```

GARGANEGA

GEWÜRZ-
TRAMINER

GLERA

GODELLO

GOUAIS BLANC

GOUVEIO

GRAŠEVINA

GRAUBURG-
UNDER

GRECHETTO

GRECO

GRENACHE
BLANC

GRILLO

GRÜNER
VELTLINER

GUTEDEL

No. 222
Creamy Cocktails

```
B N G P I C J E G G N O G F B
A A R A R R I S I R J P C R B
R I A R I E Z N T C M I A X P
B S S I S A S M A C N N B G I
A S S S H M Z U L I D A O R N
R U H I C F P D I Y R C U A K
Y R O A R I Q S A F U O R V S
C E P N E Z W L N B M L B E Q
O T P B A Z E I C L F A O D U
A I E L M X Y D O O L D N I I
S H R O A H Z E O W I A L G R
T W H N K K P Z K J P S I G R
P U D D O C B D I O C T F E E
A E P E W O B I E B J Q T R L
R H A I R O F T H E D O G X U
```

BARBARY
COAST

BLOW JOB

BOURBON LIFT

BRANDY
ALEXANDER

CREAM FIZZ

EGGNOG

GRASSHOPPER

GRAVE DIGGER

HAIR OF THE
DOG

IRISH CREAM

ITALIAN COOKIE

MUDSLIDE

PARISIAN
BLONDE

PIÑA COLADA

PINK SQUIRREL

RUM FLIP

WHITE RUSSIAN

California Wine Regions

```
N L V S T H W A U T L Q Z C S T L I A X
S H I A E W Y O R K M O U N T A I N M N
S A V N M E R O M R E V I L M S F W A U
A T R T E L K W F B O H Q S F I W P P C
N Z U A C N Z J Q C H A L O N E A Q A B
T C S B U A Y C F N R P I C C R I J S A
A M S A L J D X G O M P S I T R C K O L
C C I R A I S L U S E Y H Z D A J J R L
R Z A B F R O R H R N C B W C F Y M O A
U G N A L Y N N C E D A U S U O T V B R
Z Z R R O I O A M D O N J A C O N I L D
H G I A D B M X K N C Y S N A T U W E C
O N V C I R A V I A I O K T M H O A S A
M P E O J P Y M X H N N A A O I C N V N
A K R U C Y O C U N O F M M N L A O J Y
E M W N C A R N E R O S N A G L B E B O
J B G T H Q N I L Z U B S R A S U L T N
H J X Y Z E N Y A T N A S I Y X Y E L R
L C C K Y E R F O Q B G J A Y T H W Q N
P X M A R I P O S A C O U N T Y Z G V E
```

ANDERSON	LODI	SANTA CRUZ
BALLARD CANYON	MARIPOSA COUNTY	SANTA MARIA
CARNEROS	MENDOCINO	SANTA YNEZ
CHALONE	NAPA	SIERRA FOOTHILLS
CUCAMONGA	PASO ROBLES	SONOMA
HAPPY CANYON	RUSSIAN RIVER	TEMECULA
LEONA	SANTA BARBARA COUNTY	YORK MOUNTAIN
LIVERMORE		YUBA COUNTY

Singapore Sling

1 ounce gin

½ ounce cherry brandy

½ ounce Bénétine liqueur

½ ounce simple syrup

¾ ounce fresh lime juice

2 dashes of Angostura bitters

Club soda

Lime wedge, orange slice, or maraschino cherry, to garnish

Add all liquid ingredients except club soda to a shaker with ice and shake vigorously until chilled. Strain into a chilled cocktail glass, over ice if preferred. Top with club soda. Garnish with a lime wedge, orange slice, or maraschino cherry, as desired.

No. 224
White Wine Grape Varietals S

```
N L A I C R E S D C S S D Q S
I S A V A T I A N O A I T B A
N Z I V U U Z U G K M L O G U
G G R D Y C E V O W L V R N V
A S T E M I L I O N I A R O I
V A C U S Y P G Q W N N O N G
A K T R A M I N E R G E N R N
S A U V I G N O N V E R T E O
X M S U L T A N I Y E D E P N
Z S E Y V A L B L A N C S P G
O N X S E M I L L O N X H U R
L Q K T R A J A D U R A A C I
T R E B B I A N O C R Y K S S
U Y H D E C H C O C Y O R J O
S S A S C H E U R E B E T J Q
```

SÄMLING

SAUVIGNON BLANC

SAUVIGNON GRIS

SAUVIGNON VERT

SAVAGNIN

SAVATIANO

SCHEUREBE

SCUPPERNONG

SÉMILLON

SERCIAL

SEYVAL BLANC

SILVANER

ST. ÉMILION

SULTANIYE

TORRONTÉS

TRAJADURA

TRAMINER

TREBBIANO

No. 225
White Wine Grape Varietals U–Z

```
V U Z V P O J E D R E V V W H
M G I E Z O V H C Z S P V E A
V N E R I V E P C O E E Z L V
E I R N B O R B F A O T J S I
R B F A I B M I V X E Q A C O
D L A C B V E R D U Z Z O H G
E A N C B S N C W L T A V R N
L N D I O V T V I D A L I I I
H C L A L O I A P S E V T E E
O J E C L W N D M T N X O S R
P S R K T Q O V I V H G V L U
S V I O S I N H O A U O S I M
H I H X A R E L L O N N K N O
I X I V I G N O L E S O A G E
V I U R A V E R D E L L O M N
```

UGNI BLANC

VERDEJO

VERDELHO

VERDELLO

VERDUZZO

VERMENTINO

VERNACCIA

VESPAIOLA

VIDAL

VIDIANO

VIGNOLES

VIOGNIER

VIOSINHO

VITOVSKA

VIURA

WELSCHRIES-LING

XAREL-LO

ZÉTA

ZIBIBBO

ZIERFANDLER

No. 226
Wine Classification

```
K A A P P E L L A T I O N P S
G D Y V B T C E T O R P K O B
D T A B L E W I N E D N N S S
M Y K C H I A N T I W O W H W
Y F V D H Z R H U G M C A E E
S V L D J E R E Z A A O L R E
P B E H O S T Y L E H G L R T
V I N I F I C A T I O N A Y N
L M E T H O D H R F D A W B E
W C H A M P A G N E J C A N S
W U W I N E L A W E P B L A S
D Y I T O K A Y P O R T L P V
Q B R P O R I G I N I F A A T
G H V U X A V I N T A G E T Y
D U O R O O Y T E I R A V D T
```

APPELLATION	SHERRY
CHAMPAGNE	SONOMA
CHIANTI	STYLE
COGNAC	SWEETNESS
DUORO	TABLE WINE
JEREZ	TOKAY
METHOD	VARIETY
NAPA	VINIFICATION
ORIGIN	VINTAGE
PORT	WALLA WALLA
PROTECT	WINE LAW

No. 227
Words that Rhyme with Rum

```
E B A Z P B K G G B D F B D V
S Z F S L E Y U A B M M A K F
V U A I U C M W U F U U Z N W
S T R U M O M V W R L A N W J
D X L L B M Z B S O S F U M S
Y C O M Z E U Z D M E R M S U
U U I R U L W B U H U H B G M
K G M D U L K S M E S C L E E
D C D R U M P T B U M U E E J
Q M T H U M B X C J M O M C F
Y P U Q P F J C T A N N S O I
W U Y M L Q U H B U M K A M X
R G Y J E M U A D J H T Q E C
L D O J B M X Z P B N A Q I I
S Z Z J B M U R C Z O G A R G
```

BECOME	NUMB
BUM	PLUM
COME	PLUMB
CRUMB	SLUM
DRUM	SOME
DUMB	STRUM
FROM	SUCCUMB
GLUM	SUM
GUM	THUMB
HUM	YUM
MUM	

No. 228
Words You Can Make from "Sommalier"

```
P M L S X U U W M U Q R O H V
F C E N Z W I S C S E A L Q G
L H R L U Q K A A A I R N Q Y
E P P A O H S P L M F O R B E
L A E M D S L U M V E L N U M
J S Y E N J I U O M J E F Y A
B M L R S O M E R E P Z M E I
O Y O A S U M T A M Z B M Y L
S A L L M W E I L O S X W W S
E R P P E R R Y I R Y W W D N
A A S L I A R X S I Y E K U E
R M A M A E R Y M A M T I A A
T W L G Q U K F M L T O X D R
O K E G R Y F Q G S O X M M D
K I G V J Y M D D I K T Q W D
```

EAR	REAM
EMAIL	ROLE
LAME	SALE
LIAR	SAME
MEAL	SEAL
MEMORIALS	SEAR
MOLE	SLAM
MOM	SLIMMER
MORALISM	SOLE
RAM	SOME
REAL	

No. 229
Uses an Egg

```
D Z N U J T W B R G I B R N X
Y Z Q N I D M F O P W A P E C
O I X X Q G I L U R C L I W O
V F O J T Y L W N A L T N O M
P N V N Z R L P D I O I K R M
I I R N M R I O R R V M L L O
S G E C O E O R O I E O A E D
C S D H P J N T B E R R D A O
O V E E M D D O I O C E Y N R
S C Y G R N O F N Y L B V S E
O Z E G G A L L W S U R M F W
U T T N K M L I B T B A A I H
R Q T O D O A P M E J C S Z F
V J V G D T R V X R Q E K Z M
Z K S B D U D C V N O R K Y K
```

BALTIMORE BRACER	PINK LADY
CLOVER CLUB	PISCO SOUR
COMMODORE	PORTO FLIP
EGGNOG	PRAIRIE OYSTER
GIN FIZZ	RED EYE
MILLION DOLLAR	ROUND ROBIN
NEW ORLEANS FIZZ	TOM AND JERRY

No. 230
Vodka

```
A M F I L T E R E D C S U V C
D I S T I L L D L S H D A T R
R U S S I A O Z K U A A V A L
E F O R E S H O T G R E G E I
G S G M T G M O C A C H O N T
J W H C H R E W V R O C T H T
M Q W O A C P H P B A L A F L
G S O R N B O E X E L E T I E
Z K O N O T L A B E Q A O H W
R C T R L Z A T I T H R P N A
V X A E G J N A P Q Z H J X T
E V I R R H D Y V V Y A H R Z E
R U L V I Y U N E D E W S Y R
J V S E T J E M R O G G W B T
P F G I E S B Q X L A Q V U Q
```

CHARCOAL	POLAND
CLEAR	POTATO
CORN	RUSSIA
DISTILL	RYE
ETHANOL	SORGHUM
FILTERED	SUGAR BEET
FORE-SHOT	SWEDEN
HEADS	TAILS
LITTLE WATER	WHEAT
NEAT	

Metal Beer Containers

Nip (8.4 oz.): mini can

12 oz.: the standard can

Tallboy (16 oz.): for trendy brewers

Stovepipe (19.2 oz.): the bomber of cans

Crowler (32 oz.): for lightweight beer-to-go from a brewery

No. 231
Vodka Brands

```
D E T P Y C F M S E C S V Y E
Q D E E P E D D Y K I T F N W
Y T N B P I I E V H U O O I J
Q H X E Y C C O E O Z L Y A S
D B M R R I D F R E I X B H
D S P E B Y R N F T P C T S A
E M B D U S O G E F I H B O N
N I S E R T C K N Y N N B L G
I R K V N A Y E D S N A E U A
P N Y L E L U W F V A Y L T R
O O Y E T H G F Y E C A U G O
H F G B T E U L G D L T G K N
C F K N S A L T E K E G A D E
T I T O S D Q K V A L Q D C N
G R E Y G O O S E M O U Y L E
```

ABSOLUT	HANGAR ONE
BELVEDERE	KETEL ONE
BELUGA	KHOR
BURNETTS	PINNACLE
CHOPIN	SKYY
CIROC	SMIRNOFF
CRYSTAL HEAD	STOLICHNAYA
DEEP EDDY	SVEDKA
EFFEN	TITO'S
GREY GOOSE	

No. 232
Vodka Cocktails

```
W H I T E R U S S I A N V B K
U C A P E C O D D E R Y I O C
B D I R T Y S H I R L E Y D O
U L M O S C O W M U L E Z W S
V L A N O O G A L E U L B B M
I Q S C R E W D R I V E R L O
R N J B K F C E A Y F Q I O P
T S E A B R E E Z E S I V O O
U R M L J M U V E S P E R D L
Q B E P K J X S D X O B T Y I
F D I L W Y X H S B W W E M T
D N U O H Y E R G I G Z Z A A
M A R T I N I C E B A J Q R N
J U N G L E J U I C E N X Y Y
I E B Y A D N O M E U L B C D
```

BLACK RUSSIAN	JUNGLE JUICE
BLOODY MARY	MARTINI
BLUE LAGOON	MOSCOW MULE
BLUE MONDAY	SCREWDRIVER
CAPE CODDER	SEABREEZE
COSMOPOLITAN	VESPER
DIRTY SHIRLEY	WHITE RUSSIAN
GREYHOUND	

No. 233
Types of Seating While Sipping

```
M J L K Z A R M C H A I R O W
D K I N N P I Z P E S R G R B
F C V J P I B T C P W I E I E
B O S A X C A Q H K I A M A N
A M T N R N N D A W V H R H C
D M O T E I Q W I Z E C T C H
I A O D G C U A R H L E A S F
R H L B R B E K A R S G O N Z
O R I J B L T J Z U T N L I K
N W R I P A S Q P A O U F A S
D M W J L N A T C P O O L T O
A N H Q F K C J O J L L O P F
C N I T Z E S E E O C X O A A
K O U L B T G J S J P Y P C F
B W O B R P B U B O O T H C M
```

ADIRONDACK

ARMCHAIR

BANQUET

BENCH

BOOTH

CAPTAIN'S CHAIR

CHAIR

HAMMOCK

LOUNGE CHAIR

PICNIC BLANKET

POOL FLOAT

SOFA

STOOL

STOOP

SWIVEL STOOL

No. 234
Strega

```
N J T U D E A T H S T A R B N
C Z U S Z W A L N U T X S A M
I T A N W S A F F R O N D I L
N Y N X I T I T A L I A N H Z
N J I P T P Y R S T K T Y E S
A X S R C I E P G P N F E R C
M C E K H C E R C Y A B L B D
O G I N G E R W I T C H L A Y
N O G B E N E V E N T O O L J
D A L P E P P E R H Z D W I T
G I T A L I A N D A N D Y M O
Z G X Y L G I R I S V L T M Z
I Y R C L O V E S T F U L E M
L O S T R E G O N E A W N K Z
Y F D M O T P W F X E T P W N
```

ANISE

BENEVENTO

CINNAMON

CLOVES

DEATH STAR

GINGER WITCH

HERBAL

IRIS

ITALIAN

ITALIAN DANDY

JUNIPER

LO STREGONE

MINT

PEPPER

SAFFRON

WALNUT

WITCH

YELLOW

157

Songs about Drinking

```
W O M A L L E Y S O Z V Y B O O Y U F F
E M N O K N I R D A E V A H M Q E K A T
N X S P X Q C W Q Q O P T D S X J F I G
C Y B C H B S P O S V K Z I V U M H R R
L T A K E M E H O M E T O N I G H T Y H
O U Y P J P N A U O N V Q O D G L U T L
S G M B A R T E N D E R E S S E T H A D
I M Z V H O L I V E D I N B A R S D L P
N H W N T Q Z Q C H O G N A P T N K E L
G H C B A R F R I E N D S R Q N P V O D
T O M R G O O D B A R X C A H W O W F G
I I L O V E T H I S B A R N N S T G N K
M W H Y D O N T W E G E T D R U N K E C
E C U N C K G N W V J D P G V U S F W T
D J F H P D T C Z R D C F R K A C Z Y K
N D A R S R H F C A Y Z M I R C D R O Z
K S K D K N S B M P A L J L C A A V R A
S Y Z F G N O S A M A B A L A B H T K D
X U M Z I L I K E B E E R H M X I I Q Q
F P E L L I V A T I R A G R A M J Y U D
```

ALABAMA SONG

BAR

BAR FRIENDS

BARTENDER

CLOSING TIME

DINO'S BAR AND GRILL

FAIRYTALE OF NEW YORK

HAVE A DRINK ON ME

I LIKE BEER

I LOVE THIS BAR

LIVED IN BARS

MARGARITAVILLE

MR GOOD BAR

O'MALLEY'S

TAKE ME HOME TONIGHT

WHY DON'T WE GET DRUNK

Tom Collins

2½ ounces gin

1¾ ounces lemon juice

½ ounce simple syrup

Club soda

Lemon wheel, to garnish

Add the gin, lemon juice, and simple syrup to a shaker with ice and shake vigorously until chilled. Strain into a chilled cocktail glass, over ice if preferred. Top with club soda and garnish with a lemon wheel.

No. 236
South American Wineries

```
S U N D U R R A G A K G I J C
C O U S I N O M A C U L Y H A
X R P L Z U A X U L T T E L L
T R M J W C J Q P E E V A B I
E O J U N A H H B L A X S E I
R T P A E N P M W L H A R R M
R Y X N Y E V J D O N V E R P
A A M I E P M E P T Y T N A I
Z H W C N A S B A S V X A Z S
A C X O J A O R V O T L C U A
S N Z L N U I U E P U D E R N
O O C D Z T Q E D A U A R I O
R C E A A R H N Y L K S Q Z H
X S A W A L M A N E G R A W M
Q C A T E N A Z A P A T A T S
```

ALMA NEGRA
BOUZA
CANEPA
CATENA ZAPATA
CHEVAL DES ANDES
CONCHA Y TORRO
COUSIÑO-MACUL
ERRÁZURIZ
JUANICÓ
LAPOSTOLLE
NEYEN
PISANO
RENACER
SANTA RITA
TERRAZAS
UNDURRAGA

No. 237
South American Wines and Grape Varietals

```
P P M E R L O T S M C M X S C
U U A P F C C S A A A O Q A Z
S Y W I K E R A U L R S A U N
Y Y A N S R I U V B M C D V K
R A F O F E O V I E E A R I C
A N C T S Z L I G C N T A G E
H N A N E A L G N T E O N N H
P O B O T A A N O L R D O O C
A D E I N T G O N V E N B N A
T R R R O A R N B D U M U G N
C A N U R N A V L W C H S R E
V H E F R N N E A T R O O I R
X C T Y O A D R N H G A Q S G
U J I M T T E T C B A E D U M
C R I O L L A C H I C A M U H
```

BONARDA
CABERNET
CARMÉNÈRE
CEREZA
CHARDONNAY
CRIOLLA CHICA
CRIOLLA GRANDE
GRENACHE
MALBEC
MERLOT
MOSCATO
PAIS
PINOT NOIR
SAUVIGNON BLANC
SAUVIGNON GRIS
SAUVIGNON VERT
SYRAH
TANNAT
TORRONTÉS

No. 238
Words That Rhyme with Gin

```
B A D A M R C H A G R I N K L
G J D K G A J T K D B U G W B
Z Y E C T Z V I S E D R N P X
F Q L H H V N Q G S I A I N J
I T R I I P T I L N I M K B Z
X M Q N N S N W Z H X N S T Y
S N D G M L P G E Z Y Q M A B
A Y P G N Z I I J S P Z P E Z
T M S Q W J O E N A B G E R C
M S U B F I N O S E P N N T K
Z I C D I N U T H J P Q I O G
C T L T F H N W I Q H X B M E
N P I N I N I I N Q O M X Y V
Y U H U I N W N P K O Z K J H
D A H Q G Q E Z J B X H X K V
```

BEEN	PIN
BEGIN	SHIN
BIN	SIN
CHAGRIN	SKIN
CHIN	SPIN
DIN	THIN
FIN	TIN
GRIN	TWIN
IN	WIN
KIN	

No. 239
Sober

```
U R O M O A G C S F V Z S R U
D E O D N R O L T F Y Q U T N
E L N O T N H O R L V N O T I
T A O D H O E B A Z F O I N N
A T N A E N X E I I K N M E T
I O D R W I O R G T J A E N O
R T R E A N H G H A U L T I X
B E I B G D U E T N D C S T I
E E N O O U P D E S S O B S C
N T K S N L V R D E Y H A B A
I P E Q E G R Y G W C O F A T
N V R D C E X F E I L L M G E
U U G J U N D Q U N P I T Z D
E E U U M T D O M Q K C K O F
U I C L E A R H E A D E D X J
```

AA	ON THE WAGON
ABSTINENT	SOBERADO
ABSTEMIOUS	STRAIGHT EDGE
CLEAR-HEADED	TEETOTALER
CLOBER	TOOK THE PLEDGE
DRY	
NONALCOHOLIC	UNINEBRIATED
NONDRINKER	UNINTOXICATED
NONINDULGENT	

161

No. 240
Shots

```
M H R Z U T D H A M O V P N F
B R A X J M R O L R B R Q Q L
U P T R E K K T A E L V F A A
T I T N L C Y S B Z O Q M P M
T C L B L O T H A A W E E P I
E K E L O R E O M K J J L L N
R L S E Y M Q T A I O A O E G
Y E N M S A U V S M B G N P D
N B A O H H I E L A W E B I R
I A K N O S L R A K B R A E P
P C E D O M A D M S O B L D E
P K J R T G I I M W D O L A P
L O H O E W A T E K Y M F P P
E U H P R P Q A R U A B C Z E
C E M E N T M I X E R E K S R
```

ABC

ALABAMA SLAMMER

APPLE PIE

BLOW JOB

BODY

BUTTERY NIPPLE

CEMENT MIXER

FLAMING DR PEPPER

HOT SHOT

JÄGERBOMB

JELL-O

KAMIKAZE

LEMON DROP

MELON BALL

PICKLEBACK

RATTLESNAKE

SHAMROCK

SHOOTER

TEQUILA

VERDITA

No. 241
Rites and Religion

```
C N L V H R C I Q D O T P P K
O E S K L Z D R V B R I S M S
M D A G H S U D D I K U S N D
M R P S Y E U Z J U Z Y A I A
U N V W T U P S I S P P W Y Y
N V O A B E T O C M S U W H O
I Z O S I K R A H V H M R G F
O G D S O L S T I C E E E Y T
N L O A L Y J S N O X I V C H
U S O I H N A A S W V E O V E
M H U L K M J P A Y W B S E D
S S Q I S M H O I H W N S Z E
D D M N G N I D D E W A A O A
F I M G D O R E H N N G P N D
M O Q Z E B Q O M I K I W S G
```

BRIS

COMMUNION

DAY OF THE DEAD

EASTER

GAN BEI

JICHINSAI

KIDDUSH

OMIKI

PASSOVER

SNAPSVISA

SOLSTICE

VOODOO

WASSAILING

WEDDING

Pastis

```
M O D E Y E L L O W X M F K M
C V E T E U Q O R R E P F M Y
U J N O M A N N I C S S I U T
A I T L L J F R E N C H Y O L
P E M E L I S S A P K U M E H
E D F C A R D A M O M A A C P
R V E R B E N A B E T Q W I E
I R N P R S H G D E K I A R P
T S T A R A N I S E R P T O P
I Y W A M A R S E I L L E C E
F P R O U R O U X N R O R I R
P A S T I S S O N U J A V L R
K V E C X C L O U D Y P Z N Q
G P A U L R I C H A R D V O C
A F E U I L L E M O R T E A V
```

APERITIF	PAUL RICHARD
CARDAMOM	PEPPER
CINNAMON	PERROQUET
CLOUDY	ROUROU
FEUILLE MORTE	STAR ANISE
FRENCH	TOMATE
LICORICE	VERBENA
MARSEILLE	WATER
MELISSA	YELLOW
PASTISSON	

Fun Fact

The Shirley Temple, that saccharine sweet mocktail, ubiquitous in restaurants and bars everywhere, was indeed invented for and named after the most famous child star from the golden age of movies. Shirley Temple was out for dinner with her parents at a Hollywood restaurant and was disappointed that she could not try the cocktails her parents were drinking. The bartender mixed up ginger ale with lime juice, grenadine, and a maraschino cherry and voila! A classic mocktail was born.

No. 243
Over Imbibed

```
T T S G E D U B U R D T W I O
D O P Y P E O O Y S D A T N R
R A I V A H S M D M E N O E M
U S F W A C P B E A T K X B A
N T F A S O L E L S A E H R U
K E L S L O A D Z H C D A I D
B D I T O R S B Z E I O M A L
O C A D H S E F Z D O S E E N
T O T L E O R P A Y T I R D T
T R E H D E E P G G N F E L I
O K D E U S D Y I M I I D R P
D E E M B A L M E D U E G J S
P D F B L I T Z E D Z D K Z Y
D L I T B U Z Z E D A Q F A K
```

BLITZED
BLOTTO
BOMBED
BUZZED
CORKED
DRUNK
EMBALMED
HAMMERED
INEBRIATED
INTOXICATED
LIT
MAUDLIN

OSSIFIED
PLASTERED
SCROOCHED
SLOSHED
SMASHED
SPIFFLICATED
TANKED
TIPSY
TOASTED
WASTED
ZOZZLED

No. 244
Original Ingredients

```
W A M E A E E O K V V J S Y A
H L I G P I P A A O N P P M X
E A L V P S F R N T Z E O V Q
A V L T L O I K B W S L T E E
T T E T E C M G R A P E A Y N
Q F T Q E T C Q U C S Z T E H
P V Q N G Q U I N O A N O A Z
L S O R G H U M C K R Y E S S
S Q X V C D R Z O C X P K T P
E U D O S E O P R I K A H P O
X N G O U X K X N V C G D J H
G N A A U R H O K L G A Q U F
T W U D R Q F U I O T V A G U
X I Q V W A T E R T P E A U C
F S S O R L A L J Q B N K L J
```

AGAVE
APPLE
CORN
GRAPE
HOPS
MILLET
OATS
POTATO

QUINOA
RICE
RYE
SORGHUM
SUGAR
WATER
WHEAT
YEAST

No. 245
Oldest Bars and Taverns in America

```
R B X P S W X X Q N N F F B K
O R Y I E H J T M N N K W N I
B O W R V I O R C I E B H A M
E A U A E T Z E S O W B J N I
R D X T N E T D O R B L W D D
T A K E T H X F R O O U J N D
M X S S Y O L O L B S E W A L
O E E H S R O X E S T B A H E
R I C O I S G I Y N O E T N T
R N N U X E A N S R N L I I O
I L U S H G N N K A I L D L N
S F A E O Q I J W B N I A L S
I P R F U Q N O I U N N K E C
N O F S S P N T C K W N G B K
N C V W E S P O S S E J C I Y
```

BARNSBORO INN

BELL IN HAND

BLUE BELL INN

BROAD AXE

FRAUNCES

JESSOP'S

LOGAN INN

MCSORLEY'S

MIDDLETON'S

NEW BOSTON INN

PIRATE'S HOUSE

RED FOX INN

ROBERT MORRIS INN

SEVENTY-SIX HOUSE

WHITE HORSE

No. 246
Campari

```
A H H O Z O R C D B G H Y T T
P E I Y B L E A U I A E G S F
E R T N I D I I N T S R A C I
R B A B T P D N W T P B R A Z
I S L D T A R O U E A S I S O
T W I R E L A R A R R B B C U
I C A I R R V G M S E A A A S
F H N B F O E E E I C G L R P
P I D E R S L N R E A L D I R
R N U L E I U S I T M I I L I
I O Y G N T O N C A P A B L T
O T O N C A B G A U A T B A Z
Z T O U H D E R N T R O I W L
Y O L J F H V F O J I A Y L Y
T H C O C H I N E A L L F H C
```

AMERICANO

APERITIF

BITTER

BITTER FRENCH

BOULEVARDIER

CASCARILLA

CHINOTTO

COCHINEAL

GARIBALDI

GASPARE CAMPARI

HERBS

ITALIAN

JUNGLE BIRD

NEGRONI

OLD PAL

RED

ROSITA

SBAGLIATO

SIETA

SPRITZ

Scotch Brands

```
D R V C P B U N N A H A B H A I N E L G
F G U L G L E N M O R A N G I E B C G E
F A M O U S G R O U S E O B A N S W L I
B V F N L B U C H A N A N S U E L L E C
N C C O N E A B E R F E L D Y H L O N H
U R H Y F K B W G I A O R H P A L H L W
I A I P G E Z A N L L L R C C B S T I Z
S L V A K C R A I G E L L A C H I E V O
G S A X S N R L H X T J U A F A C O E L
L W S D Z W O C A O L I L A Z U S Z T D
E M H B O W M O R E D A H Q O Z H Y F P
N O M A C J J O H N N Y W A L K E R C U
D N R U B Y E P S C U T T Y S A R K A L
R M A C A L L A N C D E W A R S H L R T
O D A L M O R E W O M V O K S U S A D E
N Q X M B G L E N F I D D I C H G G H N
A F V H R B T G O W V H Q J N S F M U E
C I C E I N E V L A B I G B W O Q H H Y
H S K K B O J S A L C R A F N E L G W J
W A R R A N W T Q D H Q Q K P V J P W U
```

ABELOUR	CHIVAS	GLENLIVET
ABERFELDY	CRAIGELLACHIE	GLENMORANGIE
ARRAN	CUTTY SARK	JOHNNY WALKER
BALVENIE	DALMORE	LAPHROAIG
BOWMORE	DEWAR'S	MACALLAN
BUCHANAN'S	FAMOUS GROUSE	OBAN
BUNNAHABHAIN	GLENDRONACH	OLD PULTENEY
CAOL ILA	GLENFARCLAS	SPEYBURN
CARDHU	GLENFIDDICH	

Whiskey Sour

1 egg white (optional)

2 ounces bourbon

¾ ounce fresh lemon juice

½ ounce simple syrup

2 dashes Angostura bitters

Orange twist, to garnish

If using egg white, add it to an empty shaker with all liquid ingredients. Dry shake for 15–20 seconds, then add ice and shake vigorously until chilled.

If not using an egg white, add liquid ingredients to a shaker with ice and shake vigorously until chilled.

Strain into a chilled cocktail glass, or over ice. If desired, add bitters and orange twist.

No. 248
Martini Variations

```
N S O S S E R P S E T J A C X
N A T I L O P O M S O C G E G
N K Q L A R N A K D O V U B D
B E G C H O C O L A T E E A C
G T I G T U R F C L U B S A H
I I N Y S M O K Y M D U R D U
B N B L E M O N D R O P E P R
S I L Y M A R T I N E Z V T C
O Q O C H A R T R E U S E C H
N C S X O N R C S G P I R E I
V E S P E R S S P J V K D F L
D M O H T E Q U I N I R G R L
B D M O V H W M X Z Y H Y E B
A H A H D I R T Y F I J N P V
A P P L E T I N I D V G N Q L
```

APPLETINI

CHARTREUSE

CHOCOLATE

CHURCHILL

COSMOPOLITAN

DIRTY

DRY

ESPRESSO

GIBSON

GIN BLOSSOM

LEMON DROP

MARTINEZ

PERFECT

REVERSE

SAKETINI

SMOKY

TEQUINI

TURF CLUB

VESPER

VODKA

No. 249
Kitchy Bar Names

```
T W L O R O I E Z L H N D S Y
W I E L T L F O S T G S P I N
Z S A I Y K Z I H U Y U O P O
E H R V D D S B C M B P U N T
L Y I E E H D E P B B A R D T
B O N O E B I R E L G E J I A
O U N R P O V E E E U P U P V
W W O T E B E H K I H C D L E
R E D W N I I T I N C O G O R
O R I I D N N O N N E V E U N
O E D S B N N N N A H V M N O
M B I T P Q Y S Z F T Q E G K
R E Z L I I Z E H V I A N E G
J E N B R E W H A H A W T Y E
B R M Y O F F I C E V Q J M Q
```

BOB INN

BREW HA HA

DEEP END

DIVE INN

EAR INN

ELBOW ROOM

HE'S NOT HERE

MY OFFICE

OLIVE OR TWIST

PEEK INN

POUR
JUDGEMENT

SIP 'N' DIP
LOUNGE

THE CHUG

TUMBLE INN

WISH YOU WERE
BEER

Y-NOT TAVERN

No. 250
Desserts That Might Use Booze

```
B M V F S P A V L O V A W T M
W H I P P E D C R E A M H R P
B A N A N A S F O S T E R I O
J W Q R U M B A B A T Z B F A
P A N N A C O T T A K P G L C
C R E P E S U Z E T T E R E H
L R U M C A K E D W O C A T E
C R E M E B R U L E E A N I D
P O T S D E C R E M E N I R P
E L F F U R T O P K V P T A E
V E K A C E S E E H C I A M A
B O U R B O N B A L L E J I R
I C E C R E A M L L X D Q S C
B R E A D P U D D I N G O U U
J Z U X V D R A T S U C F D R
```

BANANAS FOSTER
BOURBON BALL
BREAD PUDDING
CHEESECAKE
CRÈME BRÛLÉE
CREPE SUZETTE
CUSTARD
GRANITA
ICE CREAM
PANNA COTTA
PAVLOVA
PECAN PIE
POACHED PEAR
POTS DE CRÈME
RUM BABA
RUM CAKE
TIRAMISU
TRIFLE
TRUFFLE
WHIPPED CREAM

No. 251
Cooked with Wine?

```
C O L S D W F O K X G O N C J
H B C R O R N M L O T S F J M
I O X A X I I N Y S Y S P N R
I C U B E C S T O O P V O U V K
K R O P O O O R N O I B T D H
E G R D Q T M M N N N U T Y F
N U D E A T A A A M A C A E P
P I E H U O T N I F I C N D O
I G L C V M O D S O G O E A T
C N A A I Z S E E N R N S R R
C O I O N D A N U D E C C V O
A N S P A Q U O U U T K A I A
T L E X C I C O W E T W R O S
A E T F W H E F F J E I C P T
Z B E E F S T E W H S B I L D
```

BEEF STEW
BORDELAISE
BOURGUIGNON
CHICKEN PICCATA
COQ AU VIN
FONDUE
LYONNAISE
NORMANDE
OSSO BUCCO
POACHED PEARS
POIVRADE
POT ROAST
PUTTANESCA
RISOTTO
TOMATO SAUCE
VINAIGRETTE

No. 252
Food to Eat with Beer

```
T S R U W T A R B N P J R M M
B U R G E R Y C W O S V E Z E
B F R I E D C H I C K E N E Y
Z K D B A R B E Q U E Y T H K
P U L L E D P O R K A K A X J
C Q H S I F D E L L I R G X H
B R I S K E T P Z T A C O O D
B S H E P H E R D S P I E V L
R I L A H P W K V F F D Z C N
J I F N I O V H I U F X X W N
X Z B Z R J T P P F V L K I O
C O Z S Z Q V D S U S H I N I
O A X T V U M G O C Y Y Q G G
T Z V Q S A L A D G P M G S K
B G C R A B V E N I S O N D Z
```

BARBEQUE	PULLED PORK
BRATWURST	RIBS
BRISKET	SALAD
BURGER	SHEPHERD'S PIE
CRAB	SUSHI
FRIED CHICKEN	TACO
GRILLED FISH	VENISON
HOT DOG	WINGS
PIZZA	

No. 253
Might Include Bourbon

```
M X M A H D E K A B L U B I T
G A F M R I B S H S R F B C R
T R A T H C A E P L F S T E U
H P B H F S U D B L R G O C F
O E I F G M M A P A C L M R F
P C D W H I R O B B E E K E L
U A I L H B R D O T G M D A E
D N R X E J I T F A I A C M S
D P D Q N C A A I E D R R S B
I I U Z G P T M L M M A C C E
N E H T H I S V X E Z C M O M
G S D A E R B Y E K N O M N K
R S E I N W O R B T D F U E U
F N V F S G J M U N N G M S T
N F R E N C H T O A S T X P B
```

BAKED HAM	MONKEY BREAD
BARBEQUE	PEACH TART
BROWNIES	PECAN PIE
CARAMEL	PUDDING
FRENCH TOAST	RIBS
ICE CREAM	SCONES
JAM	TRUFFLES
MEATBALLS	

Most Extreme Bars/Places to Drink

```
S I A D J R K C A B O L B N G
X S L I J N G H R S Z T I O Q
P U B N R B O R A R O T R R F
K B A N E U V I B Z N H D T A
S S T E W L I S E S E E S H R
Z I R R F C R T E V B O V E A
W X O I N A I I R E A L I R D
V A S N X N S A T R R D L N A
O D S T X I H N B N E F L L Y
K H B H C M P S A A T O E I B
C K A E Y A U C B D T R H G A
D H R S E L B A O S A G O H R
C T I K L R F F A K S E T T M
D W Z Y R O K E B Y Q V E S K
V S I C E B A R A O X C L F X
```

ALBATROSS BAR

BAOBAB TREE BAR

BIRDSVILLE HOTEL

CHRISTIAN'S CAFE

DINNER IN THE SKY

FARADAY BAR

ICEBAR

IRISH PUB

LA MINA CLUB

NORTHERN LIGHTS

OZONE BAR

SUBSIX

THE OLD FORGE

VERNADSKY

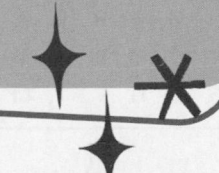

Kinds of Beer Bottles

Nip/Pony/Grenade (7 oz.): half-pint

Stubby/Steinie (12 oz.): short-necked, see Red Stripe

Longneck (12 oz.): industry standard bottle

Belgian (375 ml/12.7 oz.): used for Lambics and Guezes

British (500 ml/16.9 oz.): standard bottle for Brits

Bomber (650 ml/22 oz.): usually for special releases, like imperial stouts

No. 255
Oktoberfest

```
H M L V O N S P A T E N R D F
Q A F O S H R S R A T B A B Q
W E C E W E Q P M B D U L E F
G F I K T E A S P I G O E E E
I W Y Z E N N A T U G S D R S
N N E N N R U B S E H X E F T
G L C U A L P T R O I T R E I
E S A X A M I S F A S N H S V
R L T N M N R B C R U H O T A
B K E C E C R E U H B L S H L
R R N R B A L W G X O V E A P
E L Q E U D I R N D L R N L C
A E A I R A V A B N Q H R L X
D Z B R A U R O S L U E N E J
L Y W Y H C I N U M G O H K L
```

ANNUAL	HOFBRÄU
AUGUSTINER	LEDERHOSEN
BAVARIA	LÖWENBRÄU
BEER	MUNICH
BRÄUROSL	PAULANER
DIRNDL	PRETZEL
FESTHALLE	SPATEN
FESTIVAL	STEIN
GERMANY	WIESN
GINGERBREAD	WURST
HACKER-PSCHORR	

No. 256
Other US Wine Regions

```
F M N E W M E X I C O T B I Z
L A W I L L A M E T T E Q X E
N O N E W J E R S E Y X Q V L
P E N N S Y L V A N I A Q R N
Y C K G M C Y J S O S S S P H
T O D J I S T A K A L H E U N
X V Q M K S N P K A O I D G V
R J M N D B L Q Q I D L O E I
I X C O L O R A D O M L N T R
D P S E H G T K N Q J A A S G
A M I S S O U R I D J W I O I
H G A W A L L A W A L L A U N
O A F I N G E R L A K E S N I
D U K M V C O L U M B I A D A
K K N A G I H C I M Y N I Z Y
```

COLORADO	PENNSYLVANIA
COLUMBIA	PUGET SOUND
FINGER LAKES	SEDONA
IDAHO	TEXAS HILL
LONG ISLAND	VIRGINIA
MICHIGAN	WALLA WALLA
MISSOURI	WILLAMETTE
NEW JERSEY	YAKIMA
NEW MEXICO	

No. 257
Rhymes with Swizzle

```
T L I L H B Z B U T G I W M F
H A S W I V E L Z D S H W I R
I N R Y A B Y S S A L S A S I
S F Y T E L Z Z I R G W J S Z
T H E F W H I S T L E S W I Z
L C P U D I S M I S S A L L L
E J I W X I Z P U Z J U B E E
U G S S X N F Z G J R Q L S O
C X T J F I F W L N E T M C S
N I L V Z X S T R E W G I V I
C P E Z N H Y C H D W A S U Z
I A L K B R I S T L E K S O Z
L E S I H C J H I V K Q A L L
W V H O V L O W Y M R C L Z E
P D R I Z Z L E E K E N V Y K
```

ABYSSAL
BRISTLE
CHISEL
DISMISSAL
DRIZZLE
EPISTLE
FIZZLE
FRIZZLE
GRIZZLE
MISSAL
MISSILE
SIZZLE
SWIVEL
THISTLE
TWIZZLE
WHISTLE

No. 258
Shaken

```
M T O M C O L L I N S N C O M
O M W H I S K E Y S O U R B L
J M A R G A R I T A A J Y F Q
I C O S M O P O L I T A N I M
T C L O V E R C L U B A J I X
O G O L D R U S H M R R L A R
H S T H G I E D R A W L U W U
Y B R E D N W O R B I T S A M
J D A I Q U I R I O J M I H P
O G I N F I Z Z N Y Y A D E U
B L I O N S T A I L V I E U N
G J F K A M I K A Z E T C L C
Q J F I K R U I J X G A A B H
X V A Y E F V Z P W J I R G T
J L R A E P H C N E R F T R G
```

BLUE HAWAII
BROWN DERBY
CLOVER CLUB
COSMOPOLITAN
DAIQUIRI
FRENCH PEARL
GIN FIZZ
GOLD RUSH
KAMIKAZE
LION'S TAIL
MAI TAI
MARGARITA
MILLIONAIRE
MOJITO
RUM PUNCH
SIDECAR
TOM COLLINS
WARD EIGHT
WHISKEY SOUR

Anti-Prohibitionist

```
S Z C A P O N E S A J L N C L F Y Y A Q
K Q Y U W B V P I D H D D O K O G A R S
S A O O U K T H E D E Z L L X A A Q T J
L S T S C G R J G X A J E O M F N W T V
J U H S W C G X E D Z R H S P V G E Y G
H H C C H E M A L O U Q H I N F S L P Y
M K F Y S A E K A E P S V M Y E T L M A
L F O X H Q Z P Z J E W I O N S E U B T
J P D S R T O R R I O G K M B H R C N L
H R U M R U N N E R R U G O P H E I L A
O X Q Z O E R Y T X O T O P U K M A D N
A A D L B H E I T B C T K Q F D N N H T
G U I N A N M U D T L I P R D S V O N I
V C Y O N M U K G E V N R T K K X J R C
P P O X N C S L G X E I W E W I Y S E C
N V P P I J F J D E P U Y H Y L K U P I
Q Z Y S O R A V C I C K C A G N E Y E T
Y I S T N B R R E O L M S T E A D G A Y
S M I T H S S S B I K A Y W K S V H L B
Z A S G M V G G N I E T S N I E W L V D
```

ATLANTIC CITY	Texas GUINAN	George REMUS
BOOTLEG	Elmer IREY	REPEAL
James CAGNEY	Meyer LANSKEY	RUM RUNNER
Al CAPONE	Charles "Lucky" LUCIANO	Bugsy SIEGEL
Big Jim COLOSIMO	William MCCOY	Alfred SMITH
Isador EINSTEIN	Charles Dean O'BANNION	SPEAKEASY
GANGSTER	Roy OLMSTEAD	Johnny TORRIO

White Russian

2 ounces vodka

1 ounce Kahlúa

½ ounce heavy cream

Add the vodka and Kahlúa to a rocks glass filled with ice. Top with heavy cream and stir.

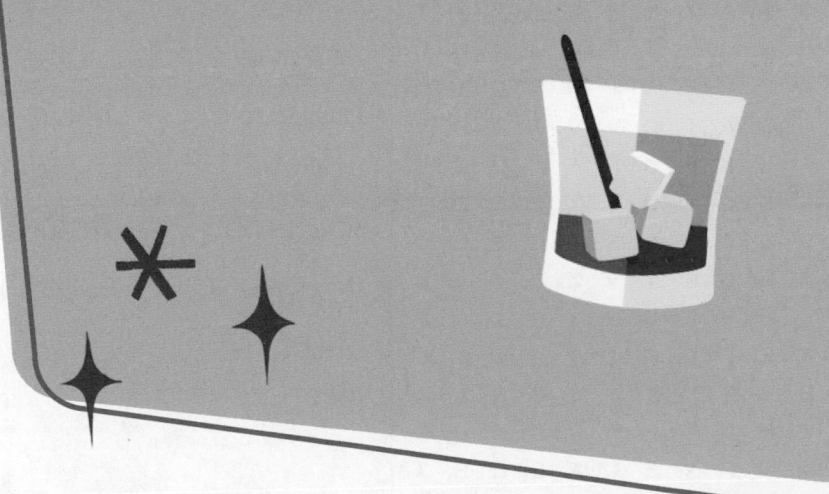

No. 260
Soil Types for Terroir

```
G R A V E L B A S A L T K N Q
U C H A L K S S I E N G F W R
Z V A S C H I S T J C K H L L
C A L C A R E O U S S G A C I
O C A L C E T S P F C A R A M
Q I U A T K E H I L F L D L E
U N O I S C R A N T L E P L S
A A R V I A R L S U I R A E T
R C C U L W A E I F N S N R O
T L N L T Y R B L A T T Z O N
Z O K L B E O F E V C R B C E
K V X A L R S F X L S O Z I D
Q S A N D G S G A M A R L L U
R L O A M X A Y S L A T E L B
P E T I N A R G A Z W U Y S S
```

ALLUVIAL
BASALT
CALCAREOUS
CHALK
CLAY
FLINT
GALERSTRO
GNEISS
GRANITE
GRAVEL
GREYWACKE
HARDPAN
LIMESTONE
LLICORELLA
LOAM
MARL
QUARTZ
SAND
SCHIST
SHALE
SILEX
SILT
SLATE
TERRA ROSSA
TUFA
VOLCANIC

No. 261
Sommelier

```
S E P A L A T E I N J R P I S
C T J S S W A X N E S T T Y T
K L K A R M D D T C P A X H U
I B N L A Q V E R I H S E I D
G L N E G G A I O V V T D U Y
K I Y S I H N F D R A I U C G
Q N R I C S C I U E Y N C C R
F D O Z U S E T C S J G A O O
Y K E W A W D R T V Z P T U U
N M H F L H K E O N Y R I R P
W H T H T E P C R I T N O T L
B A U H B Y D C Y Y G O N V W
A S Q R T M Q G C W R S N U C
R E T S A M P Y E C E E L H J
S T I R I P S S Z Q Y N O U P
```

ADVANCED
BLIND
CERTIFIED
CIGARS
COURT
EDUCATION
INTRODUCTORY
KNOWLEDGE
MASTER
NOSE
PALATE
SALES
SERVICE
SPIRITS
STUDY GROUP
TASTING
THEORY

No. 262
Tiki Bar

```
F D I R T Y B A N A N A D N S
B K E B U S H W A C K E R Q I
Q B A H A M A M A M A W D U N
W C O B R A F A N G L E Z N G
P L A N T E R S P U N C H I A
F M C I I A W A H E U L B H P
G P E A D A L O C A N I P U O
R U M R U N N E R Q N J X R R
I Z R U M S W I Z Z L E H R E
A O F O G C U T T E R C N I S
T M A T E S T P I L O T S C L
I B K P A I N K I L L E R A I
A I J U N G L E B I R D A N N
M E Z P E A R L D I V E R E G
C A N C H A N C H A R A C Z H
```

BAHAMA MAMA	PAINKILLER
BLUE HAWAII	PEARL DIVER
BUSHWACKER	PIÑA COLADA
CANCHÁN-CHARA	PLANTER'S PUNCH
COBRA FANG	RUM RUNNER
DIRTY BANANA	RUM SWIZZLE
FOG CUTTER	SINGAPORE SLING
HURRICANE	TEST PILOT
JUNGLE BIRD	ZOMBIE
MAI TAI	

No. 263
Umeshu

```
H E B Z I W P V J L L X O V R
D O M B T V G Z L L F W T E U
S F M D M M X A A A Q G T W M
T S L E N X F D F B Q A C K E
E H O G G A S R I H W A N I H
E O L E N R U A I G W Z S K O
W C E X P I U O X I O U P S N
S H U K T E A O Y H G A B E E
R U N Y J V D J N A E O A O Y
E Y Q Y U H M C R I B T V F H
T Z J I R P U Q Y M A S R P R
T S O D A C O R D I A L G I U
I K G P L U M S T Y N B I D N
B W G Q F N E N A X K T U R B
J E X C M G N A P A J M X I H
```

BITTERSWEET	PLUMS
CORDIAL	SHOCHU
FRUITY	SODA
HIGHBALL	SUGAR
HONEY	TEA
JAPAN	WATER
NEAT	YOU AND ME

No. 264
US National Days to Drink

```
F M O O N S H I N E U V O X H
N S R U M A A A S O M I M O T
E K S M N B L L A G E R T P M
W C O I G S I E T D X B I S Q
B I T N Q I U N O I U N M S A
E R A T R N Q I U T A A A U T
E T C J O T E W T C A D R I I
R A S U S H T E O K B A D N R
S P O L E E R L D S O I I I A
E T M E R E A O X E U Q G T G
V S F P D D V T X H R U R R R
E G P R A Y F U S G B I A A A
V M U S A N G R I A O R S M M
H M V S C O T C H H N I Z Z N
O Y A M E D O C N I C Y B A X
```

ABSINTHE

BOURBON

CINCO DE MAYO

DAIQUIRI

HOT BUTTERED RUM

LAGER

MARDI GRAS

MARGARITA

MARTINI

MIMOSA

MINT JULEP

MOONSHINE

MOSCATO

NEW BEER'S EVE

PIÑA COLADA

ROSÉ

RUM

SANGRIA

SCOTCH

ST. PATRICK'S

TEQUILA

VODKA

WINE

No. 265
Well-Known Bartenders

```
Y S H E P A R L X D T K D Z C
H S X B R E I V O E H C E D T
C C D A S X B M W N O O I S S
O H E C O E A O N S M D Z B A
L M G H W B L M Y D A D X Z U
E I R M O E A O L G S A P M N
M D O A N R I S F L X R P A D
A T F N D G G E S Y V C E L E
N P F K R E U M Y M E Q T E R
Y U B Z I R A B I F G U R T S
U Z S V C O V X E A G W A K B
H C J D H N E T N U T I S E K
N P G D Z D R T M A T O K X G
X G V J T C T M V Q M B E L J
M E E H A N Y V C I R Z W N N
```

Alexander BACHMAN

Victor BERGERON

Ada COLEMAN

Harry CRADDOCK

Dale DEGROFF

Ernest GANTT

Jim MEEHAN

Ivy MIX

Julia MOMOSE

Sasha PETRASKE

Constantino RIBALAIGUA VERT

Audrey SAUNDERS

William SCHMIDT

Jerry THOMAS

David WONDRICH

Words You Can Make from "Jägermeister"

```
X V L T U M E R G E S F A L J
S O F S T F M N D I B N U H M
Z D K E N R R M U D T C C A T
Z W R I X Q R I C C D Z J R P
O M I R W H E S A S S O A L M
T Y X R M J J T O T E M T N B
K E I E C A S E H I E I G P L
Q E A M L R R R G R M R I R L
O T D S X K E E E A L A A E I
G A V X E L M R R C S G R T W
I R M I S T A E M G M E M Y I
S G A B G A G A R A G S G G W
T I D I R X O M R T E E M U J
J M C C I X G R A M U B F J Z
O V S A T T C E K R P W K O D
```

ERR	MIST
GAMERS	MISTER
GERM	RAG
GIST	REAM
GRAM	SAT
JAM	SEEM
JAR	STIR
MAR	TEASE
MERGE	TEEM
MERRIEST	TERM
MIGRATE	TRAM
MIRAGES	

Bar Jokes

A snake walks into a bar. The bartender says, "How the hell did you do that?"

A sandwich walks into a bar. The bartender says, "Sorry, we don't serve food here."

A perfectionist walked into a bar. Apparently the bar wasn't set high enough.

No. 267
When It's Bad

```
C E E H M A N U R E F G G C U
O K X V I N E G A R E H I P L
R C P T S O R S P K L L N I H
K A I U N N G K T N R O B T O
E T R R Y I M U P A G L X I T
D P E N Q O P N G N M V N Y D
Y E D E P N A K A S U I B P D
I E C D C U R E D M E A T V B
D A M P C A R D B O A R D E A
F T Q B O I L E D E G G S C N
C A G O D T E W Y K U E W N D
J G C Y S P O I L E D P X S A
L R W E T L E A T H E R G M I
A G B U R N T R U B B E R V D
D Q V F B F O W C L B N L T J
```

BAND AID	GARLIC
BOILED EGGS	MANURE
BURNT RUBBER	ONION
CAT PEE	SKUNKED
CORKED	SPOILED
CURED MEAT	TURNED
DAMP CARDBOARD	VINEGAR
EXPIRED	WET DOG
	WET LEATHER

No. 268
Where to Buy

```
S T A T E R U N S T O R E N B
Y R E N I W T U D E J X V P E
R M L B B B A C R Y B H R B V
E T F R A Z P T U O H I B I E
L E D E B A R J G M V F O G R
A K I W K N O Y S A J O D A A
S R S E E Q O Y T U Z I E S G
E A P R K H M E O E Y R G S E
L M E Y D D C L R N L I A T O
O R N P M L E M E I D R R A U
H E S U U C M C Q L W I X T T
W P A B O O K U A N I Q T I L
A U R J S G I N J O I N T O E
N S Y X C A B A R E T N Y N T
L I Q U O R S T O R E W Y Z J
```

BAR	LIQUOR STORE
BEVERAGE OUTLET	ONLINE
BODEGA	PRIVATE CLUB
BREWERY	PUB
CABARET	STATE-RUN STORE
DISPENSARY	SUPERMARKET
DRUG STORE	TAPROOM
GAS STATION	WHOLESALER
GIN JOINT	WINERY

Wine Tasting: Acidity Notes

```
L X I E R E T S U A G Y R A D
I O S O F T M H T K D G V Y Y
V D E L I C A T E X J D K X C
E R A L U G N A I U Z E A I A
L A H B F R E S H I Y S N Z R
Y J U L E A N J P L T W E E Z
F F L A T P P P A R T L L D E
F H O R Q C Y M I N B W N F S
J T H I N D R N W I R E A W T
N D R T K N G I X D I Z F E Y
E P P A A E R P S E G U M B M
R H Z C N R V O V P H A O D F
V S Z T F P T C N J T G R F B
E W D Q F N X Y B B A L F M P
D M F A L L E N O V E R V K K
```

ANGULAR	FRESH
ASTRINGENT	LEAN
AUSTERE	LIVELY
BRIGHT	NERVE
CRISP	RACY
DELICATE	SOFT
EDGY	TART
FALLEN OVER	THIN
FLABBY	ZESTY
FLAT	ZIPPY

Wine Tasting: Body Notes

```
J V C L I F F E D G E D O L L
A A F U L L B O D I E D T C L
N T W O L L E M A N U R N S I
G X E L P M O C S K Q I E T G
U R F I R M D E W D A C L N H
L X V F I N E S S E O H U S T
A N H W L L U F R E W O P H B
R Z L D E S O L C N P F O O O
T E X T R A C E D E A P I R D
I D E L I C A T E T E T R T I
G C O N C E N T R A T E D P E
H L G W O L L O H N I H T X D
T B E R E T S U A A M V H D P
E L E G A N T F L A B B Y U Q
X A P O L I S H E D I X X J V
```

ANGULAR	FLABBY
AUSTERE	FULLBODIED
CLIFF-EDGE	HOLLOW
CLOSED	LIGHT-BODIED
COMPLEX	MELLOW
CONCENTRATED	OPULENT
DELICATE	POLISHED
DENSE	POWERFUL
ELEGANT	RICH
EXTRACED	SHORT
FAT	THIN
FINESSE	TIGHT
FIRM	

Popular Cocktails of the 1980s

```
G C I S J O B L U E L A G O O N A A Z F
R S X E Y J W F A G J U D X Y L E N B T
A U V X B U M U W P B R N K A T I R E V
S W S O Q N Y V O W U R E B D F E A T Y
S A W N U G U Q E N B J A E I G E M W G
H N O T Z L I D V T X M C F N L F A E N
O B O H W E X G T A A I S A P B U R E I
P F W E R B P S Z S D F B P L Z Z E N L
P I O B G I D Q L N E L I U W J Z T T S
E F O E T R U A A G L N E G H J Y T H E
R T N A X D M L J A Y H R U B X N O E R
H Y Z C V M S E W R A X G Q A F A S S O
J T D H E I V Y E W L O T A E J V O H P
R W D R G W E P A N A O I U G S E U E A
D O O N N V P I W H U N R K F B L R E G
L R O I R I I L T O I R R Q R Q E Q T N
D L I A L A R D I R T Y B A N A N A S I
E Y H S N V W F L U F F Y D U C K O Y S
N W S C R E A M I N G O R G A S M H X K
B U C K S F I Z Z Y M T L M K D K J C Z
```

ALABAMA SLAMMER

AMARETTO SOUR

B FIFTY-TWO

BETWEEN THE SHEETS

BLUE HAWAIIAN

BLUE LAGOON

BUCK'S FIZZ

DIRTY BANANA

FLUFFY DUCK

FUZZY NAVEL

GRASSHOPPER

HARVEY WALLBANGER

JUNGLE BIRD

LONG ISLAND ICED TEA

SCREAMING ORGASM

SEX ON THE BEACH

SINGAPORE SLING

SLIPPERY NIPPLE

WOO WOO

French 75

1 ounce gin

¾ ounce fresh lemon juice, strained

½ ounce simple syrup

3 ounces champagne (or other sparkling wine)

Lemon twist, to garnish

Add the gin, lemon juice, and simple syrup to a shaker with ice and shake until well-chilled. Strain into a champagne flute and top with champagne. Add lemon twist.

Wine Tasting: Herbal and Floral Notes

```
E O C U S T E M M Y G P I W C
X K N G O O S E B E R R Y P A
K A T I Z L P J P Y I E G G T
Y S W H I T E F L O W E R E P
O P V B F E R F T A C L A R E
N A K I S Q F V O L I A S A E
E R I O O G U Z V L S V S N J
P A R L W L M I Z Z A E Y I K
A G J F R C E T N X G N X U W
L U C Y L C D T Z C E D D M L
A S N Q H D X F T D E E I G O
J S U T P Y L A C U E R L F K
G R E E N V S T A L K Y L E V
H Y Q B E L L P E P P E R C O
P T B V E G E T A L R Y P O Z
```

ASPARAGUS — LAVENDER
BELL PEPPER — PERFUMED
CAT PEE — QUINCE
DILL — ROSE
EUCALYPTUS — SAGE
GERANIUM — STALKY
GOOSEBERRY — STEMMY
GRASSY — VEGETAL
GREEN — VIOLET
JALAPEÑO — WHITE FLOWER

Wine Tasting: Inorganic Qualities

```
I W E T S T O N E S U E M M K
M L E S E I D Y L A X T V H Q
F G M M D S Z A J Y S I Z A Z
N R F K Z A T E Q K C H W R P
F C V E Z E Q A V V G P P F Q
G C P E T R O L E U M A A S G
W O Z Q T A R Q P B K R C M R
T Y T I L A R E N I M G W O M
I Q I O N T P A Q N C P L K Y
U E P L A S T I C O C E G Y U
P J I F U G P D V J E V O I C
D O O I L Y F L D T O Y K B M
U N C T U O U S S N O Z Y T J
D E F V A R O H C I T E P G D
T N I L F Z F R E B B U R U W
```

DIESEL — RUBBER
FLINT — SLATE
GRAPHITE — SMOKY
MINERALITY — STEEL
OILY — TAR
PETICHOR — UNCTUOUS
PETROLEUM — WET STONE
PLASTIC

No. 274
Wine Tasting: Tannin Notes

```
N C H O C O L A T E J B R T S
C K S R F L A B B Y I T I D O
O L U L V E L V E T Y B G Y F
S R O U N D K Z T W I E I G T
T M U J N R M E L L O W D U H
R U T A G G R E S S I V E S V
U S P O W E R F U L Y N P G R
C C U S U P P L E P Z I P O A
T U L U M O P U L E N T F H L
U L O K C K U I A E P P I S U
R A V C H E W Y L S A D R R G
E R L E A T H E R Y X T M A N
D L G J Z C S G R I P P Y H A
A S K G P S H T O O M S U M Z
C O A R S E L H S I L K Y G N
```

AGGRESSIVE	OPULENT
ANGULAR	POWERFUL
BITTER	RIGID
CHEWY	ROUND
CHOCOLATE	SILKY
COARSE	SMOOTH
FIRM	SOFT
FLABBY	SPINELESS
GRIPPY	STRUCTURED
HARSH	SUPPLE
LEATHERY	VELVETY
MELLOW	VOLUPTUOUS
MUSCULAR	

No. 275
Words You Can Make from "Gewürztraminer"

```
R E R M I N E L F X V L R S I
M A V C M T A U G M E N T A I
H A I J A A K V Y Y M L N T B
L E B N T G I H G P B O L N R
W A R T E D Y N X J C I Q E V
T W E E Z I N G C O D U T M C
M D M E E T I N G J R X N U I
E Z I T E N G A M E Z A M G X
C E E O B M F Q S X C V Z R O
W A L B I D E C N I A R T A G
A E T R A M F A F G E R M A N
J K A N S C K I T G A I N Y I
M I N E R F B Z M M F L B P Z
Z N V G N I M I T G R A M X B
G E R M A N E L V G D B W R I
```

ARGUMENT	MAZE
AUGMENT	MEAT
ERMINE	MEETING
GAIN	MINER
GERM	RAIN
GERMANE	TIMING
GRAM	TRAIN
MAGNETIZE	TRAM
MAIN	TWEEZING
MART	WART
MATE	ZING

No. 276
South African Wine Regions and Wines

```
O C P C A X J Z U F C O R U S
L X A A H E G A T O N I P A Q
I H F P A A I X J Y O D U Z F
F C C E E R R X F N A V P R V
A H V S Y R L D T A I O A C O
N E J O O F I O O G Y N Z O O
T N M U Q B N E N N S D T N R
S I U T X I N O S C N U V S A
R N S H P M N E H L A A D T K
I B C C U B E H L S I X Y A N
V L A O L H O R N L T N C N I
E A T A M E T I L T E C G T E
R N N S K W C K K O K T E I L
Y C T T K S Y R A H T T S A K
Q Y B R E E D E R I V E R Q C
```

BREEDE RIVER

CAPE RIESLING

CAPE SOUTH COAST

CHARDONNAY

CHENIN BLANC

CINSAUT

CONSTANTIA

FRANSCHHOEK

KLEIN KAROO

MERLOT

MUSCAT

OLIFANTS RIVER

PAARL

PINOT NOIR

PINOTAGE

SAUVIGNON BLANC

STELLENBOSCH

SYRAH

No. 277
South African Wineries

```
H G A O N M K G D J S K H J P
D R O G I U K R Y N M L A M X
E E Z P Z L K O P E A E M E M
W B W V D L B O I T O I I E U
E N E K E I N T P Y R N L R L
T E I A M N E C A A U C T L D
S T V N O E I O N B D O O U E
H S R O R U L N W L S N N S R
O U I N G X E S I H T S R T B
F R A K E V L T L X A T U T O
K I F O N O L A K T O A S K S
O S D P Z V I N A A G N S J C
A F P F O G S T D H P T E M H
K V F P N U D I F U K I L V U
K C E B M A H A R G C A L W F
```

ANWILKA

BAYTEN

DE WETSHOF

DEMORGENZON

FAIRVIEW

GOATS DU ROAM

GRAHAM BECK

GROOT CONSTANTIA

HAMILTON RUSSELL

KANONKOP

KLEIN CONSTANTIA

MEERLUST

MULDERBOSCH

MULLINEUX

NEIL ELLIS

RUSTENBERG

No. 278
Spirit Competitions and Awards

```
U H S Z A B A U F Q S W  J W M
L E W F A W S L H N I C  I B I
V A A U D C J T C U P B  C L C
N V C S O D X I W T A S  H O R
N E B A Z I R M K S W P  W N O
C N U S P E U A F P A E  Y D L
V H X P H G Y T L F R E  N O I
A I U I Y O R E O O D D  L N Q
A L C R T R O B R K S R  G S U
C L H I T E H E D R O A  H P E
S E S T M S T V E R V C  I I R
A B S S U E Z E C R I K  E R C
H A M R D R W R A C W U  C I O
P R K A C V B A N S S Z  C T W
H T T T U E M G A H C G  H S O
```

ACSA

DIEGO RESERVE

FLOR DE CANA

HEAVEN HILL

IWSC

LONDON SPIRITS

MICROLIQUOR

SIP AWARDS

SPEED-RACK

WFAWS

Fun Facts

You may know that the Greek god Dionysus was the god of wine, but do you know these deities?

- Acan is the Mayan god of alcohol, whose name means "belch."
- Inari is the Shinto god(dess) of rice, which extends to all rice products, particularly sake.
- Du Kang is believed to be the person who discovered brewing wine in China and is known as the wine god.
- Varuni, the Hindu goddess of wine, is married to the god Varuna and is considered to be a yogini.

No. 279
Songs to Drink To

```
L O U T L M E Y X R L Q D C P
J N F E G A P E S A X L R H F
T E T Q U R E K H I W G U E V
L M M U P G S N O S M I N E G
I I F I P A C O T E R N K R N
L N Q L P R A M S Y E A I S I
A T Z A A I P S Q O D N N M P
C J L S L T E S K U R D L S M
W U Z U C A A A P R E J O T U
I L Q N O V F R A G D U V O H
N E F R H I Y B D L W I E H T
E P C I O L L H M A I C Q S B
Z A K S L L K B J S N E B B U
W N O E Q E C J N S E D P I T
D M I R E D S O L O C U P M K
```

ALCOHOL

BRASS MONKEY

CHEERS

DRUNK IN LOVE

ESCAPE

GIN AND JUICE

LILAC WINE

MARGARITA-VILLE

ONE MINT JULEP

RAISE YOUR GLASS

RED RED WINE

RED SOLO CUP

SHOTS

TEQUILA SUNRISE

TUBTHUMPING

No. 280
Smells Like Beer

```
L M A L T Y N Q B C N E B Y K
A R F I T B V U C W A S U O Z
C T M I B V L I D R H Q T Y E
I X U A T I T P T K A Y T I U
P M B Q P R S H J N W S E B F
O O U A U P Y C I W A O R R L
R G H S N M L M U O W C S W O
T C M W F A A E T I O L C F R
J E F H U L N D E M T R O T A
I K F K F L O A P Z K Y T U L
L V O U I U N L V W J T C J S
Y T N M B R E A D Y S I H B M
U K E M D X P E P P E R Y M Z
P T L S U T Y L P A C U E W O
Y P P O H Q H M T Z K T O A Q
```

ANIMAL FUNK

APPLE

BANANA

BISCUITY

BREADY

BUTTERSCOTCH

CITRUS

COMPLEX

EARTHY

EUCAPLYTUS

FLORAL

HOPPY

LIME

MALTY

PEPPERY

TOASTY

TROPICAL

No. 281
Pop, Fizz, Clink

```
A T Y C F R E E D O M V W C F
C R E H T A E W D O O G T O L
N S S T B H J Y S W Y N L A Y
Y E U U Z O D M T Q E E W H N
A T W J C O N F G M S I Y G P
D N P Y S C Y V E O N N E R R
H E E H E X E R O N L S M A O
T M C T O A I S I Y U S K D M
R E R A S T R N S O A M X U O
I G O K E N G S H E A G D A T
B A V R J T E W E N T I E T I
N G I N E O E D R V T H E I O
J N D A D N Z P I Q E O B O N
N E M W E D D I N G I X V N M
W I T O H Z H O L I D A Y F A
```

BIRTHDAY

BON VOYAGE

DIVORCE

ENGAGEMENT

FREEDOM

GOOD WEATHER

GRADUATION

HOLIDAY

NEW HOUSE

NEW YEAR'S EVE

PROMOTION

RETIREMENT

SUCCESS

WEDDING

WINNING TEAM

No. 282
Oldest Vineyards

```
S M D A J B U A B G E L I D S
T Z N G J P O N I S B W L I C
A A I R T R R T R O F D O I H
F L L E W U C I E Q R O S C L
F L U B E S A N D J E O A D O
E A O S F T N O A B S Z C L S
L J M I Y E B R M C C R I B S
T N U N Z N O I A O O T R A V
E O A A I B N W S D B Q E M O
R F F H A E A I A O A N N R L
H A F O V R S N C R L A O M L
O K P J F G T E J N D N R M R
F Z O D S Z R R V I I G A E A
J T D F U K E Y B U Y D B E D
K A R T H A U S E R H O F G S
```

ANTINORI WINERY

BARONE RICASOLI

CAN BONASTRE

CASA MADERI

CODORNIU

DOPFF-AU-MOULIN

FONJALLAZ

FRESCOBALDI

JOHANISBERG

KARTHÄUSER-HOF

RUSTENBERG

SCHLOSS VOLLRADS

STAFFELTER HOF

Oldest Bars in the World

```
N E S E I R M U Z S U A H T S A G U Y P
I D Q Z X M S I L Y W Q L U U U S T E E
E I B R A Z E N H E A D L A E R J V O H
W X Z L A Y Q T K O B T E L L D N U L G
C H A S N Y U Z K L Y R B B R E W U D N
F A S N S C I U Y D Q M E R I N W T E I
E C B G E U N M T E X A D I N N D A F S
G H R S A K T F E M B D L N C O K O I S
L E A B N B E R L A I A O D O R U B G I
X T U I S O N A E N R M L I N U K Y H L
F I H N B J M N R A G A Q S C O I R T V
S N A G A Q A Z S N L N I I I C N R I G
A N U L R C T I I D M D U D L A M E N R
E C S E F Q S S N S Y E E J L L A F G E
O V S Y G U I K N C A V B H O N L D C B
E U I A I M J A D Y F E G D S V S L O R
X L O R C Y I N Q T M T L K L M A O C E
G S N M N X A E M H S C Q E B P N K K H
D M U S E L M R B E F V D G B Q E H S T
E X H O F B R A U H A U S K T A B S U W
```

ADAM AND EVE	HACHET INN	OLDE BELL
AL BRINDISI	HERBERG VLISSINGHE	QUINTEN MATSIJI
BINGLEY ARMS	HOFBRÄUHAUS	SEAN'S BAR
BRAUHAUS SION	KYTELER'S INN	YE OLDE FIGHTING COCKS
BRAZEN HEAD	LA COURONNE	
EL RINCONCILLO	NA SLAMNIKU	YE OLDE MAN AND SCYTHE
GASTHAUS ZUM RIESEN	OLD FERRY BOAT	ZUM FRANZISKANER

Piña Colada

2 ounces light rum

1½ ounces cream of coconut

1½ ounces pineapple juice

½ ounce fresh lime juice

Pineapple wedge, to garnish

Add rum, cream of coconut, pineapple juice, and lime juice to a shaker with ice and shake vigorously for 20–30 seconds. Strain into a hurricane glass over crushed ice and garnish with a pineapple wedge.

No. 284
Mimosa Variations

```
P H K Y C L P U L G Q W H P J
E B Z V M Y O M E J X O A E H
A U H M A C I I M C T L O D P
C C W Z N H N M O L O S R O T
H K A A G E S O S M N H M K K
R S T S O E E S A X E E G U A
A F E O H R T A P L G R R R S
S I R M U O T S E R Q Z A U W
P Z M R J S I A A W R E N M S
B Z E E O E A N R A V R D O N
E L L V W D A G H O I T L U J
R W O H N T E R B S D E D C C
R U N D E Y M I E F I W I F K
Y J Q O X A V A Y L B P X O R
M E G M O S A E K B I W A A P
```

BUCK'S FIZZ

GRAND

LEMOSA

LYCHEE ROSE

MANGO

MEGMOSA

MIMOSA SANGRIA

PALOMA

PEACH

RASPBERRY

PEAR

POINSETTIA

POMEGRANATE

SOLEIL

SUNRISE

VERMOSA

WATERMELON

No. 285
Meaderies

```
N R R V X Y B O Z A R T S A V
W D Y T S I E F X S A F X D R
I A R T I V E M U A N I Q K Y
L B Y Q S O K R Y W S A Z T M
D C X E M O O N H O N E Y A E
B B E F B M N S R J M H K D L
L U C G B E B G U Y B Z I E C
O N I N E M A I D E N S N D H
S R L W Y N T C B L Y A S S E
S A A W P B C F H R A S A A M
O T H N L Z H M F B O Z L N Y
M T C O B M E J L L E O E Y K
B Y M U Y F S G R D Z E D A J
R W M O O N L I G H T G T Y C
N S P A R R O W H A W K I L D
```

ADEDSANYA

ARTIVEM

AXIS

BEACH BEE

BEEKON BATCHES

BLØM

BROOD

BUNRATTY

CHALICE

FEISTY

KINSALE

MELCHEMY

MOONHONEY

MOONLIGHT

NINEMAIDENS

SPARROWHAWK

TRAZO

WILD BLOSSOM

No. 286
Literary Drinkers

```
T W S W B L H H Y Q X W A X P
E T H L H U E A A X N V R Y P
F B B G F L R L M F A I P A W
B I K A L S L R A M M P R M H
R P T M U I S P O B E K V F Y
C P A Z E D Y Y A U E T L F A
H N Z N G G E U A R G E T T W
A Z O P X E D L C L M H Q H G
N E C Y O J R Q A I L V S O N
D J K Z I M W A N I M I F M I
L O O W P Q J G L U R I M P M
E M L P H K X J Z D T E B S E
R E X K E R O U A C V B C O H
R E N K L U A F I K B M N N J
K T T K U I M F H B F Z F F Y
```

Charles
BAUDELAIRE

William S.
BURROUGHS

Raymond
CHANDLER

William
FAULKNER

F. Scott
FITZGERALD

Ian FLEMING

Dashiell
HAMMETT

Lillian HELLMAN

Ernest
HEMINGWAY

James JOYCE

Jack KEROUAC

Edna St. Vincent
MILLAY

Eugene O'NEILL

Dorothy PARKER

Arthur RIMBAUD

Hunter S.
THOMPSON

No. 287
Liqueurs

```
T O G R X K Q K J D V O L D H
S A M B U C A T E S A X I F U
O X L O F K D I P A M Z M A M
E G D K U I D P C B A T O Q S
B L Z X X Z A W U S E E N U W
S S D T T N O J R I R A C A C
P O T E H A C M A N C M E V E
A G D C R A B C C T H A L I S
S M S A S F O Y A H S R L T E
T V R S V G L U O E I E O A L
I V I S N L Y O G O R T R V P
S S B A G S A O W X I T C S I
W X C I N X T C U E H O J V R
A N I S E T T E X S R S D X T
A R M A G N A C C K C L P A K
```

ABSINTHE

AMARETTO

ANISETTE

AQUAVIT

ARMAGNAC

CALVADOS

CASSIS

COGNAC

CURAÇAO

ELDERFLOWER

IRISH CREAM

LIMONCELLO

OUZO

PASTIS

SAMBUCA

SCHNAPPS

TRIPLE SEC

No. 288
Liqueur Herbs

```
A D X T N I M R E P P E P H B
S Q T A R R A G O N T T C W L
S B N V T B V R E S I N W O O
I G T U E C F K R Q W T S R K
L J U N I P E R W A W D H M A
E S W E E T G R A S S N P W N
M L Z C R E D N A I R O C O G
O L A X A C A R A W A Y J O E
C C E V Y R H Y S S O P E D L
J S I G E E D P B J T M Y C I
M L E M O N B A L M O M U Q C
A N I S E L D H M U P M H Y A
H J Y C A Z P E S O I J L Z Y
N O M A N N I C R N M J T Q X
G E N T I A N E G E R Q H E V
```

ANGELICA	JUNIPER
ANISE	LAVENDER
CARAWAY	LEMON BALM
CARDAMOM	MELISSA
CINNAMON	PEPPERMINT
CORIANDER	RESIN
CUMIN	SWEET GRASS
GENTIAN	TARRAGON
HYSSOP	WORMWOOD

No. 289
It's Red

```
Y R R E B N A R C T X D I P W
C N X A L Z Z A V C K G F O P
H H I I O R J S L O M R R M V
E W T R O I S P C S G E C E X
R U X G D U V B W M O N A G S
R P K N Y A P E R O L A M R T
Y W O A M G C R Z P W D P A R
N I I S A H U R M O I I A N A
C Y N O R Y J Y O L N N R A W
E K H I Y E D G M I E E I T B
A W P O I N S E T T I A A E E
S N E G R O N I Q A R L V Z R
A C O R N H O L E N E T Q V R
R Y E Y Y N B C Y N A R X K Y
E L P M E T Y E L R I H S T Q
```

ALE	GRENADINE
APEROL	NEGRONI
BLOODY MARY	POINSETTIA
CAMPARI	POMEGRANATE
CEASAR	RASPBERRY
CHERRY	SANGRIA
COSMOPOLITAN	SHIRLEY TEMPLE
CRANBERRY	STRAWBERRY
CYNAR	WINE

Irish Whiskey

```
I  I  M  K  P  T  K  L  V  V  K  L  R  Y  T
D  U  N  I  I  F  S  W  E  E  T  S  Q  N  R
W  M  M  I  X  L  C  N  O  F  N  G  Y  Z  I
B  W  C  A  S  T  B  I  Q  D  J  R  E  A  P
T  F  B  R  A  H  V  E  T  Z  X  K  U  P  L
U  A  U  E  D  C  T  U  G  R  A  T  O  O  E
L  B  S  D  J  O  V  U  T  G  U  G  T  T  D
L  Z  H  B  A  N  A  S  R  B  A  S  I  S  I
A  N  M  R  M  N  N  Y  C  K  T  N  N  T  S
M  D  I  E  E  E  I  H  Z  Q  B  R  Z  Y  T
O  O  L  A  S  M  L  C  O  O  L  E  Y  L  I
R  I  L  S  O  A  L  I  E  Z  I  U  G  E  L
E  L  S  T  N  R  A  Q  J  O  M  D  O  M  L
L  Y  Y  H  O  A  D  S  M  O  O  T  H  P  E
F  U  U  T  I  U  R  F  N  E  E  R  G  U  D
```

BUSHMILLS

CITRUS

CONNEMARA

COOLEY

GREEN FRUIT

INISH TURK BEG

JAMESON

KILBEGGAN

OILY

POT-STYLE

REDBREAST

SMOOTH

SWEET

TRIPLE-DISTILLED

TULLAMORE

VANILLA

Fun Fact

In the US, people drink more in the winter—from December through March the average blood alcohol content (BAC) is higher than the rest of the year, hence, Drinking Season. The highlights? Superbowl Sunday, the whole week of Valentine's Day, and the weekends surrounding St. Patrick's Day. The outlier of this time frame is Black Wednesday, the moniker for the day before Thanksgiving, when people are more likely to drink heavily with friends before the family-friendly holidays begin.

No. 291
Heard at the Bar

```
P I S S O G P C L L L E V S J
O S X D K F F C C A P R T J N
V O T L I L L P U H I Q W S A
I Y L S R I I G E J E H W R S
D S D Z N R H M O B I W F F H
E V A K C T C B I R P A G B A
O A R D E X H C T P R I X Z K
G S T R D B A H F I H R J B E
A K S K I G T U Z S C H I D J
M Y L J N D T G E P N O C H J
E G L U G S E B G Q U C H Y U
L Y W W Y B R H Z R R K E X M
E E M U S I C C T U C E E P Y
E M O R A T T L E J G Y R F L
R P O O L T A B L E Q E U C U
```

AIR HOCKEY
CHATTER
CHEER
CHEW
CHUG
CLINK
CRUNCH
DARTS
DING
FLIRT
GLUG

GOSSIP
LAUGHTER
MUSIC
POOL TABLE
RATTLE
SHAKE
SIP
TV
VIDEO GAME
WHIR

No. 292
Hangover Cures

```
I S E T Y L O R T C E L E R U
C A R B O H Y D R A T E S C C
T C C O P D Y Q R F S K E O P
O R S S I G G O E H V B V L E
M A S H C E P X G N I R I D S
A E R O K H L Y N C T S X S I
T P G W L U V G I O A L C H C
O Y T E E S Z E G F M E Y O R
J L O R J F P N Z F I E S W E
U K M S U R M R Y E N P T E X
I C A U I U P T I E S P E R E
C I T N C Z N R V T O D I H J
E R O A E O E R A N E Z N H W
X P I B U P R O F E N Z E J W
C G A X F H Y D R A T E K A V
```

CARBOHY-
DRATES
COFFEE
COLD SHOWER
CYSTEINE
ELECTROLYTES
EXERCISE
GINGER
HYDRATE

IBUPROFEN
OXYGEN
PICKLE JUICE
PRICKLY PEAR
SLEEP
SPRITE
TOMATO JUICE
VITAMINS

No. 293
Grape Varietals in Asia

```
T A N A B E S H A H I P K A E
T G U C M E P I N Z K I R E A
L M D J U U M G O H C K V W R
E C D J L L M X N B A L Z G K
G Q L J L B H L I V P Q P R A
I P U L E E X C A X Z V U D S
E S A O R R X T G R V K A E H
W G K N T O I Z A I W T N L Y
Z U O G H L K J R E K U A A A
T L S Y U A K N A S E O T W M
D A H A R G P O N L R X L A J
U B U N G N L E S I N I U R W
G I Z Q A A M Q E N E A S E J
G I I G U B K O A G R N N R H
N J Y Z N M I A N U I N B R L
```

ANABESHAHI	LONGYAN
ARKASHYAM	MÜLLER-THURGAU
ARKAVATI	NIAGARA
BANGALORE BLUE	NIUNAI
DELAWARE	RIESLING
GULABI	SULTANA
KERNER	TUO XIAN
KOSHU	ZWEIGELT

No. 294
Fizzy Cocktails

```
Z P I M M S S P R I T Z U B L
C U R T A I N C A L L L L M E
P S E E L B A C H D K A L U J
O T O M I M O S A S C T S B A
O L D C U B A N F K E W S E R
A I R M A I L G V N F I A K D
E R E G N A R E N O L N B I I
J D A Y B E L L T I U K O R N
L P I M A V B M T C N L T R A
Y U T A E P P W Q S D E U O I
B P Z T L Y B E L L I N I Y R
A P E R O L S P R I T Z Q A M
R I G Z H E Y S U G A R I L A
C C H I N C H I N X W T V E I
M B V B A R R A C U D A J Z L
```

AIRMAIL	KIR ROYALE
APEROL SPRITZ	LE JARDIN
BARRACUDA	LONE RANGER
BELLINI	MIMOSA
BLACK VELVET	OLD CUBAN
CHIN CHIN	PIMM'S SPRITZ
CURTAIN CALL	SABOT
DAY BELL	SEELBACH
HEY SUGAR	TWINKLE

Cocktails with Animal Names

```
C J R A B H H A I R O F T H E D O G M S
F H T T L M B R D H C I U E Y J N V G W
I C E B A O L K R X O U M P Q K N M V L
V D Q R C N A R E O L Y I C F N V P S L
E E U A K K C M P P O R Y N E Y G T E U
I F I T C E K R P I R Z P I S M R F E B
S F L T A Y C Z O N A O X Q A G E L N E
L A A L T G O G H K D Y S G F E Y Y K V
A R M E W L W D S S O S C R P L H I S A
N I O S M A F A S Q B T O E H U O N E R
D G C N L N S L A U U E R E O M U G E B
F G K A I D N M R I L R P N R W N G B S
L N I K O F A A G R L S I I S O D O U A
A I N E N E K T B R D H O G E C J O G L
M M G U S V E I X E O O N U S S K S I T
I A B E T V B A W L G O B A N O V E L Y
N L I J A S I N F A C T O N E M U J S D
G F R U I W T E K H J E W A C N Z R H O
O D D F L N E M J O U R L N K Q L H I G
H B X Y Y W H I T E D O G J U L E P W E
```

BEE'S KNEES	FLYING GOOSE	OYSTER SHOOTER
BLACK CAT	GRASSHOPPER	PINK SQUIRREL
BLACK COW	GREEN IGUANA	RATTLESNAKE
BRAVE BULL	GREYHOUND	SALTY DOG
COLORADO BULLDOG	HAIR OF THE DOG	SCORPION BOWL
DALMATIAN	HORSE'S NECK	SNAKEBITE
FIVE ISLAND FLAMINGO	LION'S TAIL	TEQUILA MOCKINGBIRD
FLAMING GIRAFFE	MONKEY GLAND	WHITE DOG JULEP
	MOSCOW MULE	

Last Word

1 ounce gin

1 ounce green Chartreuse

1 ounce maraschino liqueur

1 ounce fresh lime juice

Brandied cherry, to garnish

Add gin, Chartreuse, maraschino liqueur, and lime juice to a shaker with ice and shake until well-chilled. Strain into a coupe class and garnish with the cherry.

No. 296
Festivals and Events

```
U V O E L Q L P Y F P S N O W
Z G I L A J A E O E I O S Z U
B A E O V Y B H W T R W U N R
G Q S K I K A A H E I E L J S
G A R W T F T R I D T T A U T
A Z K N S A A V S E O O F C M
F O G F E F L E K L F E E I A
H O R F F C L S Y A S P S Y R
V L A W N Q A T F B P F T Q K
O A P T O D D F E S E E F G I
X P E V B M E M S I Y I O S X
Q T F Q R Q V S T N S S Y E I
B O E W U C I T I T I I E M Q
F N S N O J N I V H D L S I E
S I T L B F O V A E E E R S A
```

BOURBON FESTIVAL

FEIS ILE

FETE DE L'ABSINTHE

GRAPEFEST

OKTOBERFEST

PINOT PALOOZA

SOWETO

SULAFEST

WURSTMARKT

No. 297
Dessert Cocktails

```
Z C H H V P G Y B C Y B C B A
W A L K I R R O Y A L E H R S
H L P Z N S A V I G E N O A N
I L I L G S Z U U Q G C N I
T I N P A R S Q V I E L O D C
E D K A P O H I H R D E L Y K
R A S I P P O B Z E I M A A E
U C Q N L P P Q O S L O T L R
S N U K E I P B S S S N I E T
S E I I P N E O N F D D N X I
I D R L I O R T O N U R I A N
A L R L E I A Y P O M O N N I
N O E E W Y C N Z A I P O D A
G G L R M B U Z Q T V T F E T
A O L D F A S H I O N E D R T
```

APPLE PIE

BRANDY ALEXANDER

CHOCOLATINI

GOLDEN CADILLAC

GRASSHOPPER

KIR ROYALE

LEMON DROP

MUDSLIDE

OLD FASHIONED

PAINKILLER

PINK SQUIRREL

SGROPPINO

SNICKERTINI

WHITE RUSSIAN

No. 298
Dessert Wines

```
C V Z L Q A V M O P S Z I B P
V I S H L H M O O O U O M R A
X N V N A S R S L A U B X A S
E D I H T Y U C U Z K C T C S
O O N V E F B A R A S V A H I
C U S M H I Y T R I S M W E T
S X A N A C P O S T A U N T O
U N N O R E O D Y N U S Y T Y
R A T B V W R A E A T C P O E
B T O L E I T S S T E A O D C
M U M E S N C T M S R T R A C
A R R R T E J I L N N X T C T
L E D O H Z Z M A O E I J Q U
L L G T O O K S M C S O K U E
U W K F G T O K A J I Z G I I
```

BRACHETTO D'ACQUI

BUAL

CONSTANTIA

ICE WINE

LAMBRUSCO

LATE HARVEST

MALMSEY

MOSCATO D'ASTI

MUSCAT

NOBLE ROT

PASSITO

RUBY PORT

SAUTERNES

TAWNY PORT

TOKAJI

VIN DOUX NATUREL

VIN SANTO

No. 299
Cocktail Condiments

```
V P B I M F E Q S W Z D N A R
I P P Z B B W I O O H B R P Z
O Q O C I A H J H R K E H E E
V P W I T L I H V C M F C U S
R E D N T L P O X E D U S J T
Q P E N E S P R D S N E B Q S
P P R A R P E S Q T U K X A E
R E E M S I D E S E T R L R X
O R D O Y C C R E R M T T V G
F G S N N E R A M S E T A X L
N F U O Z N E D A H G L E Q T
U H G D S C A I P I Y R C I G
M Q A V S K M S L R C L I N T
P B R G J T B H I E Y V X C D
T A B A S C O U F L B X N Q J
```

ALLSPICE

BITTERS

CINNAMON

HORSERADISH

NUTMEG

PEPPER

POWDERED SUGAR

SALT

TABASCO

WHIPPED CREAM

WORCESTER-SHIRE

ZEST

Cocktails Named for US Locales

```
H K T C W S N V K U B C N N A
O H E O N T V M J B O B C A L
U Z N L S A P B L L S O P T A
S H N O C T Z A O U T S V T B
T E E R H E M C N E O T N A A
O B S A I N D A G H N O Y H M
N O S D C I K P I A R N L N A
R Q E O A S J E S W U S K A S
O U E B G L L C L A M O O M L
Y E C U O A C O A I P U O Y A
A E O L F N E D N I U R R E M
L N W L I D A D D W N O B L M
O S B D Z M F E S U C Y Q S E
I Q O O Z P I R M C H T A P R
L L Y G B R O N X R A H X I H
```

ALABAMA SLAMMER

BLUE HAWAII

BOSTON RUM PUNCH

BOSTON SOUR

BRONX

BROOKLYN

CAPE CODDER

CHICAGO FIZZ

COLORADO BULLDOG

HOUSTON ROYAL OIL

LONG ISLAND Iced Tea

MANHATTAN

QUEENS

STATEN ISLAND

TENNESSEE COWBOY

Bartender Pet Peeves

```
T U C F E Z I R E D N E G J X
O H H I Z X Y X E X E Z T N C
U V A N B R P U I L M B G P G
C W R G H W M N N F O R M Q G
H S G E V O O P T J O E A U F
G U I R K U J R E Q U D Q Z O
A R N S N W I E R O W A F V J
R P G N O L T P R X I E E F A
N R P A W P O A U T Z R R I V
I I H P I I I R P H S P D G E
S S O G T T Z E T T E S Z H M
H E N I A O G D A D W N X T H
E M E S L N N Y U Z L A D N P
S E S O L H T R P M P M O O U
U U S P L I T T A B S O T Z T
```

CHARGING PHONES

FIGHT

FINGER SNAP

GENDERIZE

INTERRUPT

KNOW-IT-ALL

MANSPREADER

MOJITO

NO TIP

OVERSTAY

RUDE

SPLIT TAB

SURPRISE ME

TOUCH GARNISHES

UNPREPARED

Bitters

```
S T I U R F N X G B G G G T B
A N G O S T U R A N O D V X R
B S P I C E S X B Z T X F X O
S S I D R G N H O L T H M P O
P E M A O D P Z T E L R I P T
N A X S Q M E T A A I L K D S
R S E H Y D Y H N S E A Z T P
E I L B X I C E I W B N C S I
T C P A Q G H R C E S I X P C
T K M R Y E A B A E I C V I Y
I N O K G S U S L T E I G C Z
B E C W I T D K S D G D S Y K
R S D B Y I S F X G E E M G S
Z S M F N F I W X C R M Q Y T
S D S N J U O L W W T E R R C
```

ANGOSTURA

BARK

BITTER

BOTANICALS

COMPLEX

DASH

DIGESTIF

FRUITS

HERBS

GOTTLIEB SIEGERT

MEDICINAL

PEYCHAUD'S

ROOTS

SEASICKNESS

SPICES

SPICY

SWEET

Fun Fact

The National Minimum Drinking Age Act of 1984 actually only established that people under the age of 21 could not purchase alcohol. Legal age to consume alcohol still varies state by state, as long as someone of age makes the purchase. Eighteen is the legal drinking age for most of the world with some notable exceptions: Germany, Austria, and Switzerland permit 16-year-olds to drink publicly, as do most countries in the Caribbean.

No. 303
Flavored Bitters

```
C Y U Z U E L M I N T O W X D
O P L E M O N P E C A N E C D
R P C E L E R Y X J H N N H R
I E Z L K B E R G A M O T E E
A A I A N G O S T U R A Y R D
N C H O I C O Y L R T K A R N
D H A Q J R C J T V L M S Y E
E K B G R A P E F R U I T W V
R F E V X N K M T P V A C H A
O E N H Y B E C H P L U M X L
U N E C M E O R A N G E K Z P
G N R Q C R A S I K A U D Q Q
Q E O W O R M W O O D Y F S W
A L F P E Y C H A U D S Q Q J
I Z C H O C O L A T E J U R T
```

ANGOSTURA

BERGAMOT

CELERY

CHERRY

CHOCOLATE

CORIANDER

CRANBERRY

FENNEL

GRAPEFRUIT

HABENERO

LAVENDER

LEMON

MINT

ORANGE

PEACH

PECAN

PEYCHAUD'S

PLUM

THAI

WORMWOOD

YUZU

No. 304
Celebrities with Vineyard Collabs

```
J J F E R G I E X K Z S F Y J
M A T T H E W S V O V J U B O
S M G I Z A X D N E G E L Q N
A N W O R B A M C L E E F V B
R R W T T I P S O Q A I O Z O
E M A C L A C H L A N B R A N
D J N B O L J M V I L M D I J
N C K G K F W J G I I A C D O
A L H L M I N O G U E D O M V
B U U F G E R E K R A P P J I
N N K C E R C K D D A Q P A I
O F T S A I I N E J Y R O Y X
W D D I U S U W K L K W L Z H
A M C E N O L A M F P T A P O
C J I P W P W H E D A W I D R
```

Antonio BANDERAS

Mary J. BLIGE

Zac BROWN

Cameron DIAZ

FERGIE

Guy FIERI

Francis FORD COPPOLA

JAY-Z

JON BON JOVI

John LEGEND

George LUCAS

Kyle MACLACHLAN

Post MALONE

Dave MATTHEWS

Kylie MINOGUE

Sarah Jessica PARKER

Brad PITT

Dwyane WADE

204

No. 305
Cocktail Attire

```
T S P O R T C O A T F F I F Q
E R B S I G P U T H K D D D B
K Q L X U K Y R L E W E J O A
C W A U B S J U A G T G Z C G
A S C B R V P I B F H I J R G
J F K L O H G E K J Z V Q A C
G L D U G F Z M N E L L N V U
N I R D U X U A I D W T K A H
I P E U E A S T P T E F L T J
K S S H S C W U O F V R P A Y
O T S E S O O Z I C M R S A O
M I F E B C T H E T L M C U U
S C V L C L U T C H X C P F Z
H K E S S J U M P S U I T S Y
X I B N G U E M U F R E P A B
```

BOW TIE

BROGUES

CLUTCH

CRAVAT

HEELS

JEWELRY

JUMPSUIT

LIPSTICK

BLACK DRESS

PERFUME

SMOKING JACKET

SPORT COAT

SUIT

SUSPENDERS

No. 306
Drambuie

```
I F D I L E P G F R F O Z S U
C S H O N E Y K U P V H E C Y
B S L S D F E S W Q G T M J N
I M N E D A T Y U K S I A A N
S V I I O Y A Z R C Y G N C A
J N T F N F E D O V K G I K N
Y P N A B M S T X E S H C F E
C H I O D O T K B U I Y U R T
L L I B D I W Y Y U H I R O O
Y B V E S H F F Y E W E E S O
G R J H T R A U T S K O T T H
C L A N M A C K I N N O N Q C
K Q P N Q C U L L O D E N A E
R U N D E R D O G T H N G S W
A T H O L L B R O S E R P V K
```

ATHOLL BROSE

CHIODO

CLAN MACKINNON

CULLODEN

HONEY

HOOTENANNY

ISLE OF SKYE

JACK FROST

MANICURE

RUSTY NAIL

SCOTTISH

STUART

UNDERDOG

WHISKY

From the Far East

```
Y M I J I U P T G I A Z A A J X C V J L
Z A S V B O O F L G D M E K H O N G W B
Q G H L K L J L Q A O K I N R Z H H E E
T E O Y F U O Q G D B X R L S E B O Z M
S N C Z L E U C T E U H O A R U A L M C
E S H U G A N L O Q R O M O R S I S T H
M H U K E W R I T S O N A K U E J V S E
I U A P N M F G O A K J W H O K I C H O
R M S R J U A W S R U O A A U A U F A N
B N D M S J U E O B I Z C O T Z J N O G
G R Q A U E U N S R Z O M S H U Z O X J
G L G A K S S R D I O E O I U R K J I U
O B N W L K J A K E L A J I O A Q U N I
N E N Q P E X N K Z U J U M C T T M G Z
A D I T E A E C A E P W U M J K I Y I N
B P G B V B V E C H P K I T W A H Z I R
M I O K E C N I R A N U S A R M G F A P
A M R S W L U M E S H U Q A Q W K K S B
L S I K H J X P U L K D K U M K I S B Y
W P E M C W M N T E S O J U Q O Z H L Z
```

ARAK

AWAMORI

BAEKSEJU

BAIJIU

CHEONGJU

DOBUROKU

EMIR

FENI

GENSHU

HONJOZO

LAMBANOG

LAO KHAO

MAESIL-JU

MAKGEOLLI

MEKHONG

MIJIU

MOJU

NARINCE

NIGORI

OTOSO

RAKI

RƯỢU THUỐC

SAKE

SHAOXING

SHŌCHŪ

SOJU

TARUZAKE

UMESHU

Espresso Martini

2 ounces vodka

½ ounce coffee liqueur

1 ounce espresso

½ ounce simple syrup

3 coffee beans, to garnish

Add vodka, coffee liqueur, espresso, and simple syrup to a shaker filled with ice and shake until well-chilled. Strain into a cocktail glass and garnish with 3 coffee beans.

No. 308
Gin Brands

```
U F B B K F Z A T F B V U T B
U E O N O O G V A S A B H N O
T W T I V U O I N Y R E A O M
G M A K A R R A Q S R E Y L B
I C N K L P D T U E H F M E A
G I I A B I O I E A I E A T Y
R T S C U L N O R G L A N S P
A A T O R L S N A R L T S E L
Y D I F N A T F Y A P E R M Y
W E S F E R W E U M Q R S P M
H L L E T S Y V Z S C S S R O
A L A Y T S T G E O R G E E U
L E Y W S I P S M I T H L S T
E K H E N D R I C K S L A S H
K G L E N D A L O U G H L A Z
```

AVIATION

BARR HILL

BEEFEATER

BOMBAY

BURNETT'S

CITADELLE

EMPRESS

FEW

FOUR PILLARS

GLENDALOUGH

GORDON'S

GRAY WHALE

HAYMAN'S

HENDRICK'S

KOVAL

NIKKA COFFEY

NOLET'S

PLYMOUTH

SEAGRAM'S

SIPSMITH

ST. GEORGE

TANQUERAY

BOTANIST ISLAY

No. 309
Absinthe Cocktails

```
G C U R E F W E T W Z A P S E
S G B C P A J C C T C S H M N
N R L E P I L S H B O B M O A
E E A Y A R C S R L R O I K I
C E C E R Y S W Y I P B L E S
R N K L F G A A S N S B L A I
O D T L E O Z M A S E Y I N U
M E H O H D E P N I R B O D O
A A O W T M R T T D E U N M L
N C R D N O A H H E V R A I A
C O N A I T C I E J I N I R L
E N G I S H J N M O V S R R E
R P Y S B E G G U B E G E O D
B T K Y A R Q O M L R X J R N
T N A H P E L E E T I H W S R
```

ABSINTHE FRAPPE

BLACKTHORN

BOBBY BURNS

CHRYSANTHE-MUM

CORPSE REVIVER

DE LA LOUISIANE

FAIRY GODMOTHER

GREEN DEACON

INSIDE JOB

MILLIONAIRE

NECROMANCER

SAZERAC

SMOKE AND MIRRORS

SWAMP THING

WHITE ELEPHANT

YELLOW DAISY

No. 310
Licorice

```
R R Z K P R P A S T I S G A L
L O E E B B R W L P X E I I W
P I G T K I J W X M S Z J H U
S U C J S H T D I I H N C A M
M W P O D I L T N C P B D N R
U T E Z R O E A E A C A P I A
Q P I E D I R M T R J C E S P
I L O K T A C X R E E U R E K
K I U S T U A E E X B N T O
A F Z S S R E M R P G M O T S
R W O N A Y Y S N O P A D E Z
B Q K N H I H P I P O S J U Y
A B S I N T H E S N K T Q B I
A R A K I C W P B V A Q J D K
H E R B S A I N T M J H G Q J
```

ABSINTHE   OUZO

ANISE   PASTIS

ANISETTE   PATXARAN

ARAKI   PERNOD

BITTER   RAKI

HERBSAINT   SAMBUCA

HYSSOP   STAR ANISE

JÄGERMEISTER   SWEET

LICORICE ROOT

No. 311
Margarita Variations

```
A E E M A P P L E Q C N H G S
P U B S D Z T R J O D B N K P
M L B L O O D O R A N G E S I
H B E N O L E M R E T A W O C
N P O M E G R A N A T E F U E
O C S T R A W B E R R Y A R D
L Q S U G V D X J H B P N P C
E T A N G E R I N E H E I A R
M R H C A E P K E I Z T L T A
Z T V Q N A I I A W A H A C N
R P I N E A P P L E R Q T H B
S A M T S I R H C A Q X A F E
J M J O R A N G E D V K C W R
O F V F O M A N G O I R U V R
J P R A S P B E R R Y V Y Y Y
```

APPLE   PEACH

BLOOD ORANGE   PINEAPPLE

BLUE   POMEGRANATE

CATALINA   RASPBERRY

CHRISTMAS   SOUR PATCH

HAWAIIAN   SPICED
                  CRANBERRY
MANGO
                  STRAWBERRY
MELON
                  TANGERINE
ORANGE
                  WATERMELON

No. 312
Medicinal Purposes

```
A N T I S E P T I C P N G C G
D I S I N F E C T A N T O C F
E N X D X C S D U L R V M O L
P E C Y Y O H C Z O W F I N A
R R D O B S U O U A E J A V T
E V M K N S E N L R C K I A U
S O S A B V D N T E V J S L L
S U C J L W U I T P R Y P E E
I S R L O A L L E K A E S N
O N A R U I R A S N R A P C C
N E M X T S G I O I U Y S E E
Y S P Y K U T O A N O B Y N Y
H S S T E E T H I N G N D C T
T N O I T S E G I D Y U S E F
E T O D I T N A T T U N G F S
```

ANTIDOTE	DYSPEPSIA
ANTISEPTIC	FERTILITY
CHOLERA	FLATULENCE
CONVALES-CENCE	LUST
	MALARIA
CONVULSIONS	NERVOUSNESS
CRAMPS	PLAGUE
DEPRESSION	ROUNDWORM
DIGESTION	SCURVY
DISINFECTANT	TEETHING
DYSENTERY	

No. 313
Most Popular Cocktails in America

```
S C X B I O W C B A P C Z L E
V A O L L X M E E I E N F S L
O N T S J O L A N K M U P Z T
L E W Q M L O A R O V R O T K
D G M H I O C D S T E O J I F
F R M N I O P C Y S I B K R S
A O I O L S O O S M I N A P A
S N A A J W K O L A A A I S N
H I D P M I M E T I S R N L G
I A G U U A T I Y O T W Y O R
O N L M R O A O M S B A Y R I
N E B T B M S I H G O C N E A
E F I E N Y M N G G E U C P D
D N P M A N H A T T A N R A L
I D B L M A R G A R I T A I G
```

APEROL SPRITZ	MARTINI
BELLINI	MIMOSA
BLOODY MARY	MOJITO
COSMOPOLITAN	MOSCOW MULE
ESPRESSO MARTINI	NEGRONI
MAI TAI	OLD FASHIONED
MANHATTAN	PIÑA COLADA
MARGARITA	SANGRIA
	WHISKEY SOUR

Old Fashioned Variations

```
Y H H T C O F F E E F X F V V
U C R E A M S I C L E R X A Y
C O E T Q I E C F N Y D A O A
Z H R L F X C X I D Y P U T O
L F E V A U P K C D A N J A S
D C I R V N P L A O G Q X Q E
N Y V M R M T Y V L C A S V A
I K S F U Y N I A K C O C N B
R C Y P O A B D C A O N A T S
A B J V T N D Z S U M N Z Z I
M A S N A I W K V T A G V A N
A G O G E R E A G X P D P M T
T M U P N G E N E V E R O U H
R H W B Y D N A R B S E J R E
D E N O I H S A F D L O G S T
```

ABSINTHE

BRANDY

CHERRY

COCOA

COFFEE

CREAMSICLE

EL ANTICUADO

GENEVER

GOLD
FASHIONED

MONTANYA

OAXACA

PUMPKIN

RUM

TAMARIND

YOUNG LADDIE

Fun Fact

A standard drink size is anything but standard. Twelve fluid ounces of beer contains an average of 5% alcohol, 5 ounces of wine is about 12% alcohol, and 1.5 ounces of a distilled spirit like gin, vodka, or whiskey is 40% alcohol. A general rule of safety is to consume slowly and in moderation.

No. 315
Rhymes with Mix

```
S K C I L S B R I C K S H P Z
S K C I T S D A E R B F R F K
U X I F F A K B S N L I L Q N
S S B W P C F R W P C I K T I
I K P L I P T O T K C I O K C
X C F O I C S O S K C O U U K
N I S C L W K M S K T W W G S
I T S H S I G S S H C I C P T
T S C A T A T T P I H L T R T
P Y U M I I M I P R I E I I S
I O B G C L C C C C C C C S T
C J N F K K H K K S K K T L Y
K R I L S W C S S S S D O I X
S X X A T R A N S F I X Z N F
I N F L I C T S P I C K S Q N
```

AFFIX	PICKS
BREADSTICKS	PICS
BRICKS	POLITICS
BROOMSTICKS	PRICKS
CHICKS	SHTICKS
CLICKS	SIX
FIX	SLICKS
FLICKS	STICKS
INFLICTS	STYX
JOYSTICKS	TICKS
KICKS	TOOTHPICKS
KNICKS	TRANSFIX
NITPICKS	TRICKS
NIX	WICKS

No. 316
Schnapps Flavors

```
P M C X S F N H L H R N C Y Q
X E Q M T L E M O N B L A S S
G L P S N P F M U A J E A T C
F O M P C C I N N A M O N R N
A N G Y E U I A Z A R Y H A B
P G V S J R N P P J R S A W L
P O T G S A M R E R N T N B A
L B D X H Y I I E A Z Q C E C
E M D J P C T H N V C Y D R K
D L O G O O C E A T E H S R B
R H C T O C S R E T T U B Y E
R N C H C G R A P E H H K U R
W M Z R O O T B E E R R B E R
L L W A T E R M E L O N U V Y
M D X J V R P W M C S U U D D
```

APPLE	LEMON
APRICOT	MELON
BANANA	PEACH
BLACKBERRY	PEPPERMINT
BUTTERSCOTCH	ROOT BEER
CHERRY	STRAWBERRY
CINNAMON	WATERMELON
GRAPE	

212

No. 317
Tasting Words

```
H T O O M S X K F M O D P V E
P R V O W X Z S X M Y Y K F T
S P I C Y H N A Q M G R F R O
E A R T H Y P V L H S E A Z D
S W E E T O F O V Z R T J R V
N P I Y P R H R O V F T A U W
A D R W U M G Y E R Z I M O B
E D O I D M I S D Y J B M S U
L P T F X N C N E V I R Y X T
C Y G O F E J B E D O R A C T
S I U Z N D D P C R I S P Y E
K L B T L Y R P P U A X R T R
V E G E T A L Y M X D L N E Y
T W F A S T R I N G E N T E O
H H E R B A L S E Q O G L Q Q
```

ASTRINGENT   JAMMY

BITTER   MINERAL

BUTTERY   OFF DRY

CLEAN   SAVORY

CRISP   SMOOTH

DRY   SOUR

EARTHY   SPICY

EFFERVESCENT   SWEET

FRUITY   TART

HERBAL   VEGETAL

No. 318
Types of Amaros

```
A C G Y P M X B S L P I W N Y
O Y J Q M E L E T T I I B Y C
I N D H O T Z P D I I N L D U
A A I L C N O V T D A R U K Z
E R I N G C L T W R O V C C N
I R H R O G O U D C V X A A C
V N B S N Z A I A V K S N P A
T C I E Z O N B F R I I O P M
O P A A N I V Z A B B B T E P
Z S M B R I A A I N G O G L A
W A A B C N N L S R O N W L R
R Z Y Q R B L A K A F A M E I
R W H E R A T B F Z L Q F T F
L L V R B O R I S T A U Q T O
Y A Q A T S E G E S F I S I W
```

ABANO   MELETTI

AVERNA   NARDINI

CAMPARI   RAMAZZOTTI

CAPPELLETTI   SEGESTA

CYNAR   SIBILLA

LUCANO   SIBONA

Wines Regions in Asia

```
C S J L R Z N A U H C I S B W U K S W F
Q H H I B L S I G A N S U M K P H H N E
Y A M A G A T A X T P A R G I J O A B Z
H N V O G Z K J I I Y U A U N I N N L D
X X P N F N O J N A N T N O N L S D F C
Z I O I M R B T J N P C D Q E I H O W W
W R K N A Y M K I J U Z H B R N U N B W
M D P G H Q P A A I N X R Y M L P G E G
I L N Y A T W R N N J G A A O O U K I Q
O L X L R N B N G L A L P M N M Z O J J
I K P F A I N A U V B H R A G X B F I Y
D C P K S N D T Y E P O A N O J A U N U
H S Q A H G L A G F L K D A L N R B G N
E M J S T X U K H X D K E S I A A A F N
B A P H R I Y A U C V A S H A G M S C A
E O J M A A L R R G H I H I P A A I O N
I G B I A H U O B E S D F I V N T N A W
G P M R Q U H Z S D B O S X E O I B I Q
L H N J D I B I Q U D A N L I M A T S D
U F V F W S U R A T B X H T P Z E Z C Q
```

ANDHRA PRADESH	KARNATAKA	SHANXI
BARAMATI	KASHMIR	SICHUAN
BEIJING	KOFU BASIN	SURAT
GANSU	LIAONING	TAMIL NADU
GOA	MAHARASHTRA	TIANJIN
HEBEI	NAGANO	XINJIANG UYGHUR
HOKKAIDO	NINGXIA HUI	YAMAGATA
HONSHU	PUNJAB	YAMANASHI
INNER MONGOLIA	SHANDONG	YUNNAN
JILIN		

Paper Plane

1 ounce bourbon

1 ounce Aperol

1 ounce Amaro Nonino Quintessentia

1 ounce fresh lemon juice

Add all ingredients to a shaker with ice and shake until well-chilled. Strain into a coupe glass.

No. 320
Wine Competitions and Awards

```
P L M U N D U S V I N I V R A
R O W A V P C L S I H W N N H
E N A D D E B O D T X I T Y Z
M D H E P U R M U O B E G I Q
I O V L Z P J T F R R K C J L
O N X L K J V X I W S A L A Z
S W N E G H E W O C T M H S A
Z I T S D N R R L A A O O N B
A N M D F L L U D M W L T N A
R E R U M D D O Q R V E E G D
C E C V W S R Y Q P N S Q M P
I G E I P O B V X O E N U R C
L K N N V I N D E F R A N C E
L E H D O N B R U X E L L E S
O M G L O B A L M A S T E R S
```

BRUXELLES

CATAD'OR

GLOBAL
MASTERS

LONDON WINE

MUNDUS VINI

SANTE

VERTICALE

PREMIOS
ZARCILLO

VIN DE FRANCE

No. 321
Rhymes with Brandy

```
Z E C A N D Y W I J J R M N G
O T V O R A N D Y M Y E T U U
Z U I X E F I A O Y L V V I W
C A I I C A R E F R E E N N L
S E Y O G U G J L L O B T A P
H T Z D H S Y D G G A U N L T
A E E J N D V D D N J D M W S
N V C E N A H N D D A A K L H
D A G A S Y G Y H N W Y O A I
Y H S F C S T R D A E Y G J F
F F I O I E T S O R N N P U A
M P T E V N E E D R K D V U N
D A N D Y A W Z L H F M Y F M
M O D U S O P E R A N D I H E
B G Y S F Z X I K G Y A M O N
```

BANDY

CANDY

CAREFREE

DANDY

FAN ME

HANDY

HAVE TEA

LAND AND SEA

LET'S SEE

MODUS
OPERANDI

ORGANDY

RANDY

SANDY

SHANDY

No. 322
Words You Can Make from "Boulevardier"

```
F S C T W Q B O E R X B W Q U
M B G B B X A V M I A O P A R
G A I L D D R E F V X U V A E
P Y B U R R D R L E H L R R E
N R E R A I F R O R H E S A L
S O A R B V A U A B D V K E Z
E A D E I A D L D E U A I M S
Y D K D B B L E E D Q R A B R
Q T B R I L I R Z F L D R P I
T H D H B E U V E A Y A J C D
F E J E N W B P R A I V V G E
C X E T Z P E D W D D E K Z F
J R R E A R R D M M K E A L C
L O U D Z T R A V E J R Z E K
G D R I B E V O L U E R H O D
```

BARD	LOUD
BEAD	LOVEBIRD
BEER	OVERRULE
BIDE	RAVE
BLURRED	READ
BOULEVARD	REAR
BRAID	REBUILD
DRAB	RIDE
DRIVABLE	RIVERBED
LARD	ROAD
LEER	VEER
LOAD	

No. 323
Vinification

```
C T K P U M P O V E R M U L R
F I L T R A T I O N S D S F P
R O T K F I N I N G U F S E U
T L S C C P K I E X L R E R N
G C F F A A G L V S F G R M C
T S A E Y L E T U J U N P E H
R R T G C V O G J W R I Y N D
C O V C A B A L D A D K B T O
Y C C G H R T N A J I C A A W
E A E V L E A T G M O A P T N
S W T N E M I D E S X R B I L
Y B O T T L I N G Q I F O O I
H A R V E S T U W T D L G N T
J B V G R D A U B J E X B F G
J E B L E N D I N G D Y C B Z
```

BLENDING	PRESS
BOTTLING	PUMPOVER
ELEVAGE	PUNCH DOWN
FERMENTATION	RACKING
FILTRATION	SEDIMENT
FINING	SUGAR
HARVEST	SULFUR DIOXIDE
MALOLACTIC	YEAST

No. 324
Wine Regions of France

```
A M K O S X E T D F A V D V I
M Z R O U S S I L L O N L E L
D E B O R D E A U X Z C E D A
P U D C H A B L I S X A E E N
O V R O D E T O C S R E N C G
M H W X C C V H S Q Y G O A U
E B E A U J O L A I S G H S E
R X O C O G N A C J N S R L D
O F R J D N D Y X Z Y L O A O
L T S S C H A M P A G N E S C
B U R G U N D Y D G P W H F D
E P R O V E N C E M J R A G J
G C H Y P A R M A G N A C N E
D I T A V E L L O I R E L N J
G G R A V E S J R F J I S K E
```

ALSACE	GRAVES
ARMAGNAC	LANGUEDOC
BEAUJOLAIS	LOIRE
BORDEAUX	MÉDOC
BURGUNDY	POMEROL
CHABLIS	PROVENCE
CHAMPAGNE	RHÔNE
COGNAC	ROUSSILLON
CÔTE D'OR	TAVEL

No. 325
Spooky Drinks

```
W I T C H E S B R E W V Q C U
R S N I C K E R T I N I A B Y
A M D E A T H F L I P N J G B
C U W B L A C K W I D O W G L
E L O S L W H W Y Y N G F R O
D L E D V O D Z C C C M Q A O
I E P D A J O O Q C C N Z S D
C D Q Z T Z R D J D U L O S A
E W V O P N A R Y X N H M H N
L I H D S E W A H M L M B O D
P N E H A M A C F K A T I P S
P E O K O R C U D L S R E P A
A T D A R K N S T O R M Y E N
P G R A V E D I G G E R P R D
A V A M P I R E S K I S S W A
```

APPLE CIDE-CAR	DEATH FLIP
BLACK WIDOW	GRASSHOPPER
BLOOD AND SAND	GRAVE DIGGER
BLOODY MARY	MULLED WINE
CANDY CORN SHOT	SNICKERTINI
DARK 'N' STORMY	VAMPIRE'S KISS
	WITCHES' BREW
	ZOMBIE

Sherry

```
B D A M O N T I L L A D O Q L
P E D R O X I M E N E Z B R P
G E R S J J F H T O V O S B I
V U Y C E I L D N Z E B V U V
S K X R Z I O E D O N A F I O
V H E M H U R C V P R R P F R
C Z J J H I D A L G O B W O S
R K M A E R C Y P Z B A U R W
O N I P S E D L A V S D F T B
D N E O L O R O S O O I H I P
M A N Z A N I L L A B L Q F W
E K D H L S G F I N O L Y I L
A R E L O S E Y G G J O M E M
E P A L O C O R T A D O H D K
X G D G T Z Q P Z L H X X V M
```

AMONTILLADO	OLOROSO
BARBADILLO	OSBORNE
CREAM	PALO CORTADO
FINO	PEDRO XIMÉNEZ
FLOR	SOLERA
FORTIFIED	VALDESPINO
HIDALGO	VORS
JEREZ	VOS
MANZANILLA	

More Kinds of Beer Bottles

Large Format (750 ml/25.4 oz.): champagne-like for special occasions

Caguama/Ballena (940 ml/32 oz.): large format size for Mexican beers

Howler (32 oz.): half-growler for less draft beer to go

Forty (40 oz.): often seen in a paper bag

Magnum (50.7 oz.): bottled more for display, occasionally for holidays

Growler (64 oz.): glass standard for draft beer to go

No. 327
Other Cocktails

```
T E P I S C O P A L P E A L P
Y C I J O P U M D P I L M O I
B V R W X O C V N A S P E V M
L B N Y R J E V Z N C P R E M
A M M C S R M C A A O I I A S
C O X A J A E X J C S N C N C
K B O X S D N Q K H O Y A D U
A R T T I L T T I E U R N M P
N E U S D E M M H E R E O U V
D G H G E R I R Z E W T X R T
T A T D C O X Z N I M T P D X
A J R I A F E O G L I U H E P
N D D J R M R A G B P B M R J
X I C A I P I R I N H A M Y O
A M A R E T T O S O U R P P G
```

AMARETTO SOUR

AMERICANO

BLACK AND TAN

BUTTERY NIPPLE

CAIPIRINHA

CEMENT MIXER

CRYSANTHE-MUM

EPISCOPAL

JÄGERBOMB

LOVE AND MURDER

PANACHEE

PIMM'S CUP

PISCO SOUR

RADLER

SIDECAR

No. 328
Mixers

```
N L I M E O R A N G E M V Z D
G S I M P L E S Y R U P Q I U
E R C A F P H K C R E A M T X
N Z Q C L U B S O D A T C O I
I Y R R E B N A R C V A D N G
D T C Z U R E D B U L L M I F
A V R T R V M C L E M O N C C
N B T R D R C O L A F G G M O
E C O C O N U T C R E A M M F
R D R P R T U Z Y R D N I S F
G J G Y A K J O B H K L B C E
V I E N N N M E F U K Z V G E
P N A R G U E D D T E A H D S
J F T L E R Y E N O H L H B L
I G I N G E R A L E Q N O X J
```

CLUB SODA

COCONUT CREAM

COFFEE

COLA

CRANBERRY

CREAM

FLEUR D'ORANGE

GINGER ALE

GINGER BEER

GRENADINE

HONEY

LEMON

LIME

MILK

ORANGE

ORGEAT

RED BULL

SIMPLE SYRUP

TEA

TONIC

No. 329
Kahlúa

```
C C A C N U V J G M S L W E U
X N C R B B A G Q U Z B H S T
B N V F L X N B W D V A I P X
F B E R A U I I R S D H T R C
I R R U C J L Y Q L I A E E A
F O A M K K L W M I R M R S R
T W C E R R A R R D T A U S A
Y N R U U H X L C E Y M S O M
T P U L S G E A O R B A S M E
W X Z A S H W Q F S A M I A L
O E U D I K A P F X N A A R V
I Y B I A X T H E Q A E N T N
E X A E N S W E E T N C A I N
F I N S O M N I A C A O D N R
G R G A Q P D A G I H M O I S
```

B FIFTY-TWO	INSOMNIAC
BAHAMA MAMA	LADIES
BLACK RUSSIAN	MUDSLIDE
BROWN	RUM
CARAMEL	SWEET
COFFEE	VANILLA
DIRTY BANANA	VERACRUZ
ESPRESSO MARTINI	WHITE RUSSIAN

No. 330
Infused with Vodka

```
N P H P I E C R U S T G V P W
U H Y R R E H C R G P U Z E H
M A R I N A D E Y U M M A N I
G E L A T I N J R M P D P N P
A P L C J U Y T R M P R P E P
H L I H Q Q N W E Y F O L A E
N R C C D E I W B B U P E L D
S L O B K T S S W E G H W L C
O S R A A L I R A A I T E A R
Z V I M G O E B R R J C D V E
R A C J I H L S T T D C G O A
D D E Z H Q I G S Q I C E D M
C G C C H E E S E G O H K K C
F W A T E R M E L O N H Z A A
J D O N U T S F V Q N X Q I M
```

APPLE WEDGE	MARINADE
CHEESE	PENNE ALLA VODKA
CHERRY	
DONUTS	PICKLES
GELATIN	PIE CRUST
GUM DROP	STRAWBERRY
GUMMY BEAR	WATERMELON
LICORICE	WHIPPED CREAM

Fictional Bars on TV

```
G G Z G D L P A D D Y S P U B G M C A B
I P S O V P B N R O S I E S B A R R Q A
S O X P F P L B E L L E F L E U R S S D
I S C Z M O E S T A V E R N U J I S Q A
T R O P I C A N A Z Q A O T T B Z N B B
M U B O A R S N E S T S A H E A A A T I
A D R U N K E N C L A M C E N L H K H N
C D A D N K L H K Y C A W B F I J E E G
L P B A N G B A N G B A R R O B Z H G K
A F S A X M J W G X R Y R I R I L O A K
R A H D D H G X Q U T J W C W R G L R A
E N G S M I P Y P G P V D K A O B E R F
N G U A C H E E R S X R D Z R O K L I Z
S T A U P A J D O Y W W M R D M O O S P
I A N S Q G E M S A L O O N K T M U O G
Y S A W K U U Y M V N O V A R D Y N N Y
P I V O R E G A L B E A G L E N G G O Q
X A A Q N M C G I N T Y S H F X O E U L
N I K P U D T A I U B T Q J T J Q U L M
D Q Z Y Z R H D X R V S Z J B D F S H L
```

ALIBI ROOM	FANGTASIA	REGAL BEAGLE
BADA BING	GEM SALOON	ROSIE'S BAR
BANG BANG BAR	KAVANAUGH'S BAR	SNAKEHOLE LOUNGE
BELLEFLEUR'S	MACLAREN'S	TEN FORWARD
BOAR'S NEST	MCGINTY'S	THE BRICK
CHEERS	MOE'S TAVERN	THE GARRISON
DRUNKEN CLAM	PADDY'S PUB	TROPICANA

Ranch Water

1½ ounces blanco tequila

½ ounce fresh lime juice

6 ounces Topo Chico

Lime wedge, to garnish

Add all ingredients into a collins glass with ice and stir briefly. Garnish with the lime wedge.

No. 332
Euphemisms and Slang

```
V I O L E T H O U R C Y H E O
M K P O T V A L I A N T Q T C
L I Q U I D C O U R A G E I U
I T P D Y L S O U L V L T H S
A B L U E M O N D A Y A U R N
Y X H E C U A S O W M L G U F
N I P P I T A T Y G R Z B O F
H A L F S E A S O V E R J H U
H O O C H T H F J U I C E N T
E X G C M Z I L U L J W G E S
Q D Y G H T F Q F Z K F T E D
Y G W J N Y D E A D M A N R R
H V K A D J I N G L E D P G A
O R S M O O N S H I N E Z E H
E G A N G E L S S H A R E A B
```

ANGEL'S SHARE

ANTIFOGMATIC

BLUE MONDAY

DEAD MAN

GREEN HOUR

HALF-SEAS OVER

HARD STUFF

HOOCH

JINGLED

JUICE

LIQUID COURAGE

MOONSHINE

NIPPITATY

POT-VALIANT

SAUCE

VIOLET HOUR

No. 333
Drinking Accessories

```
C Y S Y C O A S T E R T C E Z
O L B P Q F S S L I A O W G E
C B O W E J R T A R B O H Q R
K S T I T E T I B N Y T I I J
T P T N F N L R E L E H S Y M
A O L E V I A R M N D P K X Q
I O E C W N E I U X D I E I J
L N S H Q J M N M V U C Y Y K
N R T A Z I Q G B H D K S C K
A R O R R S B S R O C A T O Y
P V P M B T P T E A L M O O R
K I P S N R U I L O H Z N L U
I M E Q F A J C L M I A E E Q
N F R F M W I K A E E C B R C
L B E G D E W H J X Y C H P B
```

BOTTLE STOPPER

COASTER

COCKTAIL NAPKIN

COOLER

FRIEND

KOOZIE

PEEL

SPOON

STIRRING STICK

STRAW

TOOTHPICK

UMBRELLA

WEDGE

WHISKEY STONE

WINE CHARMS

No. 334
White Wine Grape Varietals H–M

```
I O Y K O C P S M D U O I P T
I R Q I E M K Z U Q M I U H V
R C S R S O O C S P A U Z U A
U K Y A H K S M C G U A B X I
H R A L I C H C A L Z G M E S
K A I Y T O U C D K A R U L A
A F S L W C L S E B C U S R V
K H U E D K V I L Q M H C E M
E U O A X V M J V U K T A B E
N J G N R S A V S E K R D E N
A X A K E U C C P Y R E E I O
V A L Y N P A V W G M L L N M
S T A A R D B Q K I C L L Z Y
T W M W E V E W Q R L U E O K
M J R T K O O J A H E M H L P
```

HUXELREBE

IRSAI OLIVÉR

JUHFARK

KERNER

KOSHU

MACABEO

MALAGOUSIA

MAUZAC

MONEMVASIA

MTSVANE KAKHURI

MÜLLER-THURGAU

MUSCADEL

MUSCADELLE

MUSCADET

MUSKATELLER

No. 335
Celebrity Wines

```
H A L V E I I F A M Y X Z K S
W R I O N E Q I P H G J A Y S
A M H R K J F B A T O M L O E
D A U E H F T Y V F C A E N D
E N N T U B Z L A R T I X F D
C D T A S O S U L E N S A N O
E D A W C V L T I S J O N U G
L E M N Z I C G N H K N D O N
L B P O U V V O E V L N E U U
A R R T Y N D G E I Y O R L S
R I Y P H I D I N N Q N B B S
S G D M D F B L X E E I R T P
P N E A D S C L O X E N O W K
A A T H O P J H S K V E W A Y
A C N Z Y M I R A V A L N S T
```

ARMAND DE BRIGNAC

AVALINE

FRESH VINE

GOGI

HAMPTON WATER

HUNT AMP RYDE

INVIVO

LVE

MAISON NO NINE

MIRAVAL

MYX

PBTB

SUN GODDESS

WADE CELLARS

Z. ALEXANDER BROWN

No. 336
Bloody Mary Bar

```
S H R I M P Q C V H Z J D W M
Q B A C O N O O G W B A G O C
U V L H T V D C J N K L P R H
B D W L C K T K C D M A A C S
I P Q P A T O T O B Z P P E I
C Z C V P E M A R L B E R S D
U R H C X Q A I N U O N I T A
C B E E M U T L I E C O K E R
U E D L K I O O C C S L A R E
M E D E W L J N H H A E O S S
B T A R D A U I O E B M D H R
E S R Y E N I O N E A O I I O
R L I M E S C N S S T N L R H
F N O L I V E S R E A S L E A
P I C K L E S C C X A P C S A
```

BACON
BEETS
BLUE CHEESE
CELERY
CHEDDAR
COCKTAIL ONIONS
CORNICHONS
CUCUMBER
DILL
HORSERADISH
JALAPEÑO
LEMONS
LIMES
OLIVES
PAPRIKA
PICKLES
SHRIMP
TEQUILA
TABASCO
TOMATO JUICE
VODKA
WORCESTERSHIRE

No. 337
Celebrity Booze Brands

```
S B B K X P H H C B L A T B T
S U A I F A E C I V A W E Y T
L J T N Y F A A N U G S R C R
O D E D G B V N C A A O E N E
V A F O D A E E O V V G M C S
E E E G U C N S R I U I A K P
N H M G S O S S O A L M N V A
I L L O S D D A V T I A A P P
A A N G E I O S D I N S T E A
V T A I G G O E H O Q A E A L
O S N N M O R H D N R C Q R O
D Y Q K I B L T F G C O U V T
K R S K I N N Y G I R L I Q E
A C V Y G I W C F N I J L Z R
F D B L O B O S M I H B A V V
```

AVIATION GIN
CASAMIGOS
CINCORO
CODIGO
CRYSTAL HEAD
D'USSE
HEAVEN'S DOOR
INDOGGO GIN
LAGAVULIN
LOBOS
SKINNYGIRL
SLOVENIA VODKA
TEREMANA TEQUILA
THE SASSENACH
TRES PAPALOTE

At the Tailgate

```
B Z A S J J X S C G N M M V T
I G K W E E B E O H B L C W A
W R L H L A L B R W O R J D R
J E H E L I O A K I T E H U B
V L O Q O D O R S N T E A T J
T O T T S N D B C E L B R O I
N O D G H K Y E R C E Y D O I
J C O O O T M Q E U O N S T G
B X G F T X A U W P P H E H R
W U Y N S I R E V D E M L P I
L Y R Z V C Y A N C N O T I L
A R W G I S O J H K E G Z C L
B G O W E G U Z G R R R F K I
D I Z B N R J O Y D W Y R M A
Z M X J L H M C R Y Q J D R B
```

BARBEQUE	COZY
BEER	CUP
BLOODY MARY	GRILL
BOTTLE OPENER	HARD SELTZER
BRAT	HOT DOG
BURGER	JELL-O SHOT
COOLER	TOOTHPICK
CORK SCREW	WINE

On Drinking

Age is just a number. It's totally irrelevant unless, of course, you happen to be a bottle of wine.
—Joan Collins

Pour yourself a drink, put on some lipstick, and pull yourself together. —Elizabeth Taylor

I drink and I know things. —Tyrion Lannister

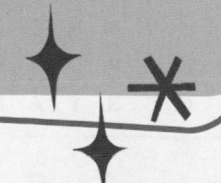

No. 339
Aperol

```
D I V I S I O N B E L L G S N
M Q U G W G F A I O B A A U A
O E D Y E E O A R S E D P O I
R A R B E N W M D O D R E M P
A C Y M T E Q A O B M K R A T
N H E L A T P R F A O Y O F N
G I C M S I D O P R A L L D R
E N T S S A D A A B K O M N H
J C Z A K N P P R I K W I A U
W H F B L E V F A E N A S D B
D O S P R I T Z D R P B T E A
C N Z I D I A N I I A V I K R
V A T Y M Q I N S J R D F A B
K I P A D U A J E B P H E N O
F H E N A L P R E P A P A H Q
```

AMARO

APEROL MIST

APERITIF

BARBIERI

BIRD OF PARADISE

CHINCHONA

DIVISION BELL

GENETIAN

ITALIAN

LOW ABV

MERMAID PARADE

NAKED AND FAMOUS

ORANGE

PADUA

PAPER PLANE

RHUBARB

SPRITZ

SWEET

No. 340
Brandy Cocktails

```
B R E B J O K G S O I S M B D
R V G E B C T H M B D T M A T
A A G T R H B D E A D A N L O
N G N S A R R G T N M R V T M
D O O Y N Y A B R D U T I I A
Y T G R D S N Q O B L A E M N
A A N O Y A D N P V L R U O D
L R P S C N Y I O M E A X R J
E A Y S O T D G L C D C C E E
X S F T B H A H I S W E A B R
A E T N B E I T T F I D R R R
N K U W L M S C A G N I R A Y
D H Q P E U Y A N E E S E C F
E G M G R M Z P Q J O I N E R
R V E M B A S S Y A B H T R V
```

BRANDY ALEXANDER

B AND B

BALTIMORE BRACER

BETSY ROSS

BRANDY COBBLER

BRANDY DAISY

CHRYSANTHE-MUM

EGGNOG

EMBASSY

METROPOLITAN

MULLED WINE

NIGHTCAP

SARATOGA

SIDECAR

STAR

TOM AND JERRY

VIEUX CARRÉ

No. 341
Chartreuse

```
I P E N E G Y M A C E A J P H
N G I G C H Y S S O P O M C J
E R A F V Z C D Q A N S E O E
H E P E P P E R M I N T D S F
F E R R B I S E C R E T I T R
D N R J A N G E L I C A C M E
G W Z B G C A Z C Z E N I A N
X Q U N A C I N R A H K N R C
V E P J U L Y N N E A Z E Y H
I L Y E L L O W N B R P I T B
Y C A R T H U S I A N S H L K
S K N O M O B I Y N M Y X Y V
R Y G S P A N I S H M O Z Q H
M O M A D R A C J E O Q N E S
P E U E L E M O N B A L M O M
```

ANGELICA

ARNICA

CARDAMOM

CARTHUSIAN

CINNAMON

COSTMARY

FRENCH

GENEPI

GREEN

HERBAL

HYSSOP

LEMON BALM

MACE

MEDICINE

MONKS

PEPPERMINT

SECRET

SPANISH

THYME

VEP

YELLOW

No. 342
Disarrono

```
S L E G Q L R A Q N R G P U Y
C S S N Y F X M T Y E O Q T X
R H I G M U C A T B M D R X F
E R D A B N O R O U M M U G I
A M A T I A R E C R A O O A T
M L R H S I D T I N L T S L A
I R A O C L I T R T S H O M L
N E P L O A A O P S A E T O I
G I F L T T L I A U M R T N A
O N O B T I H I M G A C E D N
R A D R I C W B Q A B J R N L
G X R O C H V H C R A Z A B A
A Z I S J N L C Q H L U M S D
S A B E L T B X H D A I A G Y
M J D W G O D F A T H E R D Y
```

ALABAMA
SLAMMER

ALMOND

AMARETTO

AMARETTO
SOUR

APRICOT

ATHOLL BROSE

BIRD OF
PARADISE

BISCOTTI

BURNT SUGAR

CORDIAL

GODFATHER

GODMOTHER

ITALIAN

ITALIAN LADY

REINA

SCREAMING
ORGASM

Fictional Bars on Film

```
S N U G G L Y D U C K L I N G W I O V C
K K X S M I L S T I B B A R K C A J A F
I S W J Z A Q E M G A S T O N S M R V N
T X U E J U V H O Q D Z V L K R M J J J
K H K M M D Q B S L G W S J L A T A I P
A J Q X X I A O E U F D Y C D A N N T C
T F V Q V Q C Z I V M K J A P N K B C A
C H W G I L E R S H X N R Y K A U A O F
L L E C U E D E L B U O D M N C T M P E
U S C Y V T E N E B O T R D M I F B A A
B A O V N T W B Y M X F P Y O P Z O C M
J U R N A B O H C A Y A S E C O O O A E
K J K P M L J A A G I F P E D R J L B R
R W D V X E D V N N T J W N O T C O A I
R E K N U B Y R T N U O C S B O B U N C
Z X Y M H X R C I U Q G N O T T Q N A A
Y C M T L D L H N R O J W A P B Y G E I
Y O Y O U U A Q A N X O H A X D M E O N
E L E S B R C O C K A T O O I N N D K Y
E T V O K I P X G O L D R O O M K H P F
```

ARMADA ROOM

BAMBOO LOUNGE

BOB'S COUNTRY BUNKER

CAFE AMERICAIN

COCKATOO INN

COPACABANA

DOUBLE DEUCE

GASTON'S

GOLD ROOM

INK AND PAINT CLUB

JACK RABBIT SLIM'S

KIT KAT CLUB

MOS EISLEY CANTINA

SNUGGLY DUCKLING

TROPICANA

Bee's Knees

2 ounces gin

¾ ounce fresh lemon juice

½ ounce honey syrup*

Add all ingredients to a shaker with ice and shake until well-chilled. Strain into a coupe glass.

*Add ½ cup honey and ½ cup water to a small saucepan over medium heat. Stir until honey is dissolved. Cool and transfer to an airtight container. Keep refrigerated for up to one month.

No. 344
Fernet

```
B R A N C A M E N T A L S V C
A C B Z D I G E S T I F A E O
M N P B I T T E R E M V L C N
A F I R H E D M E L M F A C T
R D N T L G W B A H W E M X R
O H M L N L R Z Q E M R I B A
S D A X V E Z H H R D N A R T
I V N Y H A G H W B L A K A T
T Z P T R I I R J A O N K N O
A J E O A I C E A L P D I C D
L L N C H O L E R A O I D A F
Y I A L U X A R D O E T A Z K
I E N O T T I V P B L O L H D
B A R J E L I N E K Z V A R D
A N G E L I C O X Z M R Z C O
```

AMARO

ANGELICO

ARGENTINA

BITTER

BRANCA

BRANCA MENTA

CHOLERA

CONTRATTO

DIGESTIF

FERNANDITO

HERBAL

ITALY

LAZZARONI

LEOPOLD

LETHERBEE

LUXARDO

R. JELINEK

SALAMIAKKI DALA

VALLET

VITTONE

No. 345
Galliano

```
C F I W L W K Y C O C J V A C
T I R Z K N M V A D U A Z C A
O T A H W J A N U N N G C Q L
P S C W S T I I I I J N I T L
E E C U S S Z P L G H N N T I
P G A B E Y E L V A K F N U D
P I V Q K R A L M F T J A S A
E D O I Y E G I R I F I M C C
R D R I B W O L L E Y V O A N
M O U B O Y A R R O W N N N E
I W T N H P W X J C L C Q Y D
N H R V E N P T E E W S R D L
T U A L A V E N D E R X E M O
P H E R B A L Q K G C X Z R G
B D W S N H B A Q T F M A F I
```

ANISE

ARTURO VACCARI

CINNAMON

DIGESTIF

GOLDEN CADILLAC

HERBAL

ITALIAN

JUNIPER

LAVENDER

PEPPERMINT

SWEET

TUSCANY

VANILLA

YARROW

YELLOW BIRD

No. 346
Holiday Drinks

```
S W K I R R O Y A L E N L A H
A J C T W C I S U G A B L O R
N I A J A H N P S K A T T W O
T N I X S A I P M B O B G H S
A G T L S M T V Z I U G L I E
S L T E A P N Q K T H L O T M
S E E G I A I N T Z U U G E A
L J S G L G M E C Y T H G R R
E U N N V N R I O E L W L U Y
I I I O K E E R Q D K E D S M
G C O G D T P N U A U I H S U
H E P R E U P Y I E G N Z I L
T H U U G I E U T L R H V A E
Z M A D P K P B O V B O B N Z
J U K H O T T O D D Y E D O N
```

CHAMPAGNE

COQUITO

EGGNOG

GLØGG

GLÜHWEIN

HOT BUTTERED RUM

HOT TODDY

JINGLE JUICE

KIR ROYALE

PEPPERMINTINI

POINSETTIA

ROSEMARY MULE

SANTA'S SLEIGH

WASSAIL

WHITE RUSSIAN

No. 347
Hot Chocolate Add-On

```
E A C N T M A L P C O K G T V
H D M Y U U A N W M E R O S A
T L P A V R P U D K A G S C N
N O G O R C N O L N P U H U I
E X M F T E F C D H D C F Y L
M N B N A Q T M R B A H R S L
E O M O W V A T C M R K A G A
D R M F U R I H O F U T N I V
E T H L N R A D F S M E G K O
M A O I S M B N O K C Q E N D
E P E X B O Q O R G H U L V K
R R I O L Y T Q N W A I I P A
C J R Y E K S I H W T L C D M
V D B A I L E Y S A A A O L J
C O F F E E L I Q U E U R E F
```

AMARETTO

BAILEY'S

BOURBON

CHAMBORD

COFFEE LIQUEUR

CRÈME DE MENTHE

FRANGELICO

GODIVA

GRAND MARNIER

KAHLÚA

PATRON XO

RUM

RUMCHATA

TEQUILA

VANILLA VODKA

WHISKEY

No. 348
Love Potions

```
L O V E A N D M U R D E R R L
J P C M K U F Y H H O C E U O
E I C H B T Q R L L H R L M V
L N T P O I P H A A B H A P E
L K S F U C F P M A E A Y L P
O S V I M D O P F M R N O E O
R Q A E W Y A L E A E K R S T
E U K R D G K P A B N Y R N I
I I I X N B R S L T F P I U O
S R S E D E O Y Z W I A K G N
T R S C M S S X T S L N N G Q
O E G C G A E I V N G K I L L
O L M Q X M A V L K Z Y N E G
T U M U S E M I M O S A A R G
F J J P I N K L A D Y W E H Y
```

BESAME

CHAMPAGNE

CHOCOLATINI

HANKY PANKY

KIR ROYALE

KISS

LOVE AND
MURDER

LOVE POTION

MIMOSA

PINK LADY

PINK SQUIRREL

ROSÉ

RUMPLE-
SNUGGLER

TOOTSIE ROLL

No. 349
Limoncello

```
E Y E L L O W P S X V X U Z F
O R S Y O C H I U D Y A C E R
L A O I L A J S M E V N D S A
L M R N L P S T A L D A I T N
E A R I E R M A G L J P G A G
C L E L M I Z C E I T L E A O
N F N L U W E H T H O E S R N
O I T A R M L I T C S S T A C
L C O P G E U O O F O N I N E
E O J G A L X C B N L B V C L
M A X D E E A E L A I Z O E L
P S C Y T T R L A Z N B Z L O
L T O B I T D L L M I J C L H
S W E E T I O O Y L A T I O S
C A D L E M O N S M P Q W L O
```

AGRUMELLO

AMALFI COAST

ARANCELLO

BOTTEGA

CAPRI

CHILLED

DIGESTIVO

FRANGONCELLO

ITALY

LEMONS

LUXARDO

MELETTI

MELONCELLO

NAPLES

PALLINI

PISTACHIO-
CELLO

SORRENTO

SWEET

TOSOLINI

YELLOW

ZEST

Midori

```
F K D V D X G J J Q U K G B S
N E W K S T R E A A P R W Z R
B R A N D Y E U P I E B C I E
J Q G I Q M E R A E M K G A B
U W S S B J N K N C U B U J P
N Z U W L R H K E O S W N M D
E J N E M G O L S H K I K E D
B F T E C F R W E G Z L N L T
U E O T V Y N E S C E L V O X
G N R T P V M E L O N U J N V
E N Y T N N I W I J X S I B H
M G V O R E J A P A N I X A D
Y U B A R I K J P L Q O R L Q
X J J I G T R W E R R N X L G
U E T D J W D B R K L M R R R
```

BRANDY

ENVY

GREEN

GREEN HORN

ILLUSION

JAPAN

JAPANESE SLIPPER

JUNE BUG

MELON

MELON BALL

MUSK

SUNTORY

SWEET

YUBARI

More Beer Containers

Cornelius (or Corny) Keg (5 gallons): originally developed to dispense soda

Sixtel (13.2 gallons): enough beer to equal 55 standard cans

Pony Keg (7.75 gallons): half a keg or 62 pints of beer

Keg (15.5 gallons): standard large party size beer container

No. 351
Oak Casks

```
U C E S Z B M U J H L E I G L
P I R V A J C E A G Y A H B M
U J E B U V H Z G A A A Y R H
N D D A A H A U E R N W R O G
C H W R M O R V R I N H R G C
H F I R L G T E M E O I E A C
E R N E P S R L E D D S H W K
O E E L R H E P I A R K S B A
N N O I A E U O S M A E V X O
G C V U K A S R T U H Y X J E
M H X A K D E T E C C Y D M T
U O V P I P E P R R V A U D I
R A P J W E G W M L M R Q K H
D K J K I E U Q I R R A B D W
P C A N G O C Q B U T T T P J
```

BARREL   MADEIRA

BARRIQUE   PIPE

BUTT   PORT

CHARDONNAY   PUNCHEON

CHARTREUSE   RED WINE

COGNAC   RUM

DRUM   SHERRY

FRENCH OAK   WHISKEY

HOGSHEAD   WHITE OAK

JÄGERMEISTER

No. 352
Rosé

```
I L E D N A F N I Z K C Q E M
F D B M P E A L A R O L F O W
L F H Y I S U S U R J E U M S
E B E B N E Q Y M B P R V Q W
H I Y N O V G R A M V H B E E
C P T K T O X A G E Y Y A G E
A A I W N I W H D J A W M K T
N N U G O G O R W D Q S V N A
E U R I I N E L L C C V F I G
R Q F P R A A L N K G X T P W
G N J K G S A E S C O N B W W
T E M P R A N I L L O K V Y T
Y T U P C A B E R N E T A L V
C B I K T A V E L J C M O Z H
P R O V E N C E Y J L Q O H O
```

ALL DAY   PROVENCE

CABERNET   SANGIOVESE

FLORAL   SWEET

FRUITY   SYRAH

GRENACHE   TAVEL

MOURVÈDRE   TEMPRANILLO

PINK   ZINFANDEL

PINOT NOIR

No. 353
What to Drink in Italy

```
M P M L M W B J Q P C C A P M
H T Z A F Z N F Y E K A I Q Z
U B V P H E U D Q H X M V H C
G Y L E B A R O L O G P C F H
O R I R A O S N Q B P A N W I
S P M O M C A L E K R R E E A
P R O L A S M I Z T O I G L N
R I N S R U B N M E S A R U T
I M C P E R U I R T E N O R I
T I E R T B C L B P C D N B M
Z T L I T M A L I R C S I N I
W I L T O A P E R G O O N I R
B V O Z C L Z B R Q U D J V T
Q O N T I F Q E A V K A V L O
B O M B A R D I N O O Y C O T
```

AMARETTO

APEROL SPRITZ

BAROLO

BELLINI

BIRRA

BOMBARDINO

CAMPARI AND SODA

CHIANTI

FERNET

HUGO SPRITZ

LAMBRUSCO

LIMONCELLO

MIRTO

NEGRONI

PRIMITIVO

PROSECCO

SAMBUCA

VIN BRULE

No. 354
Where and When You Can't Imbibe

```
F M F N W M Q R Y F M N F K C
M E Q Y I M A E I Y U T U O R
A T K Y T B I B I F M W L Y D
I E A T H W L H W U A L U R R
B L T N M J A H P I E Y I Y Y
A U N U E N M Y T G E V X C V
R H A O D V O N E P I C S O I
A I N C I O S F H N J F G C L
I N G Y C I O S G D I H U K L
D Q E R A O O N G N F H Y P A
U M R D T G S C H O O L I I G
A O P B I O Q L V A R X T T E
S I A P O Z G S U D A N W K W
P L G F N X H I J S E A U N E
L Q L G Y E M E N X D I B N L
```

COCKPIT

COLLEGE FOOTBALL

DRIVING

DRY COUNTY

DRY VILLAGE

KUWAIT

PREGNANT

SAUDI ARABIA

SCHOOL

SOMALIA

SUDAN

UAE

WITH MEDICATION

YEMEN

Songs About Wine

```
L W V D V H O T I V T O L K D U T R T R
S S O C G Z N A Y T R E D W I N E I N I
I X L H D C R A C K L I N R O S I E A X
I T W A S A V E R Y G O O D Y E A R R D
A J U M B K W S F A P I B T U Z H U U R
I R R P K M B T B Y S O I M C F O B A W
R T C A U L N R A E R Y C W H Q T P T B
G X U G P I R A B S B U H E E E E K S J
N I F N M L X W Y T F Y A E R T L T E Y
A J N E X A G B L E I F M E R E C I R O
S T M S G C Y E O R E C P D Y N A N N B
Z M T U W W P R N D F T A F W I L Y A P
R I Z P B I M R S A S A G D I W I B I F
Q Z A E J N B Y I Y M I N M N D F U L Z
P A Q R P E T W S S C Z E S E E O B A V
Q I H N M D K I T W V N B A Q R R B T Q
B T X O C Y P N E I X K V E V D N L I C
E O Y V E G L E R N P F R R E E I E S L
B K G A D L Z C S E L E N I P R A S N Y
D N W I N E A F T E R W H I S K E Y K G
```

BABYLON SISTERS	HOTEL CALIFORNIA	RED WINE
CHAMPAGNE	ITALIAN RESTAURANT	SANGRIA
CHAMPAGNE SUPERNOVA	IT WAS A VERY GOOD YEAR	STRAWBERRY WINE
CHERRY WINE	LILAC WINE	TINY BUBBLES
CRACKLIN' ROSIE	RED RED WINE	WINE AFTER WHISKEY
		YESTERDAY'S WINE

Blood & Sand

¾ ounce scotch

¾ ounce sweet vermouth

¾ ounce cherry liqueur

¾ ounce fresh orange juice, strained

Orange peel, to garnish

Add scotch, sweet vermouth, cherry liqueur, and orange juice into a shaker with ice and shake until well-chilled. Strain into coupe glass and garnish with the orange peel.

No. 356
Words You Can Make from "Gin and Tonic"

```
W S W X J P F Q X J R S N R W
U A C Z J K X T O N N E G D F
I G N I R I O N N A L O I I S
I N D I G N A N T M A N T N L
F S G C I G D I R T G X O O L
U G W I O Y A V C O T K N A C
E T O D U N W I N D T X N T M
G O J T C M T G N O R L A B M
O D M X C X V A N D A J C A B
P N O N N A C Q I B O N R P Z
R L T T A O C E L N I N F H C
G J P V F V T V Q V I V T A C
C F N G K R P I P I C N G K L
L O H Q G D U S N J W Q G A J
Z Y M W G Q J N G N A T F N I
```

CANNON	GNAT
CANNOT	GOAT
COAT	GOT
CONTAINING	INDIGNANT
DIN	NOT
DINGO	OAT
DON'T	TIN
DOT	TON
GAIN	

No. 357
Wine Tasting

```
R U E Z N B C A M I L R X A I
V I E N C B A L A N C E R D N
K Q M O A Y N Z N P M O C A T
O K A S R S W Q C C M F Y S E
P Y L E B W J K K A S I T T N
A Q C A O E A C K T M N I R S
C Q O U N E C A N C U I R I I
I M H N D T I T C A B S A N T
T W O L I N D T Q P C H L G Y
Y C L E O E I A M E O J C E C
C L I E X S T H B V L P N N C
T E C S I S Y H W R O S R C I
H A E M D I B O D Y R A Z Y S
O N O E E U B O U Q U E T I E
I E F K Z E L E G S M V A G Z
```

ACIDITY	CLEAN
ALCOHOLIC	COLOR
AROMA	FINISH
ASTRINGENCY	INTENSITY
ATTACK	LEES
BALANCE	LEGS
BODY	NOSE
BOUQUET	OPACITY
CARBON DIOXIDE	RIM
CLARITY	SWEETNESS

No. 358

To Share

```
F A P E R O L S P R I T Z C S
W B L O O D Y M A R Y E M K H
B E L M O N T J E W E L I S E
W U W M A D R A S L K P G C C
A N L I E T B V W D A B L O I
T M X D N H Y O B N L A Y R U
E K A P E E B D D N I U R P J
R E O M O H S G N R U E H I E
M O W M S N O L G A H H C O L
E T P I B N I N U C H R N N G
L I F M A Y A Q T S D S U B G
O V G K K S E I P C H Q P O I
N C E X P B P N T D D Y M W G
D D S P I M M S D U F F E L B
M A R G A R I T A H Y I C L M
```

APEROL SPRITZ

BELMONT JEWEL

BLOODY MARY

FISHBOWL

GIGGLE JUICE

MADRAS

MARGARITA

PIMM'S

PITCHER

PUNCH

SANGRIA

SCORPION BOWL

SHANDY

SKIP AND GO NAKED

WATERMELON

WINE SLUSHY

No. 359

Terroir

```
B I M Q J N B Q I G O C U O W
V D C L B V I F N Y R A U Z C
A S J N B I O A L I E L L K L
L E F T A T G G A E H T D N I
L B U S C I E T N L T I T I M
E O N U T C O R D E A T E A A
Y R G M E U G A F V E U R T T
B C I E R L R D L A W D R N E
H I W P I T A I O T B E A U G
S M A A A U P T R I N W I O P
O K T R V R H I A O U H N M L
I J E G N E I O E N C U O F A
L W R A M H C N D V B T S P C
H M C M I N E R A L I T Y U E
K M E F M I S L O P E C C J K
```

ALTITUDE

BACTERIA

BIOGEO-GRAPHIC

CLIMATE

ELEVATION

FLORA

FUNGI

GRAPE MUST

INLAND

MICROBES

MINERALITY

MOUNTAIN

PLACE

SLOPE

SOIL

TERRAIN

TRADITION

VALLEY

VITICULTURE

WATER

WEATHER

No. 360
Orange Flavors

```
L F K C Y P G Z O Y N Q H E J
T G N U E A O C R K Z X X D T
R A I R T I N O A N E C P A J
I R A A C N D T N A N L B S S
P I V C C K M I G P I H Z C C
E B J A O I A L E Y T I X C R
L A Y O I L R L B K R Y B O E
S L L K N L G I I N A X P Y W
E D V T T E A O T A M A Q A D
C I U Z R R R N T H L F Z R R
E L P R E S I D E N T E U N I
B N L B A E T J R Z I K G U V
T Z D Y U R A L S U F H Q S E
B R A N D Y C R U S T A X V R
G R A N D M A R N I E R K I E
```

BRANDY CRUSTA

COINTREAU

COTILLION

CURAÇAO

EL PRESIDENTE

GARIBALDI

GRAND MARNIER

HANKY PANKY

MARGARITA

MARTINEZ

OPAL

ORANGE BITTERS

PAINKILLER

SCREWDRIVER

SUNRAY

TRIPEL SEC

No. 361
Malört

```
N N C D E T S I F O W T V D C
V M J M O T H H E R B T W J N
T G A G E E O E W W M P V C S
R N O S P P E J L R A C U H I
A W O R M W O O D P M H O Z Z
D R S D G B A S K A O T H J Z
I A E L A A A P A W Z U B M T
T B W T S D S H U H E I P C D
I A X Y C B M O U X T W R H B
O A X X X I Z S L T T E I I P
N N I C H E B P E I H W T C A
J I V E T V W R O R N T E A A
W S C J V S T D T K J E H G E
C E Z X Y S E M U B H Z T O U
U A V T S W E D I S H N Q Q Y
```

ANISE

BÄSK

BITTER

CARL JEPPSON

CHICAGO

GASOLINE

MOTH HERB

NICHE

RITE

SHOT

SWEDISH

TRADITION

TWO-FISTED

WORMWOOD

Grand Marnier

```
Y E L L O W D A I S Y Q M M E
C A C T U S B A N G E R P O T
B G S U N R A Y S V W V I R T
P G M Y Y H F R E N C H O N E
O R A N G E B R U L E E P I Z
L F R Y O D D J B D D K L N U
M O N C D G A E F N I Y R G S
A R I O M T Y L I B G C A G E
S A E R X R B F F P E N A L P
J N R D M U E F T F S S Z O E
P G L I R F L U Y U T P D R R
D E S A M F L O T F I Z B Y C
W X D L J L I S W Q F H U M J
D D B C Y E T N O R V D W Y V
F C A N G O C G C S Z V Y V B
```

B FIFTY-TWO

CACTUS BANGER

COGNAC

CORDIAL

CRÊPE SUZETTE

DAY BELL

DIGESTIF

FRENCH

MARNIER

MORNING GLORY

ORANGE

ORANGE BRÛLÉE

SOUFFLÉ

SUNRAY

TRUFFLE

YELLOW DAISY

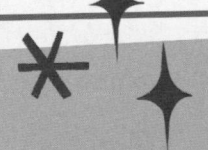

Fun Facts

Never pour your own drink in Japan. Instead, pour for others and they'll do the same for you.

In Peru, one beer and a single glass are often shared between friends. The beer is poured little by little into the glass as it's passed around.

If someone offers you a drink in Russia, it's rude to refuse.

No. 363
Fictional Bartenders

```
F S I M U F Q V W L I O D L T
J H S A X F M B T L Z I A T Q
S O A R S W A R C L A P L K W
A R A I A O D I M O C N S N X
S A C O M O A A O Y G Q W U X
C C W N M D M N E D L U E S G
H E A R A Y R F S A I A A J U
A Z S A L B O L Z V L R R C I
Q S H V O O S A Y R L K E R N
W P I E N Y M N S M O M N M A
H R N N E D E A L U V O G G N
R H G W O U R G A A E J E C G
I I T O K B T A K E L F N S A
X H O O Q D A N A I L A S J C
P X N D U O G G P S I R I N W
```

AL SWEARENGEN

BRIAN FLANAGAN

GUINAN

HORACE

ISAAC WASHINGTON

IZAC

LIL LOVELL

LLOYD

MADAM ROSMERTA

MARION RAVENWOOD

MOE SZYSLAK

QUARK

SAM MALONE

SASCHA

WOODY BOYD

No. 364
Drinking Words

```
M H O C G U L P D O K X T L D
H H H S K T N I P F E N U S S
W N I U I A J Y G O O G Y W W
Q S B Q V P K H I G L V A N P
S W L Z E M U S N O C L C O F
J I N I M I I C T H L O U N V
M G B R D D D D H O K R R D Q
B G D R V U I D W U H G R U Y
S W I L L G O M M R G Z G O F
V G U Z Z L E A B H S K L V S
P W B N W O D T V I W P U K N
O S L O S H X M H J B Q G D K
I P L U U O Q X H C Y E G X I
Z H O I T I P P L E C B U R O
Z R J L F F A U Q D S W U O D
```

CHUG

CONSUME

DOWN

GLUG

GULP

GUZZLE

IMBIBE

NIP

POUR

QUAFF

SIP

SLOSH

SWALLOW

SWIG

SWILL

TIPPLE

No. 365
Curaçao

```
B K S S P N I S E N I O R N E
G A B E J L W S J A Z S E K N
W J E I C D P Q H R T N B E G
V L J J T I U A Q I S E O U K
I F B T C T R T L P L E L L T
M S M E D A E L C D I R S B W
K A S E L Y F R U H Q G Z T O
B S G T Q R T Q K B U M O H U
R K R I V Y C Q C Y E X R Z C
A Z Q H W W D H G W U D A I R
N U Y W R E D N W U R I N S K
D E S H C N K E A N J F G N N
Y C L W D R Q Y D R Y D E I M
V W Q D O B L L Z A C V L M W
R Y O M U P A B V Y X V G E I
```

BITTER   ORANGE

BLUE   PEEL

BOLS   RED

BRANDY   SENIOR

DRY   SPICES

DUTCH   STILL

GREEN   WHITE

LARAHA

LIQUEUR

No. 366
Brunch

```
F C D E L F F A W I Q H G Y U
R H V F E O M F X R F U J J O
E I M R G M P B E I L E U Z R
N L P I G E R L H S O V E F A
C A A T H L O O C H X O S B S
H Q N T O E S O I C W S H E O
T U C A M T E D U O W R A L M
O I A T E B C Y Q F M A K L I
A L K A F A C M N F U N S I M
S E E S R G O A O E F C H N U
T S I G I E W R C E F H U I W
D L V T E L S Y A U I E K A W
Q T C Q S C C T B V N R A Z M
Q K I R R O Y A L E S O X A R
V S A U S A G E X N E S O Y Z
```

BACON   KIR ROYALE

BAGEL   LOX

BELLINI   MIMOSA

BLOODY MARY   MUFFINS

CHILAQUILES   OMELET

EGG   PANCAKE

FRENCH TOAST   PROSECCO

FRITTATA   QUICHE

HOME FRIES   SAUSAGE

HUEVOS   SHAKSHUKA
RANCHEROS
                    WAFFLE
IRISH COFFEE

Nose

```
K O G G Y T G S P B C Q A V H E V T C L
T O B A C C O S T E L O I V R O S E L I
Q Q V M U S H R O O M M N L C L T R X O
R N C B Q U T Q L S O F L V E S Q V S A
Q Q H R V C R S W F D S E A D T L D C K
U O E M B O E T G O J M M N A C M K A L
L R R B X A T T R M U R O I R W Z F R S
A E R I A D T H E M W L N L C J Z M A T
T P Y X P B U G E I L V R L L I M P M R
E P H B R R B P N N U A I A T Z X I E A
G E F J U C V H A E E A R T H Y P N L W
E P B K N H W S P R T E P O E S H E W B
V W A T E O W C P A Z J U X L E T A T E
I E N C C C L L L L G K H E L F L P J R
X W A B I O C X E X B M K P K G H P O R
T U N I T L Q H D Q A V F L O Q R L M Y
T Q A X R A S E E F F O T U O L P E V N
X W D A U T X I T K W A H M W C B Q L D
E O K Q S E K P A C G R B U V U W H A R
T E G E J V U C M P B R E Z H S S A G W
```

BANANA · BUTTER · CARAMEL · CEDAR · CHERRY · CHOCOLATE · CITRUS · EARTHY · FLORAL · GREEN APPLE · LEMON · MINERAL · MUSHROOM · OAK · PEPPER · PINEAPPLE · PLUM · PRUNE · ROSE · STRAWBERRY · TOBACCO · TOFFEE · VANILLA · VEGETAL · VIOLETS

Harvey Wallbanger

1¼ ounces vodka

½ ounce Galliano

3 ounces orange juice

Orange slice and maraschino cherry, to garnish

Fill a tall glass with ice, add the vodka and orange juice, and stir to combine. Float the Galliano on top. Garnish with orange slice and cherry.

No. 368
Words You Can Make from "Cosmopolitan"

```
F O O Q T I L L P P G T M U M
N O I W T N O O L A N O T F O
F O W F O I O O P S M Q S I P
D W I K O P P M P L F P L T S
P B T T S S S S B O M L O A T
N C G I A D Y B A O O R O F B
O O F C Q C J B L P A E P S P
O M O N O P O L I S T Z P S A
T P M G G Y G L A Q G A X K N
P L Q K L A U E S F N L S O T
W A P L A T O N I C E K P L S
V I I L W G T Q I P B E O I F
Y N X N M K P A I L Q U T A O
Q T W P L A P M L E S D Y N V
C O M P O S T S C S N O E O G
```

COMPLAINT	PANTS
COMPOST	PLATONIC
LOCATION	POOLS
LOOMS	SAIL
LOOPS	SLOOP
MOAT	SOOT
MONOPOLIST	SPAN
MOPS	SPIN
NAIL	SPOT
PAIL	TONAL
PAIN	TOON

No. 369
Aperitif

```
E A Q X F T O G D K P E K D W
M I R A P M A C V H M F M S U
G O T T A R T N O C I S R B R
W O C I S S A L C N A R G A Z
Y M X E E P Y K O S L L J V E
Z C A V O K N I L E P U Q E L
R A P E R O L M D V W X Z Z P
S M U D S Y M E B O N A L E E
V M N D U B O N N E T R I Q T
C A L V A D O S A J U D L W E
G L F C Y W B Y R R H O L O R
A M O N T I L L A D O L E Z C
A N I A Y C Y N A R Z G T U I
O Y Y J C H A M P A G N E O S
T I Z A M E R P I C O N G O P
```

AMER PICON	CYNAR
AMONTILLADO	DUBONNET
APEROL	FINO
AVÈZE	GRAN CLASSICO
BONAL	LILLET
BYRRH	LUXARDO
CALVADOS	OUZO
CAMPARI	PELINKOVAC
CHAMPAGNE	WURZELPETER
CONTRATTO	

No. 370
Bailey's

```
C W J L V R S E Q R S F H E S
O C I A E A L U Y N C W D E W
C G R N Q Y I B V V R E C F G
O E I E V Q P A O Z E D E F O
A I S Z A Y P B Z V A I M O V
O S H J B M E Y C A M L E T P
L D W E F M R G B N I S N I L
M F H N I Z Y U J I N D T R E
K R I V F D N I S L G U M S M
B V S W T C I N H L O M I W A
P P K L Y G P N O A R S X A R
W G E N T G P E T S G U E T A
C W Y U W K L S M D A G R Z C
U C C U O W E S G V S O L F A
F C O F F E E X Q F M N V F Q
```

B FIFTY-TWO

BABY GUINNESS

BJ SHOT

CARAMEL

CEMENT MIXER

COCOA

COFFEE

CREAM

IRISH WHISKEY

MUDSLIDE

SCREAMING ORGASM

SLIPPERY NIPPLE

TOFFEE

VANILLA

No. 371
Bénédictine D.O.M.

```
E L B T C S J R S C F Z R M V
D G L W C W N O A Y Z A W O C
W D E E H N O D G L D I U N W
V Z N N O U R R E E P N Z K E
R Z D T N G F A C N T P A S F
C S E Y E S F N T U Y C F D L
T H C S Y P A R F T J B E O A
L N A E H K S E V M C N C M B
L P L V J Z H B J E R C A M R
V Y A E A B I M A G I M M W E
P Y P N V E T O S T L L P P H
L E G R A N D D R X M U V U X
Q N S D C E I U N K D W R D P
D L N W P N S M W L O P W X J
C A N G E L I C A O E F H E T
```

ANGELICA

BLEND

CEDAR

CITRUS

DOM
(Deo Optimo Maximo)

DOM BERNARDO

FÉCAMP

HERBAL

HONEY

LE GRAND

MONKS

NUTMEG

PALACE

SAFFRON

SAGE

TWENTY-SEVEN

No. 372
Jägermeister

```
Y S O S G E R M A N S N L K S
Q N Z T D I G E S T I F K P G
C K T A T M F S V B A W A I V
O D T G Q D B T N M P P N F Y
L G S O J E E A Z O Y G N F N
D S U P H E C R X B E C I R W
B A Y E Y S I R B R G I U C A
R F S S R Y R Y A E I T J V H
E F Y C F P O N N G N R V P O
W R G M E P C I I A S U E O I
M O P E Y O I G S J E S P O B
C N E T V P L H E G N U X G T
J U N I P E R T L O G L I B A
S W E E T E S T W N E H X X W
N A D H T Z L S V S H T Y M F
```

ANISE	JUNIPER
CITRUS	LICORICE
COLD BREW	POPPY SEED
DIGESTIF	SAFFRON
GERMAN	SHOT
GINGER	STAG
GINSENG	STARRY NIGHT
JÄGERBOMB	SWEET

No. 373
Sambuca

```
Q C U I J C W C L E A R F K V
S I W B E A N N R R A X T Z B
N V H M W F T E F E C B V V V
A I F B G F D X H W S Y L K S
E T Y L H E O R A O O Q U H T
B A T A M C Q U P L M X I L A
E V I C D O H C P F S T G I R
E E R K M R E U I R A G I C A
F C E B G R A U N E L L M O N
F C P O N E L S E D N L A R I
O H S E E T T J S L O W N I S
C I O U A T H D S E C S Z C E
Q A R I T O L D I G X V I E S
J J P Z Z A N I S E E D U X J
Q H L Y J N B T F O X S O A Y
```

ANISEED	HAPPINESS
BLACK	HEALTH
CAFFÈ CORRETTO	LICORICE
CIVITAVECCHIA	LUIGI MANZI
CLEAR	NEAT
COFFEE BEANS	PROSPERITY
CON LAS MOSCA	RED
ELDERFLOWER	STAR ANISE

Unicum

```
M Z A F T A X J N H F Y B D K
I G P B H D A O V P N L X G J
Z O E I I E N S T G A S T D E
F O R T C M G E M C I H D I E
R P I T K K E P K Q R E F G U
I Y T E L J L H X W A R S E C
L P I R X K I Z F F G B T S A
I P F S I C C W P B N A Y T L
X I N W P S A A J W U L N I Y
E N R E D F H C F Y H Q G F P
S E M E Y E A K A L O T O B T
C T V T I H Y E S H O T B G U
Y G Y P J O R A N G E I W P S
Z G I N G E R I J J M M M M W
O S S A R G N O M E L S S B B
```

ANGELICA	HERBAL
APERITIF	HUNGARIAN
BITTERSWEET	JOSEPH ZWACK
BLACK	LEMONGRASS
DIGESTIF	ORANGE
EUCALYPTUS	PINE
EXILIR	SHOT
GINGER	THICK
GOOPY	

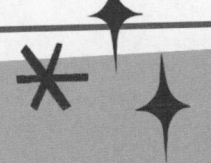

Bar Jokes

Several fonts walk into a bar. "Scram!" yells the bartender. "We don't serve your type here."

A screwdriver rolls into a bar. The bartender says, "Hey, we have a drink named after you!" The screwdriver squeals, "You have a drink named Philip?"

No. 375
What to Drink in Scandinavia

```
L A K K A I E F S I M A A Y B
S L O T T S K A L L E N S K A
R X N F B D I R R Z Q Z J O L
E K I R R H V M W K R C A S T
E I V U A C O H D A E M L T I
B G O I N S S O Y I Z Z O E C
G L D T N N S U K K D K V N P
R O K W V U A S K O I S I K O
E G A I I P O E A R R A I O R
B G W N N E L A R N C H N R T
S E C E P Y D L S O E T A V E
L R E D I C N E K L B I O A R
R S T J O R D A L S O L Z R L
A W Y T U B O R G B E E R F A
C M J D A V A Q U A V I T N J
```

AQUAVIT	KORNØL
BALTIC PORTER	KOSTENKORVA
BRÄNNVIN	LAKKA
CARLSBERG BEER	MEAD
	PUNSCH
CIDER	SAHTI
FARMHOUSE ALE	SIMA
FRUIT WINE	SLOTTSKÄLLENS
GLØGG	STJØRDALSØL
JALOVIINA	TUBORG BEER
KARSK	VODKA
	VOSSAØL

No. 376
Words You Can Make from "Cocktail Bar"

```
E C R O C K P V C I A B T C P
T A O C N U P F L A R K B L S
L W S U F X I A Y J L C A O I
K C A R T A O C P R O P B C X
S C B R C O I A F O F P X K H
U Z A O T A R R D I H T K N B
X K R E I S Y D V L Y F K C A
B R A I L L C D G A H O V A I
U A T A C R O B A T I C L L L
L Y R C D S C R Y K V X L O I
N V A K S O L A I R A I G R G
F T A L B R O B M R O D J I X
B O A T R J P L I C M T B C G
J E T A I L W U I L A I M I P
M C C K C O L B H T A B S H X
```

ACROBATIC	COB
BAIL	COIL
BARK	LAIR
BLOCK	LARK
BOAT	RAIL
BOIL	ROB
CALORIC	ROCK
CAR	ROIL
CAT	TAB
CLOCK	TAIL
COAT	TAR
COAT RACK	

No. 377
Words You Can Make from "Aperol Spritz"

```
Q L I S T I R S D M Q R D H D
A X K U N M A O P R A R E G L
L A Z I E R Q U P A A C V H P
R C J J D U L P J E T Y Z U O
S A P P L I E S E T E E I Y L
O D P A U G Z I T A M E P U A
A G A L A S T U Y E R K P F R
P S R R J P R E T A P T E V I
R R E E S E Z I R P X O R V Z
A M C A R I T Z M R V R S B E
P W S P P E R A P S A W A U A
C S P I T E F V X B X T K X I
Q X L O P E A W R E A L E I I
T A P F Z I K S E B P Q D N R
S Z P E R R W S A R O B N Q L
```

APPLIES	RARE
LAST	RATE
LAZIER	REAL
LIST	REAP
LOPE	RITZ
PARE	ROPE
PATE	SOAP
PEAR	SPARE
PEAS	SPATE
PER	SPIT
POLARIZE	TAP
PRIZES	ZIPPERS
RAP	ZIT

No. 378
At the Pool

```
H Z O C A P E C O D D E R E B
S S E A B R E E Z E R L U W O
M A R G A R I T A I R A W U U
X X K L Z A M J A D C O B M R
K V N D A I Q U I R I C Y A B
M M E R M A I D W A T E R X O
I L B P I N A C O L A D A L N
X C B B L U E L A G O O N G S
A M F A O T I J O M A V K U M
U X B A H A M A M A M A G A A
S E X O N T H E B E A C H W S
I S A J Y R U M P U N C H B H
C P R V N C V E T S Q G B F D
Q B F L N R U B N U S N K Q O
K Z V T H U R R I C A N E K C
```

BAHAMA MAMA	MERMAID WATER
BLUE LAGOON	MOJITO
BOURBON SMASH	PIÑA COLADA
CAPE CODDER	RUM PUNCH
DAIQUIRI	SEABREEZE
HURRICANE	SEX ON THE BEACH
MARGARITA	SUNBURN

What to Drink in Great Britain

```
U D B W S L O E G I N I G P X B T D T K
O T Y D W A S S A I L O V O G L C P N R
A T H O L L B R O S E A R R E A M O V P
T L O L D A L E V V Z T E T N C I S B L
G M Z A N B E O B N O M N E I K I S L P
I H E V M A L L H V T E G R V V M E A P
M T O E T R Z D U D O A L T D E P T C D
L F Z S U L Z T H G A L I O K L E S K R
E B Z P N E I O E M V S S M T V R N A A
T O M E R Y W M W U Z T H C S E I B N M
I I P R O W S B T E J O P O C T A P D B
X L C Z O I M T R P N U A L O D L I T U
R E B P L N U E Y A K T L L T Y S N A I
T R J Q L E R L A K M T E I C X T K N E
T M B R O W N A L E Q B A N H C O G P W
V A O D B A J K D Z C X L S P G U I I Z
A K U P I M M S F W Y D E E V L T N W E
U E V U L Y V A V E T I B E K A N S F N
M R I P A G O C B U C K S F I Z Z G Q Z
F O C T K H B I T T E R J S X A E N D Y
```

ATHOLL BROSE	DRAMBUIE	PINK GIN
BARLEY WINE	ENGLISH PALE ALE	PORTER
BITTER	GIMLET	POSSET
BLACK AND TAN	IMPERIAL STOUT	RUM SWIZZLE
BLACK VELVET	IPA	SCOTCH
BOILERMAKER	OATMEAL STOUT	SLOE GIN
BRAMBLE	OLD ALE	SNAKEBITE
BROWN ALE	OLD TOM	TOM COLLINS
BUCK'S FIZZ	PIMM'S	VESPER
CASK ALE		WASSAIL

Hanky Panky

1½ ounces gin

1½ ounces sweet vermouth

2 dashes Fernet-Branca

Orange twist, to garnish

Add the gin, sweet vermouth, and Fernet-Branco to a mixing glass with ice and stir until well-chilled. Strain into a cocktail glass and garnish with an orange twist.

Hop Varietals S–T

```
W A Z T R T R I T X F W S L A D E K D Y
Z S T A B A E T L T O S U N B E A M Q I
T X I R R R M C R C N T S U S S E X N K
D D L G E D M E S E S Y G F Q F J X E O
F K L E G I U L U D O R Z S S P D R Z B
B G I T N F S E N S U I A O T L O K W C
V A C H A D S S I T T A P U Y R W T G E
Y B U B N E T R R I H N O T R K R O S X
K L M M T B R E O C E G T H I J U O M V
D A C L T O I T D K R O T E A C G T O D
M T M E E U S L I L N L D R N S S O O G
D A A K T R S A M E C D D N W O T L T A
H L M S I G E P O B R I H P O N E H H R
S I O I S O L S Y R O N X R L N R U C A
I S H R Y G S P O A S G V O F E L R O M
M M A T L N P A T C S Y Y M L T I S N S
C A T K V E A L R T P R F I G I N T E Q
O N U B A O L T J V U O P S L F G Q L X
E W W K K U T V I F J G C E K O H K W G
X S T A R T T E A M A K E R Y S J V C P
```

SIMCOE	STICKLEBRACT	TALISMAN
SLADEK	STRISSEL SPALT	TARDIF DE BOURGOGNE
SMARAGD	STYRIAN GOLDING	TARGET
SMOOTH CONE	STYRIAN WOLF	TEAMAKER
SONNET	SUMMER	TETTNANGER
SOUTHERN CROSS	SUN	TILLICUM
SOUTHERN PROMISE	SUNBEAM	TOLHURST
SPALT	SUSSEX	TOPAZ
SPALTER SELECT	SYLVA	TOYOMIDORI
STAR	TAHOMA	TRISKEL
STERLING		

Solutions

No. 1

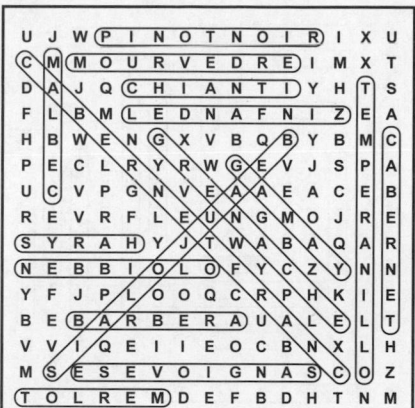

No. 2

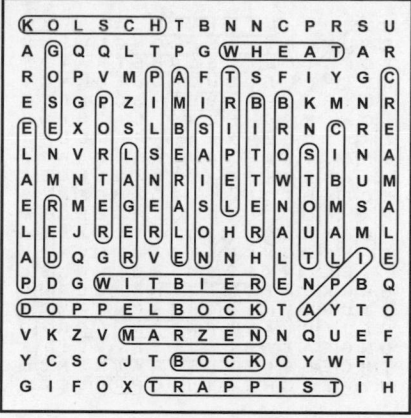

No. 3

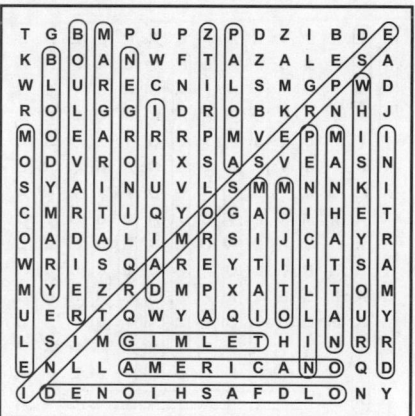

No. 4

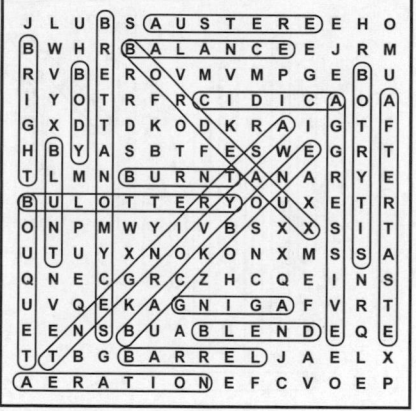

No. 5

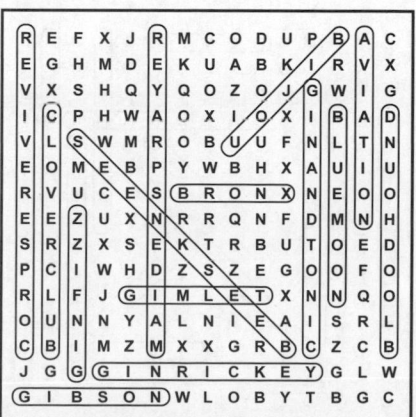

No. 6

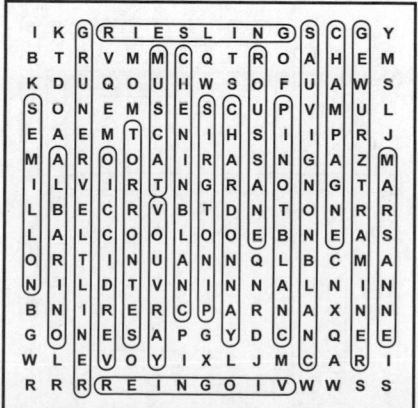

Solutions

No. 7

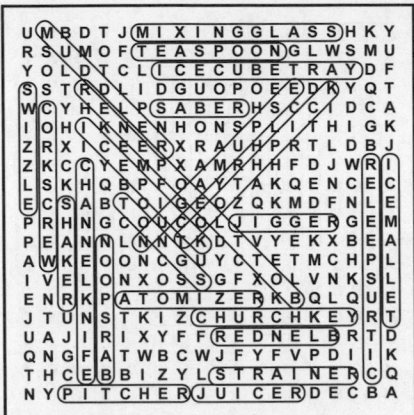

No. 8

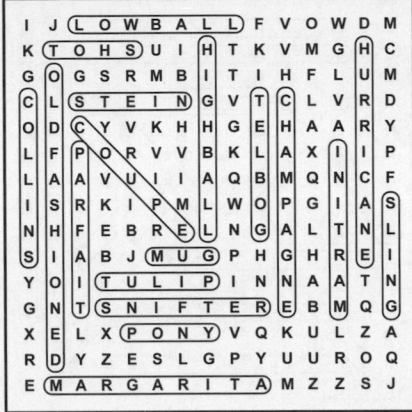

No. 9

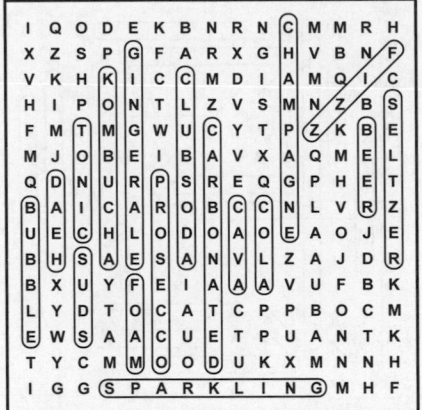

No. 10

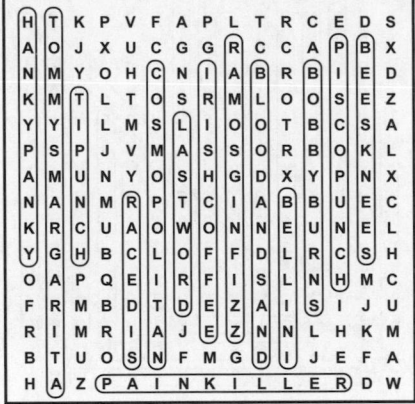

No. 11

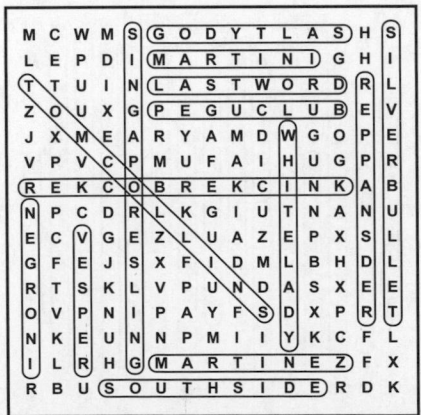

No. 12

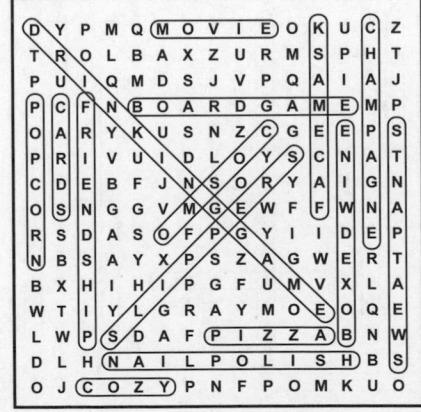

Solutions

No. 13

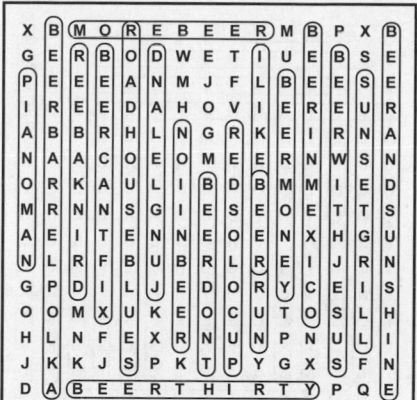

No. 14

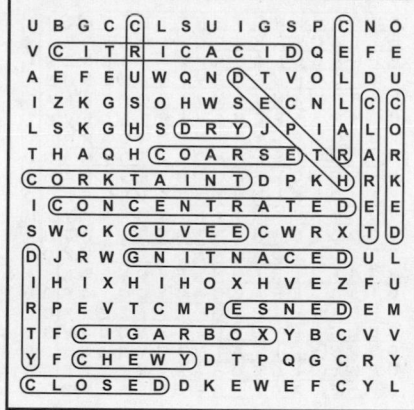

No. 15

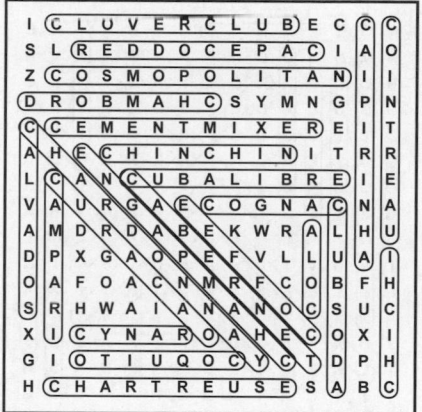

No. 16

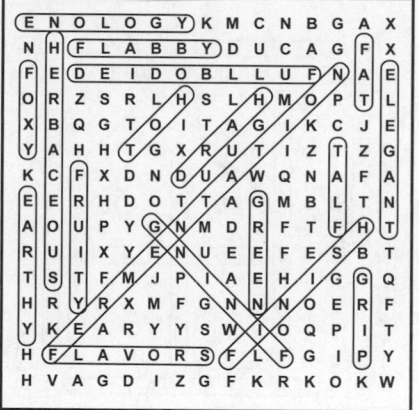

No. 17

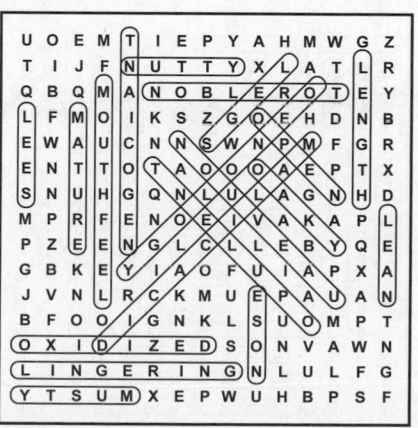

No. 18

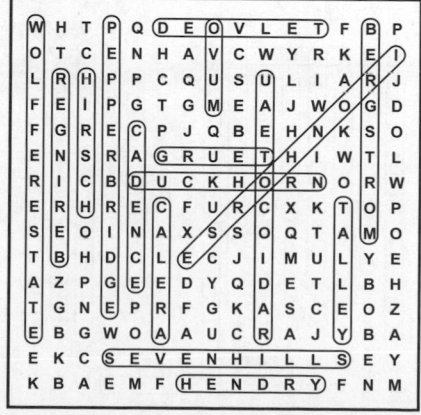

Solutions

No. 19
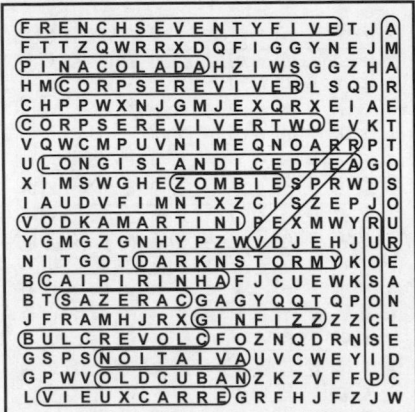

No. 20
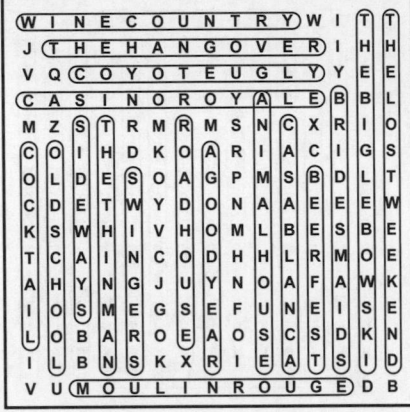

No. 21
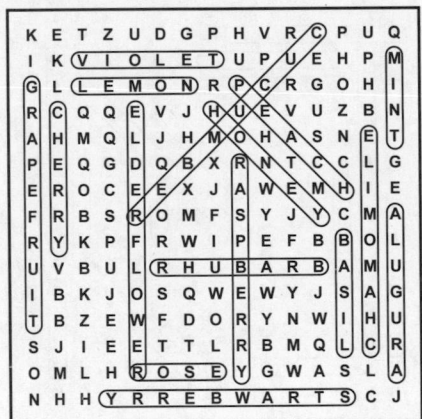

No. 22
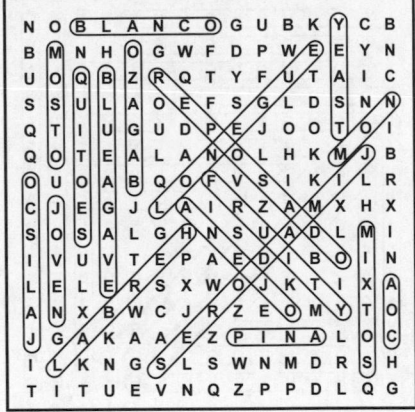

No. 23
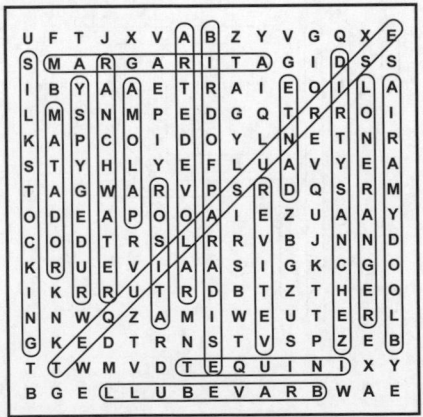

No. 24
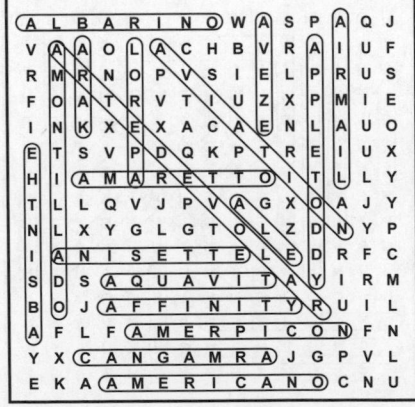

Solutions

No. 25

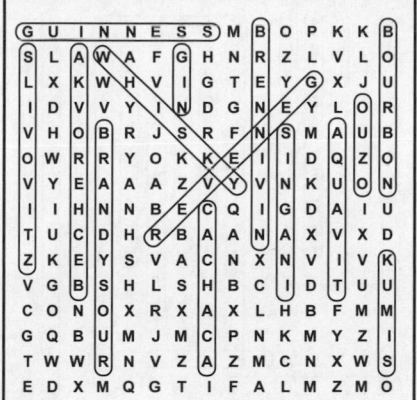

No. 26

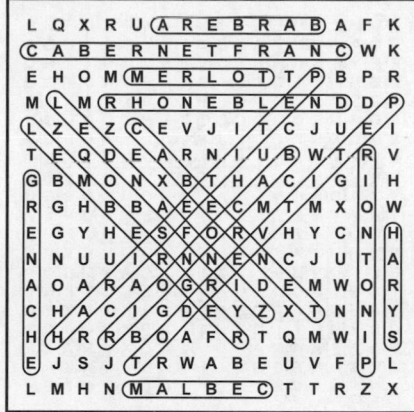

No. 27

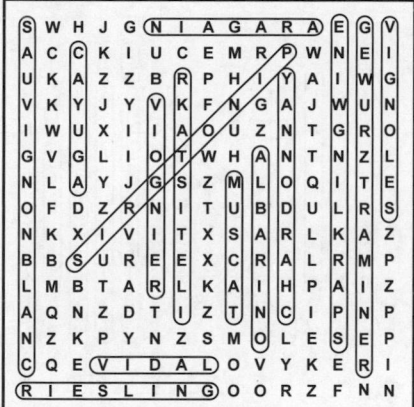

No. 28

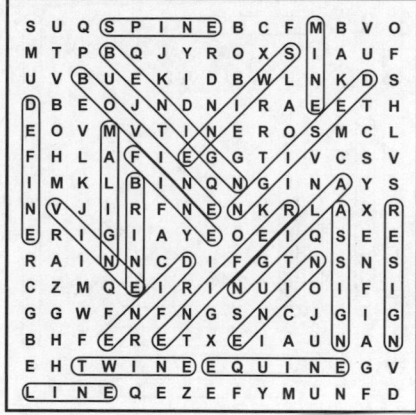

No. 29

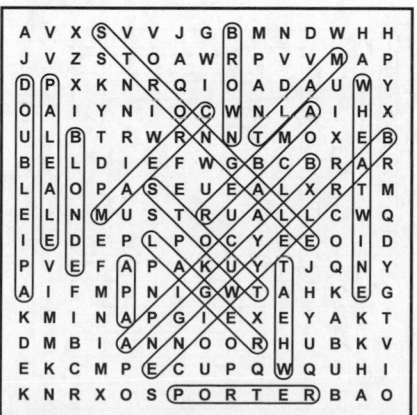

No. 30

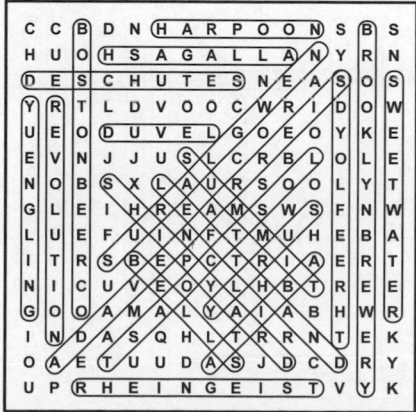

Solutions

No. 31
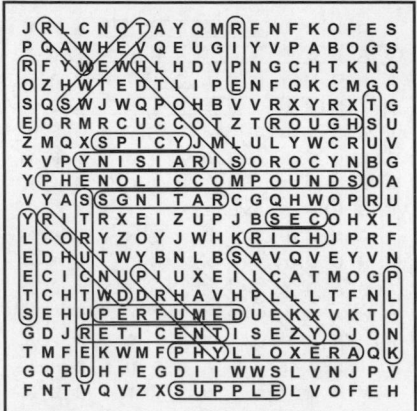

No. 32
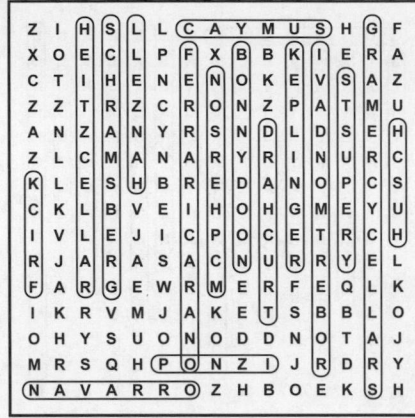

No. 33
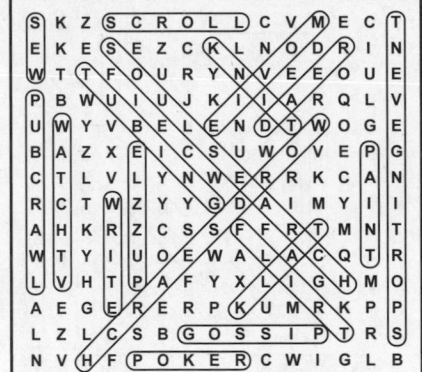

No. 34
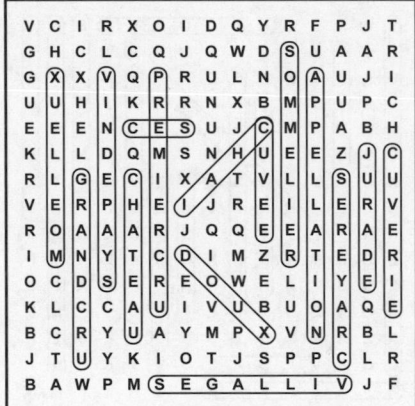

No. 35
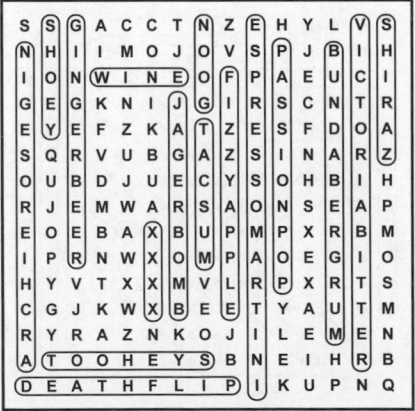

No. 36
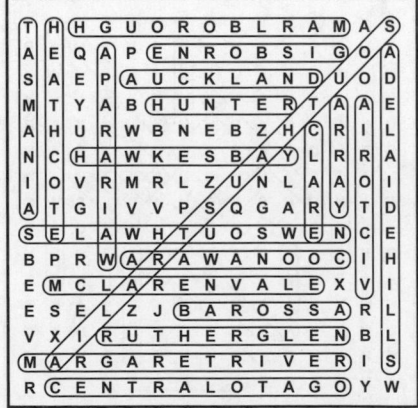

Solutions

No. 37

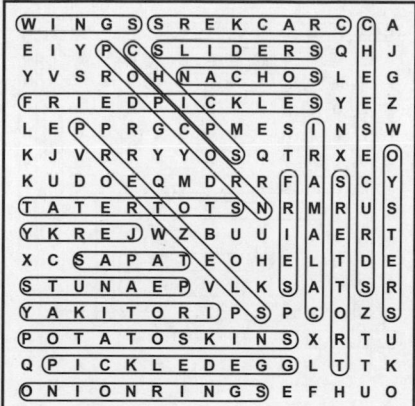

No. 38

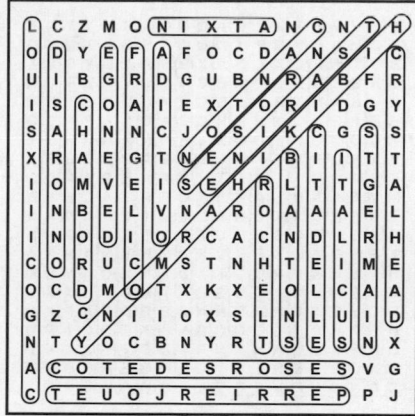

No. 39

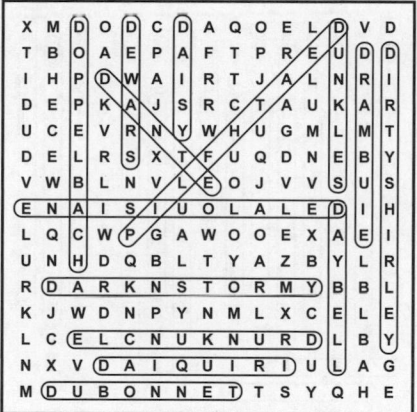

No. 40

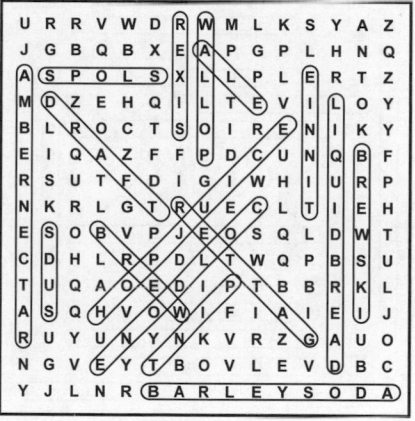

No. 41

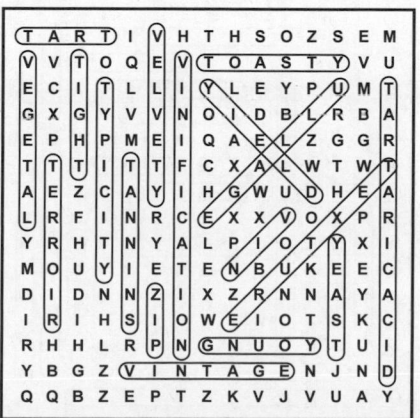

No. 42

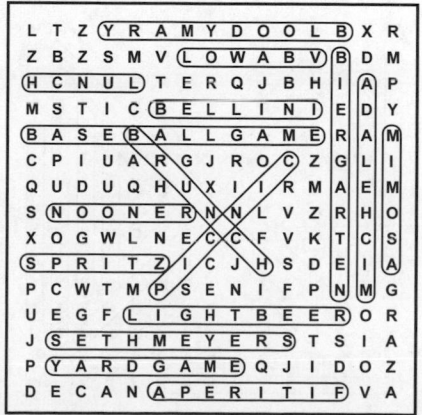

Solutions

No. 43

No. 44
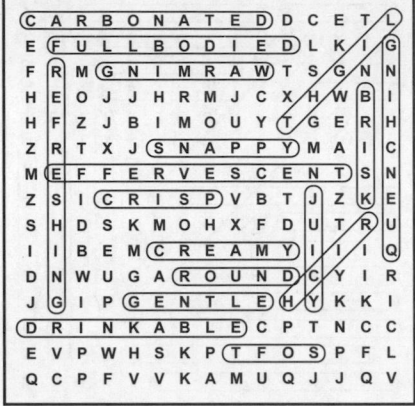

No. 45
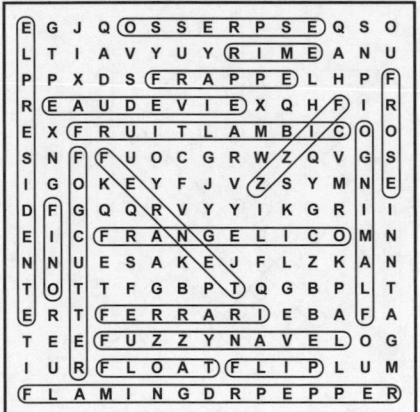

No. 46
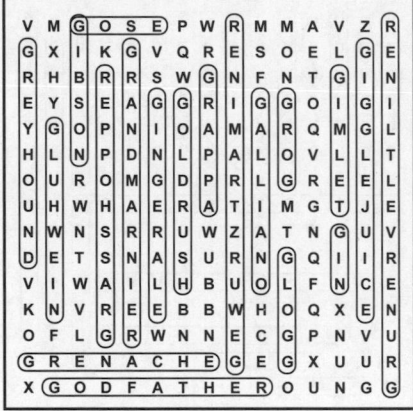

No. 47
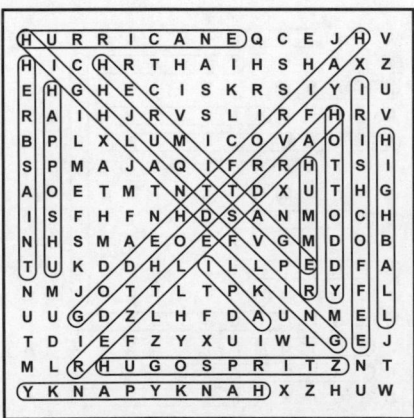

No. 48
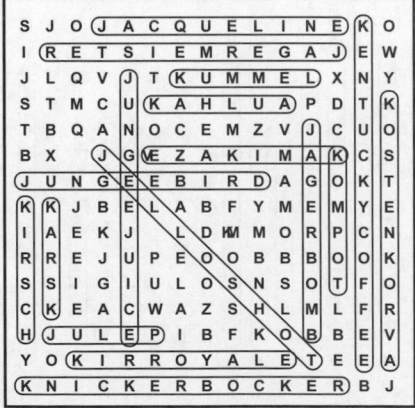

Solutions

No. 49

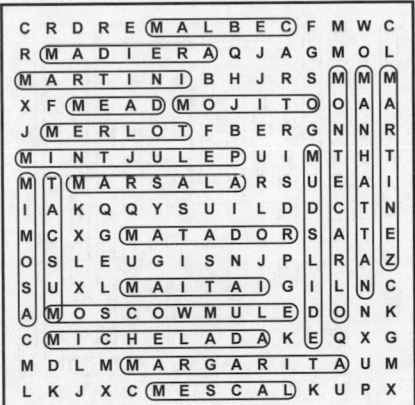

No. 50

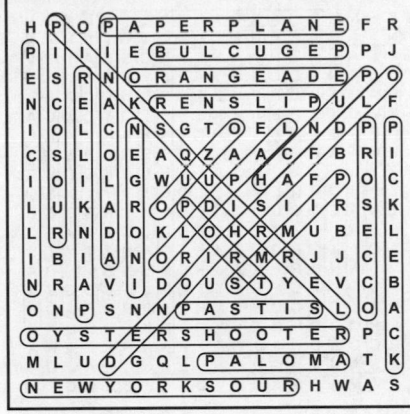

No. 51

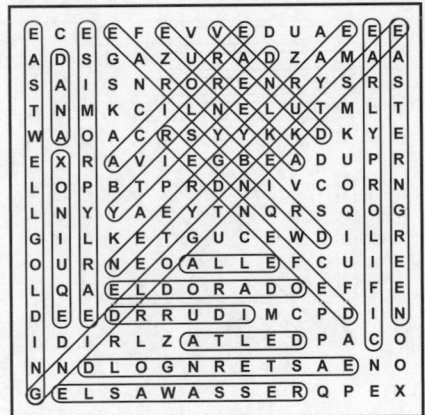

No. 52

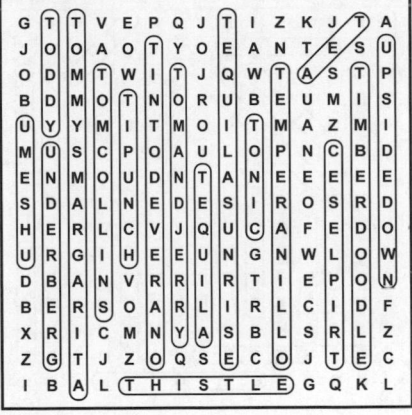

No. 53

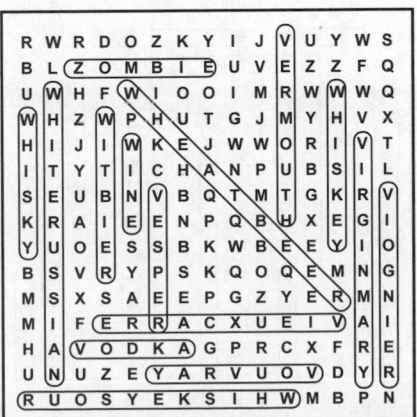

No. 54

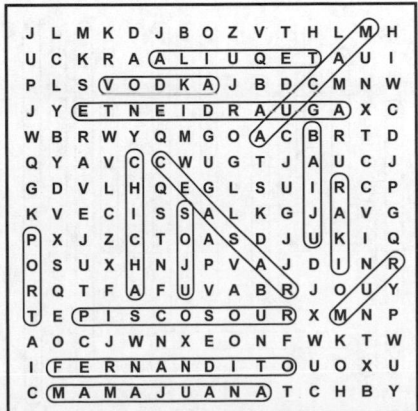

Solutions

No. 55

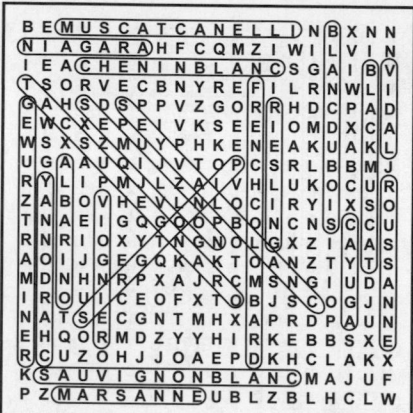

No. 56

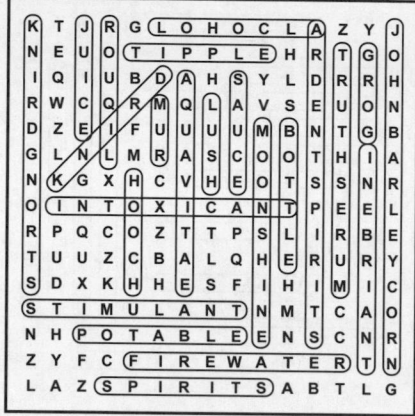

No. 57

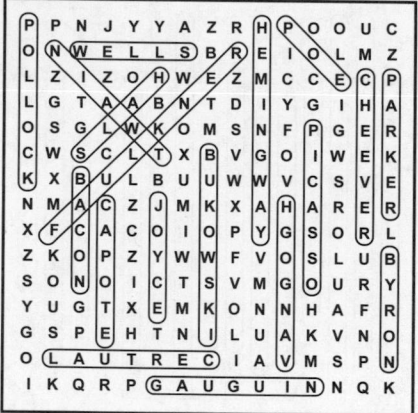

No. 58

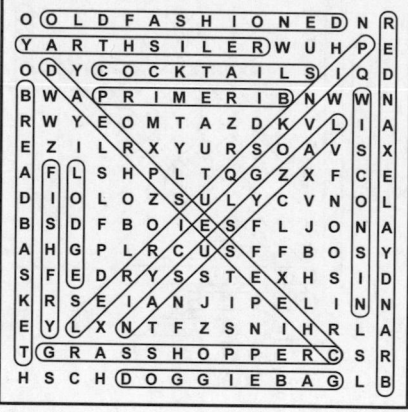

No. 59

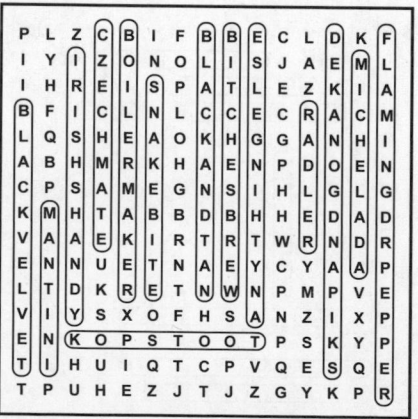

No. 60

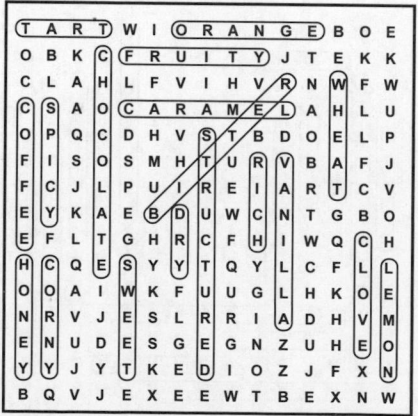

Solutions

No. 61

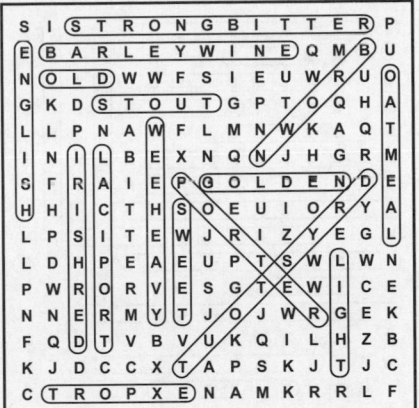

No. 62

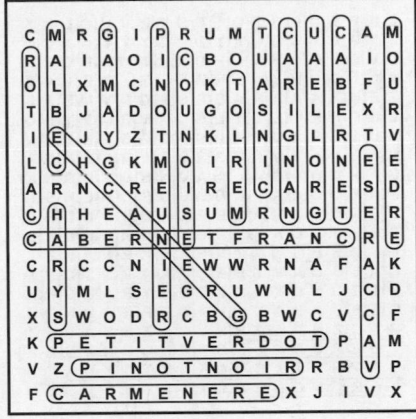

No. 63

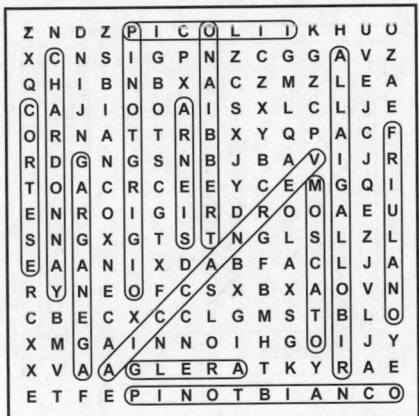

No. 64

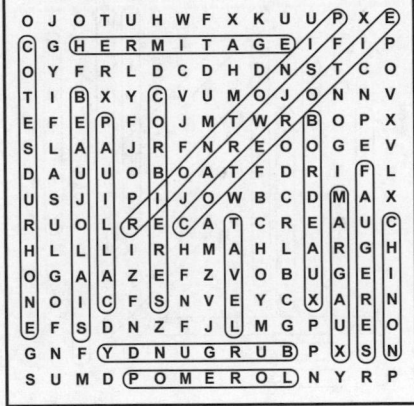

No. 65

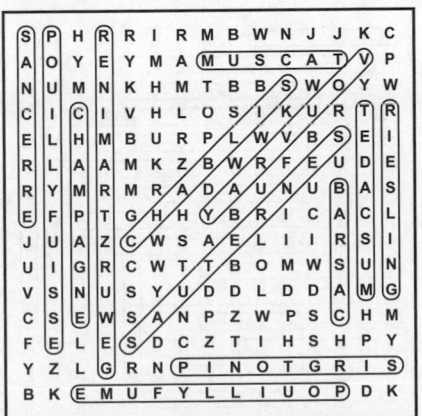

No. 66

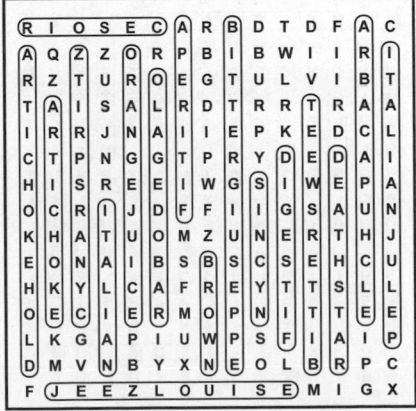

Solutions

No. 67

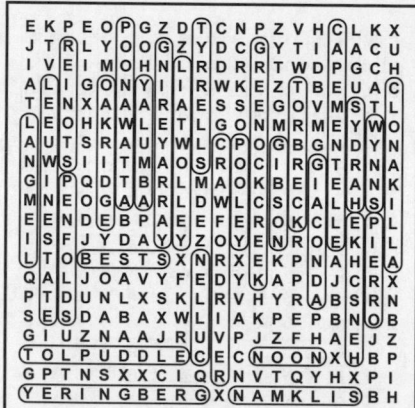

No. 68

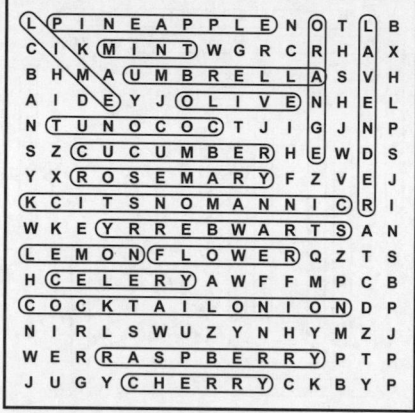

No. 69

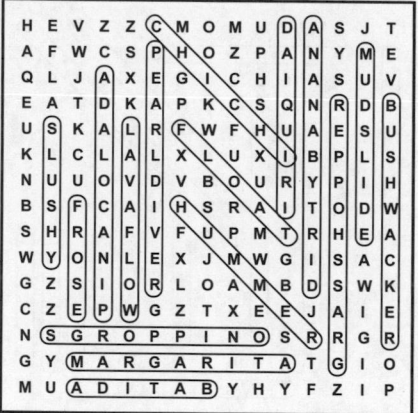

No. 70

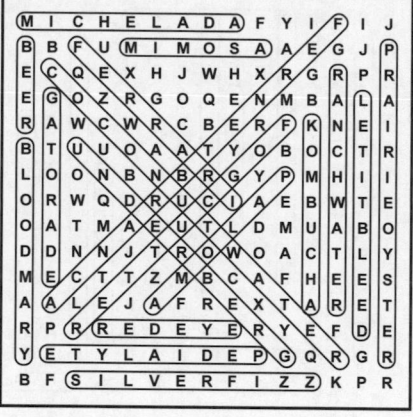

No. 71

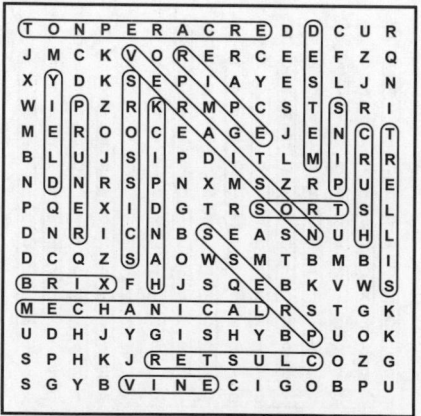

No. 72

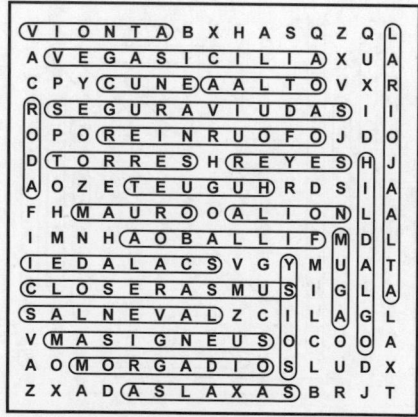

Solutions

No. 73
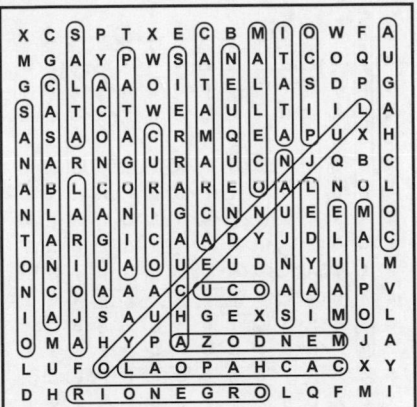

No. 74
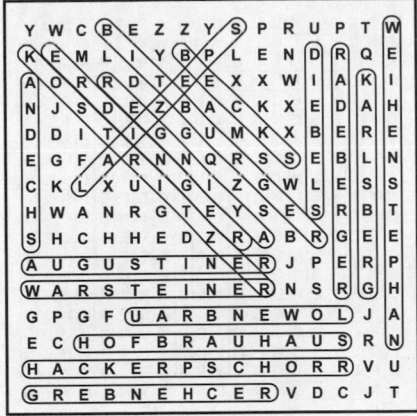

No. 75
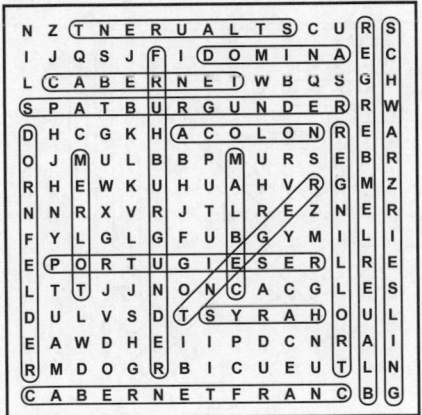

No. 76
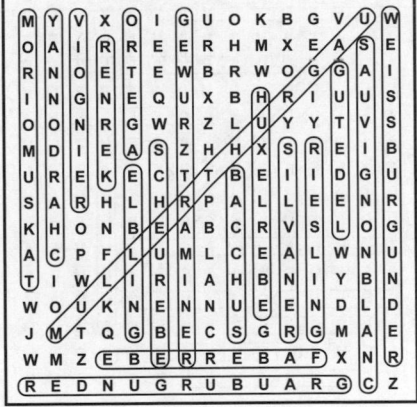

No. 77
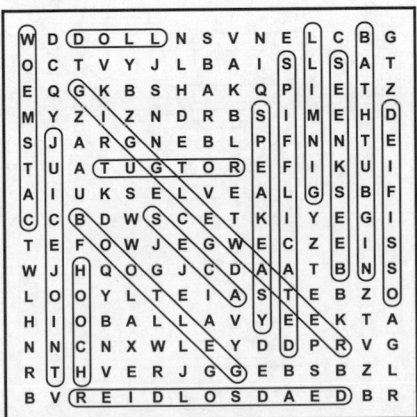

No. 78
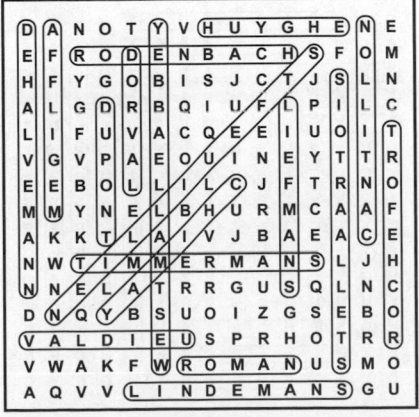

Solutions

No. 79
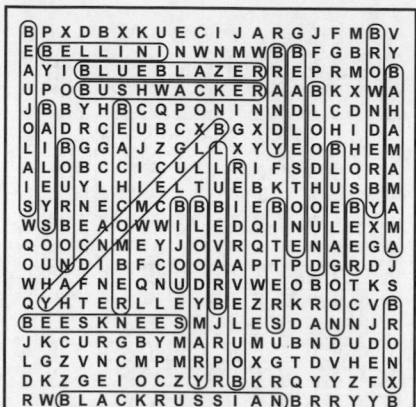

No. 80
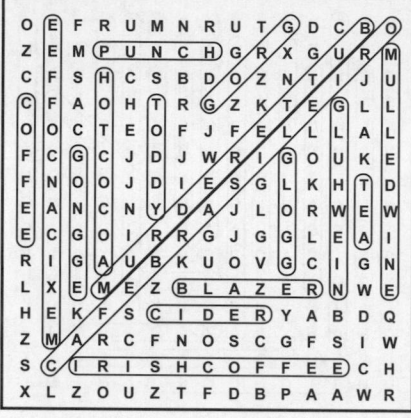

No. 81
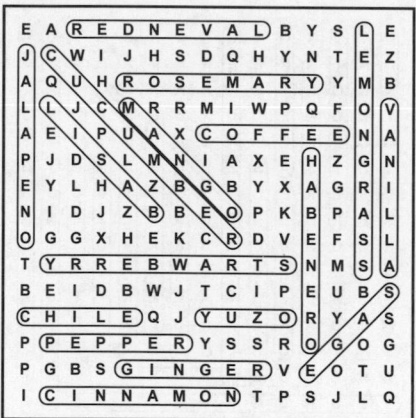

No. 82
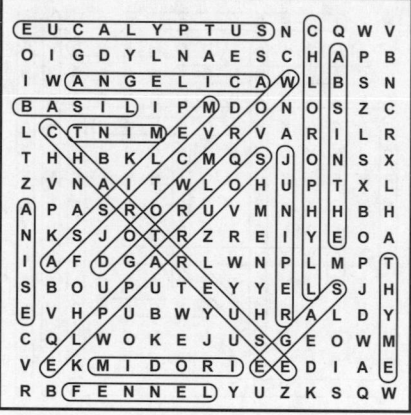

No. 83
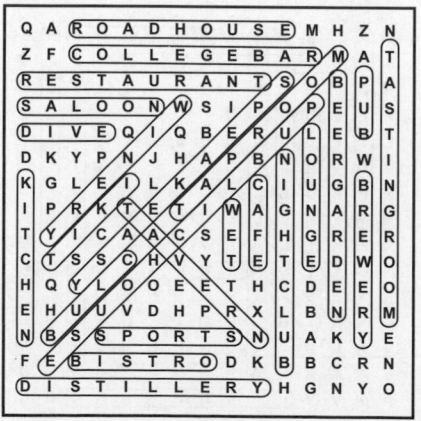

No. 84
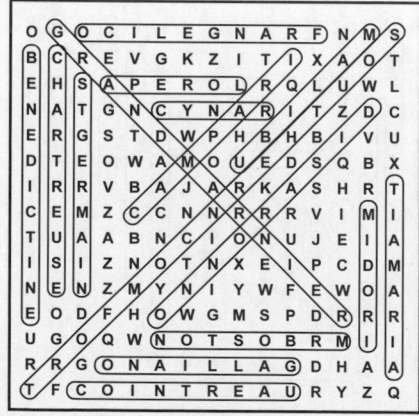

Solutions

No. 85

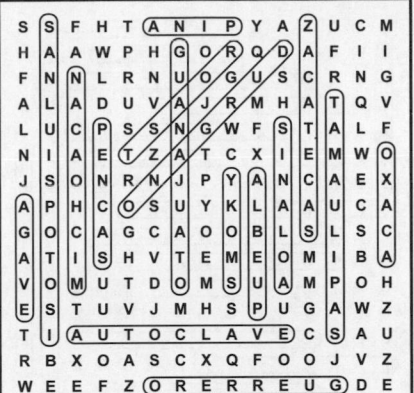

No. 86

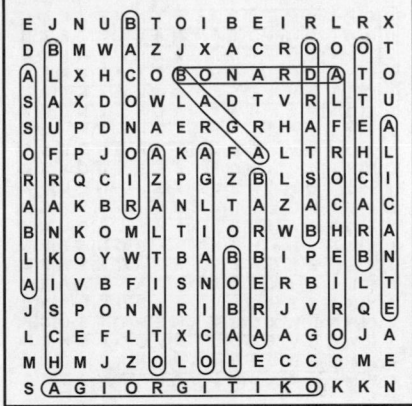

No. 87

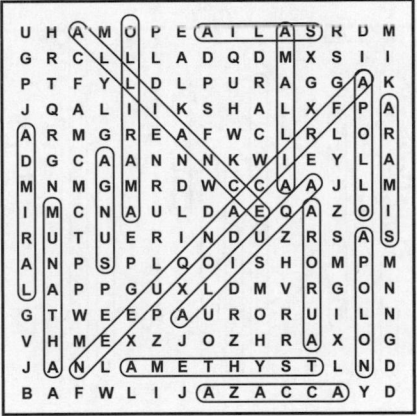

No. 88

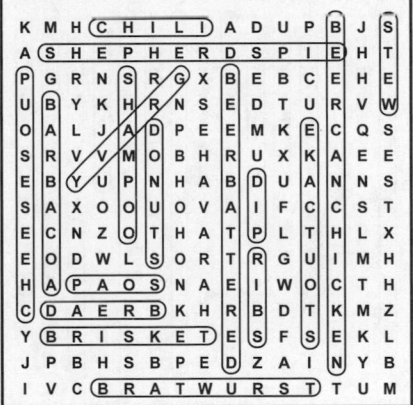

No. 89

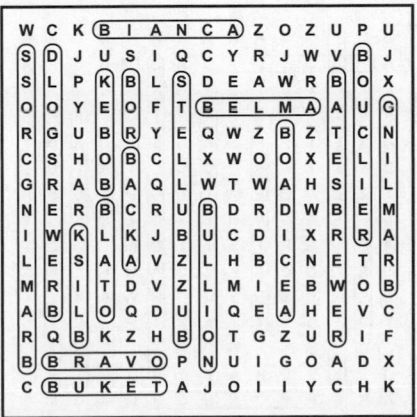

No. 90

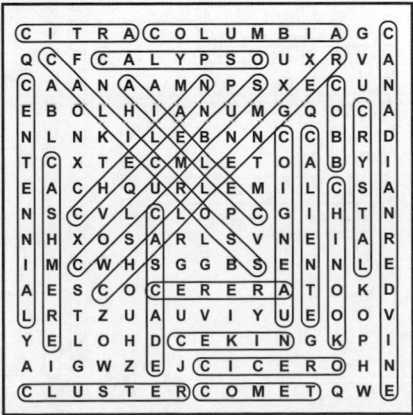

Solutions

No. 91

No. 92
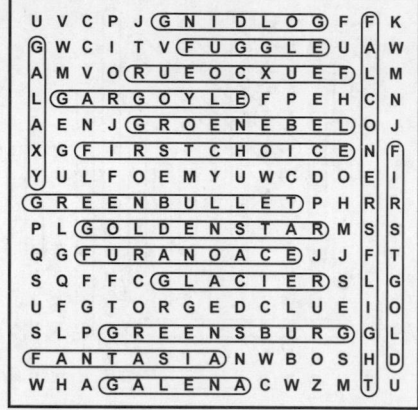

No. 93
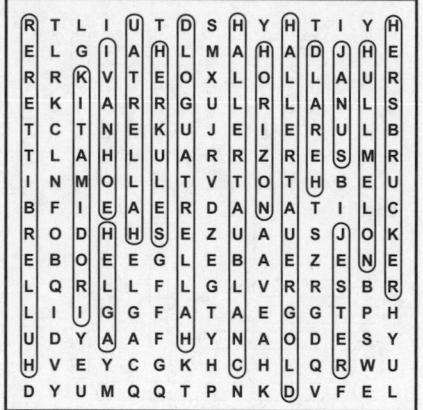

No. 94
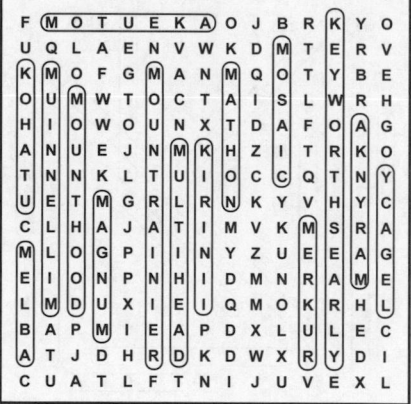

No. 95
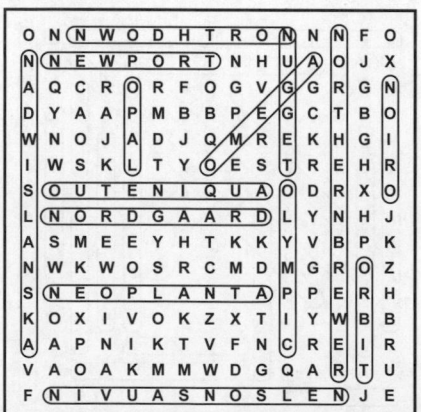

No. 96

Solutions

No. 97
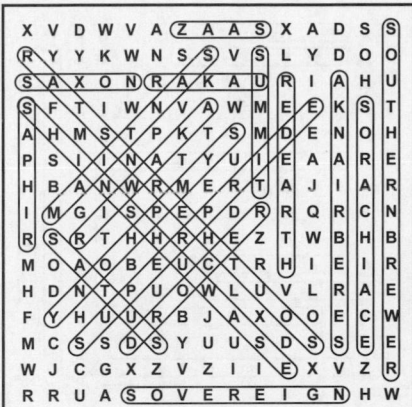

No. 98
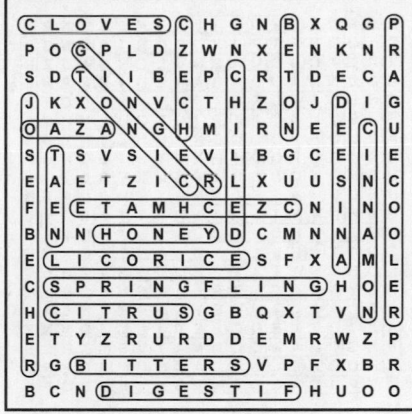

No. 99
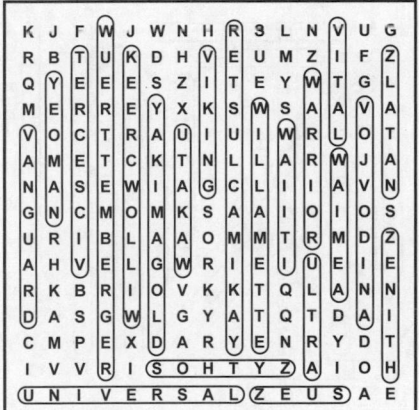

No. 100
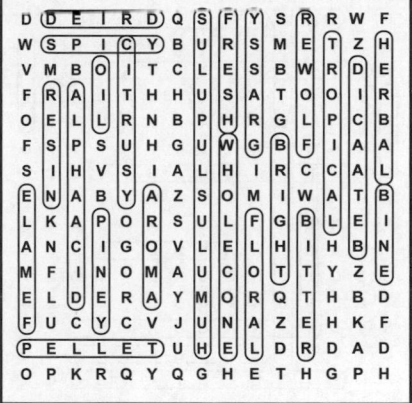

No. 101
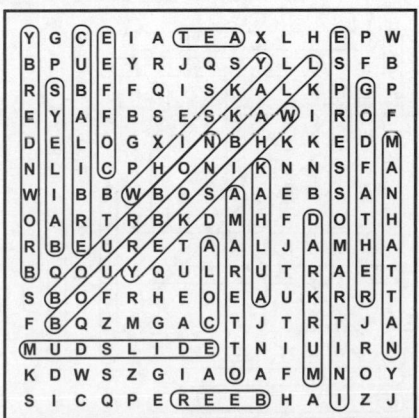

No. 102
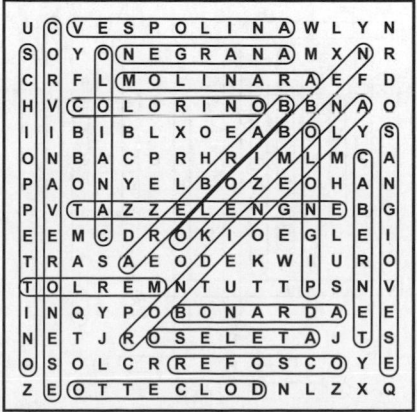

Solutions

No. 103

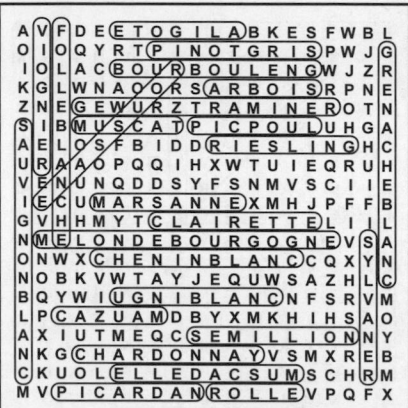

No. 104

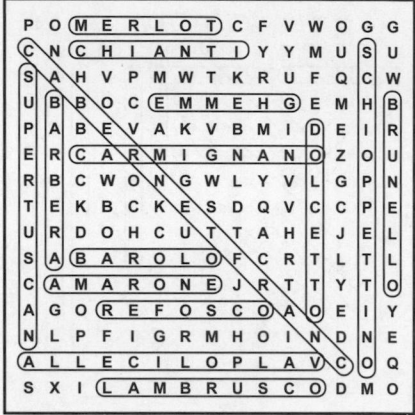

No. 105

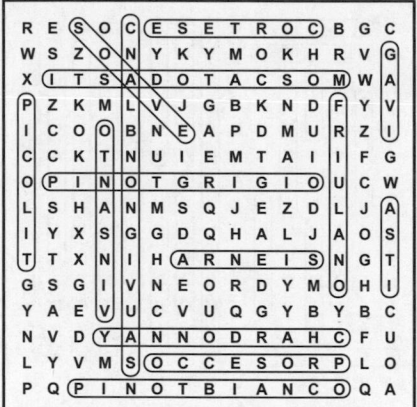

No. 106

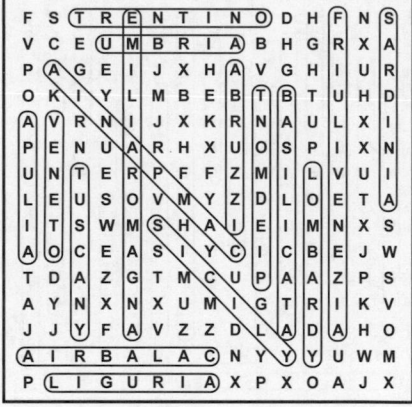

No. 107

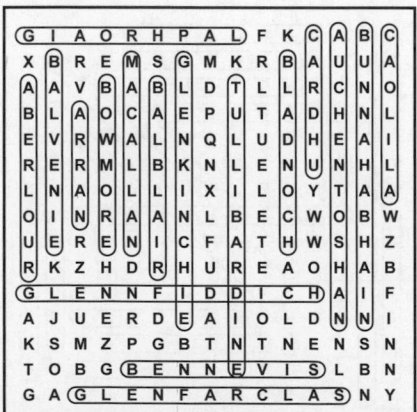

No. 108

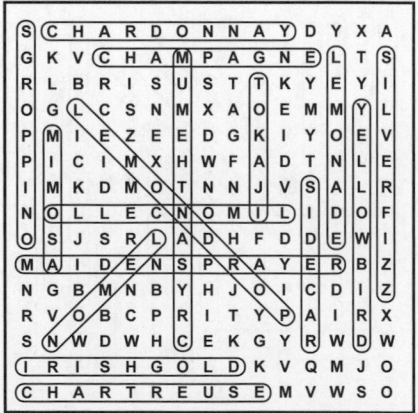

Solutions

No. 109

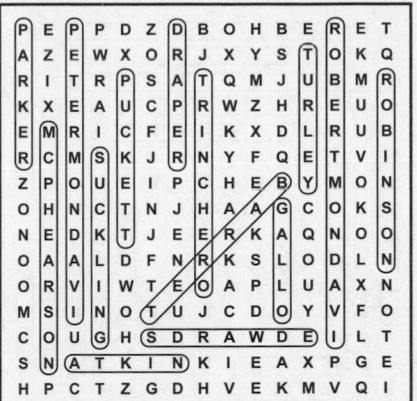

No. 110

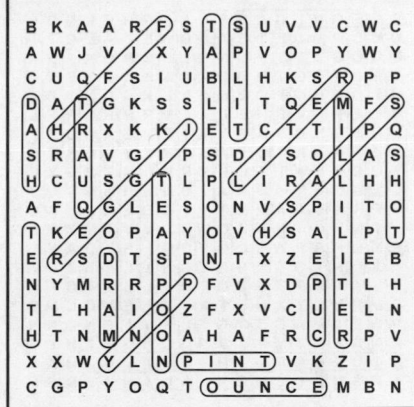

No. 111

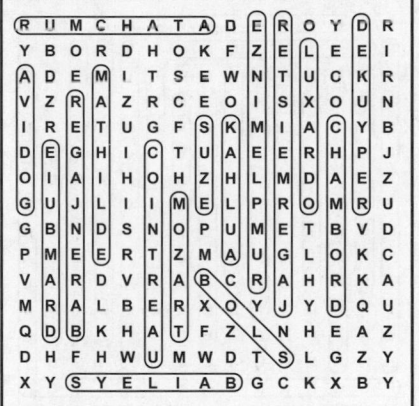

No. 112

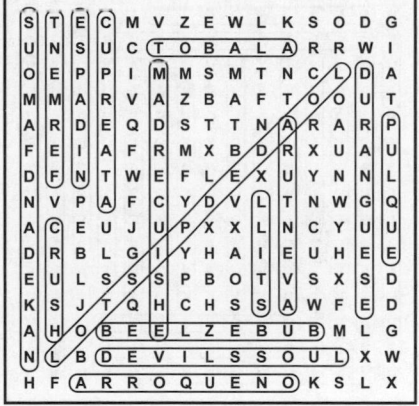

No. 113

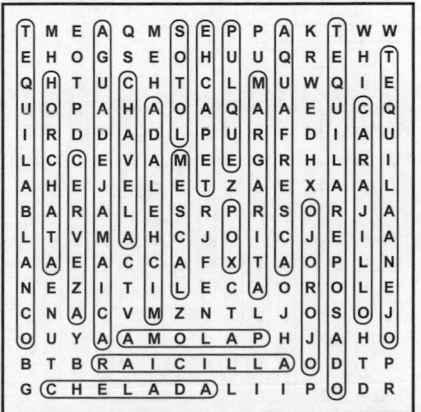

No. 114

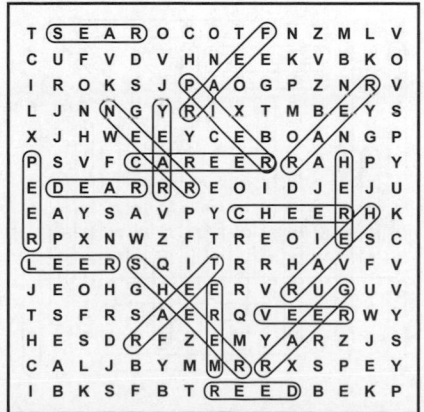

Solutions

No. 115

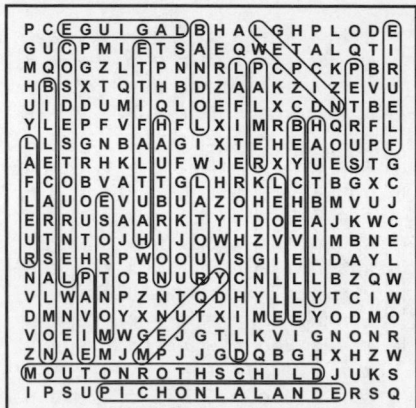

No. 116

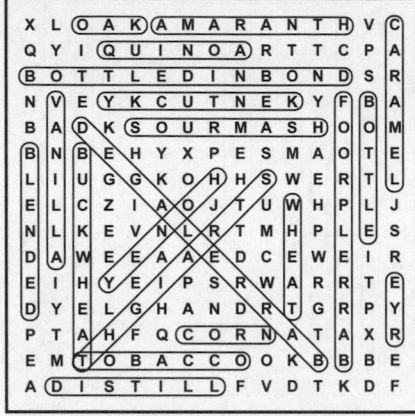

No. 117

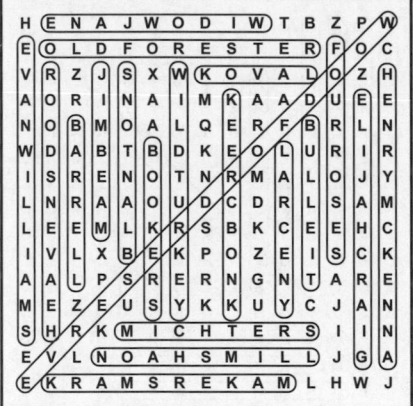

No. 118

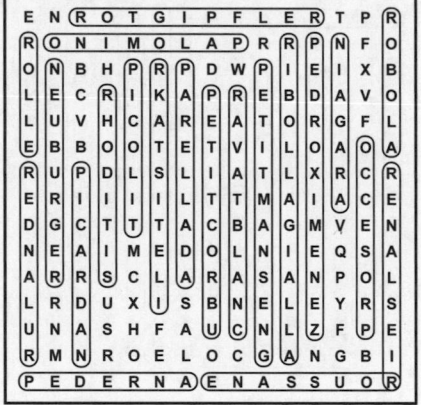

No. 119

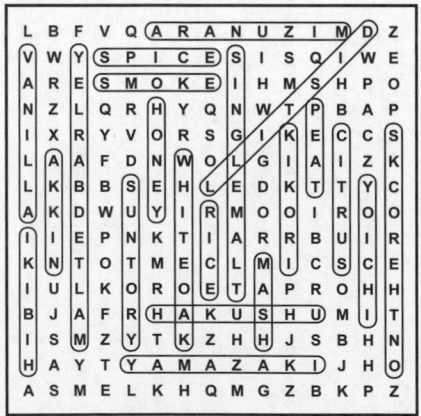

No. 120

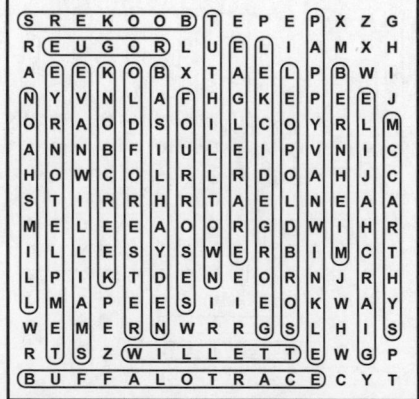

Solutions

No. 121
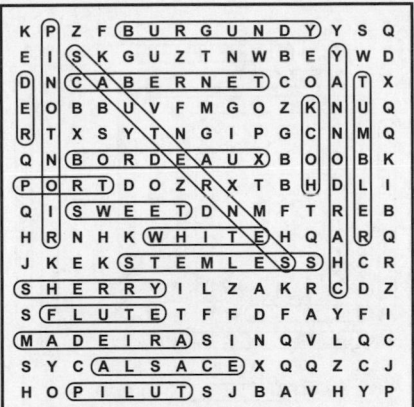

No. 122
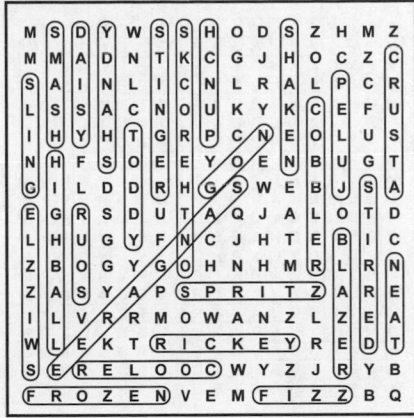

No. 123
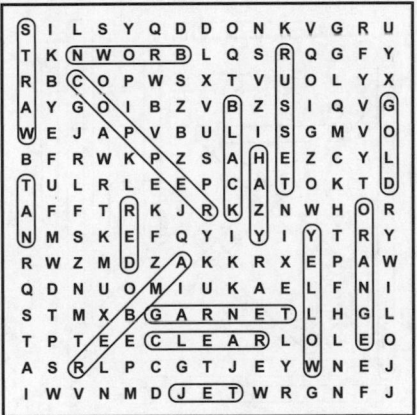

No. 124
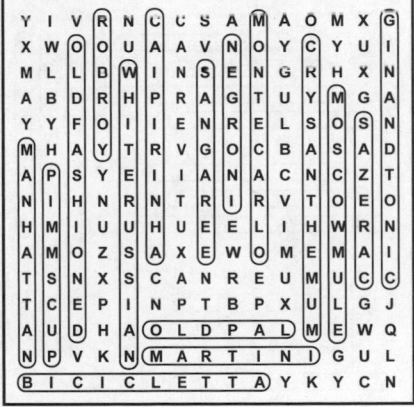

No. 125
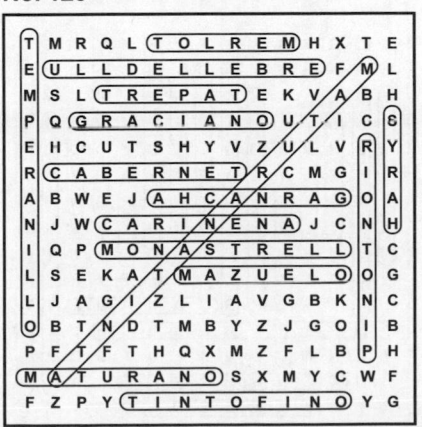

No. 126
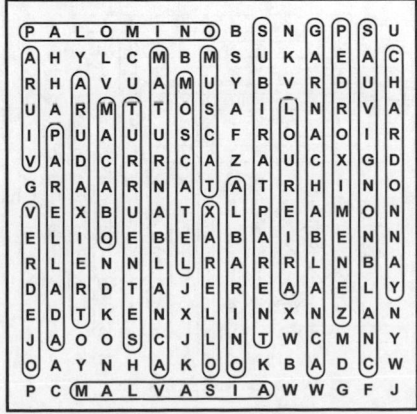

Solutions

No. 127

No. 128

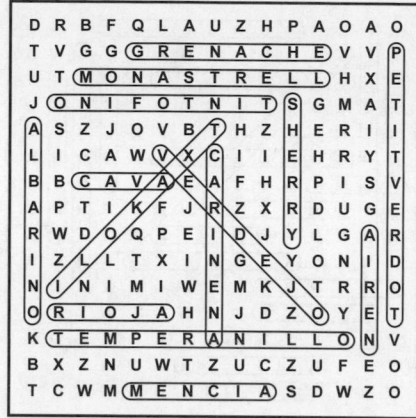

No. 129

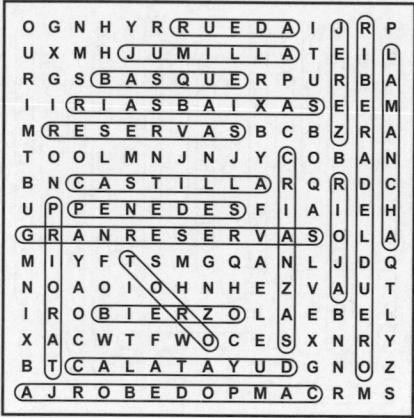

No. 130

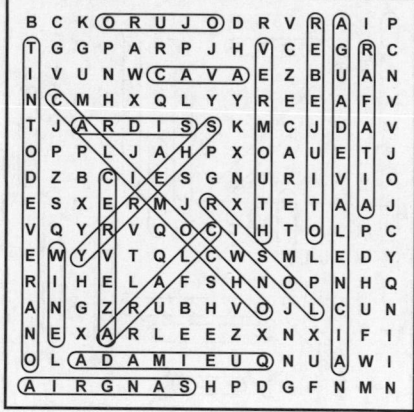

No. 131

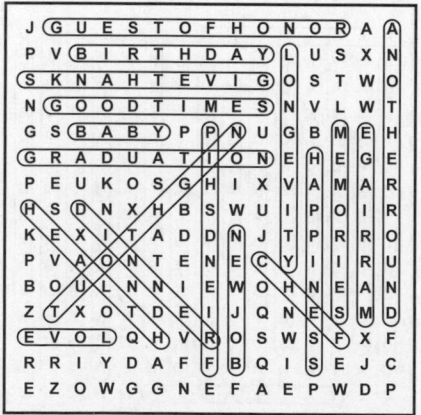

No. 132

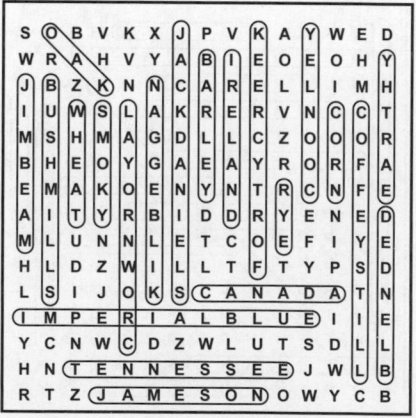

Solutions

No. 133

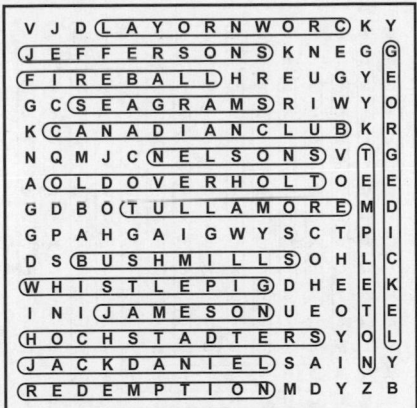

No. 134

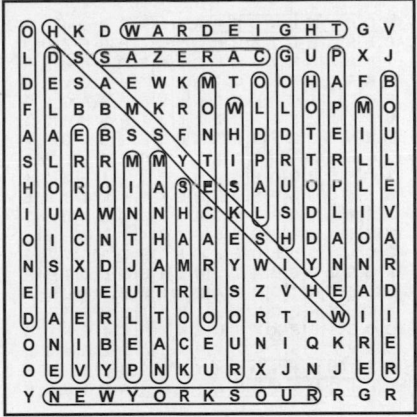

No. 135

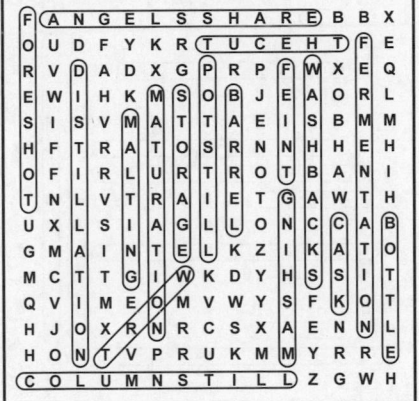

No. 136

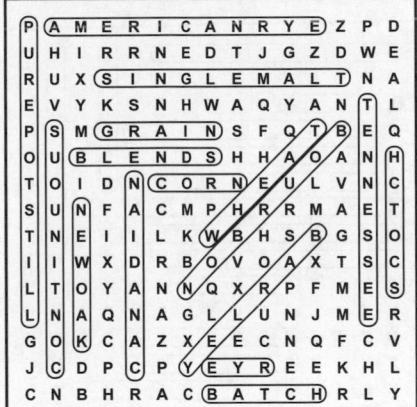

No. 137

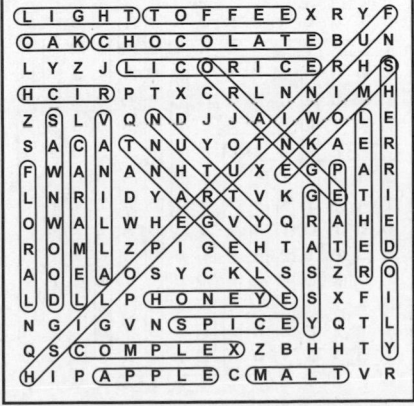

No. 138

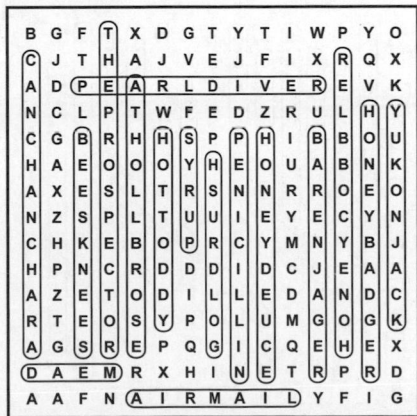

Solutions

No. 139
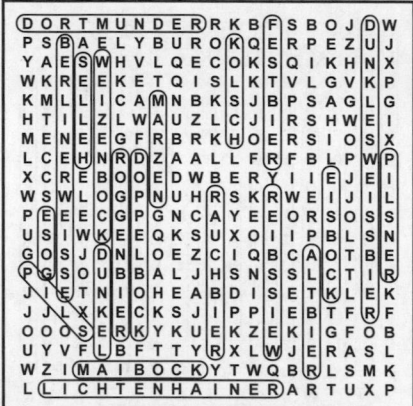

No. 140
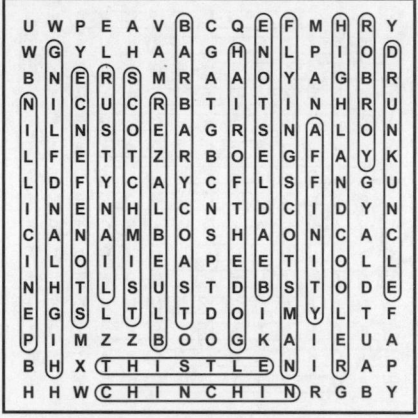

No. 141
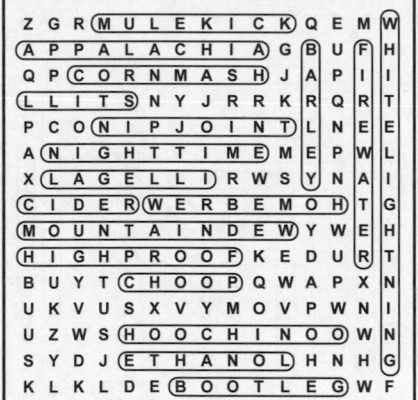

No. 142
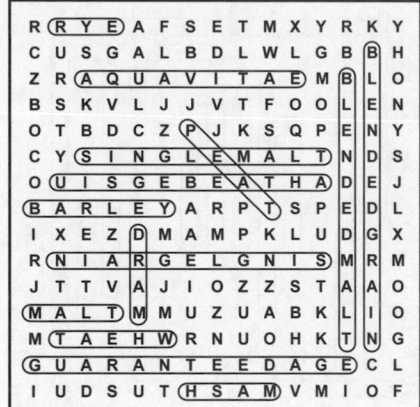

No. 143
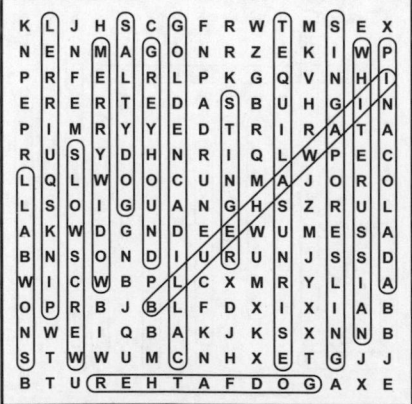

No. 144
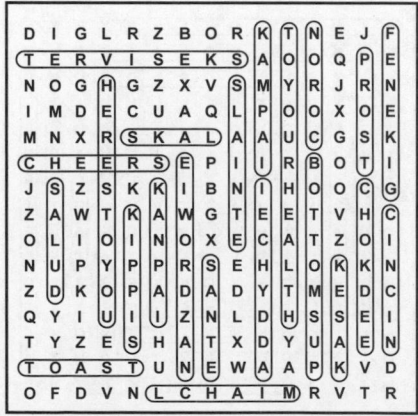

Solutions

No. 145

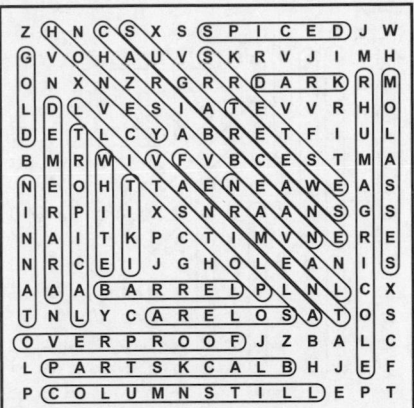

No. 146

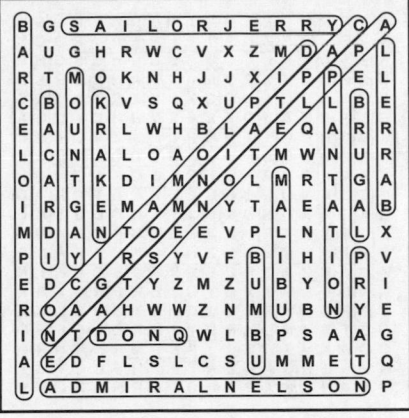

No. 147

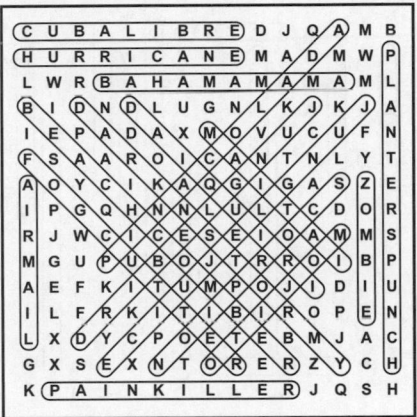

No. 148

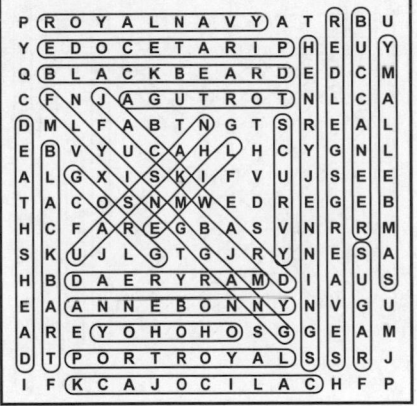

No. 149

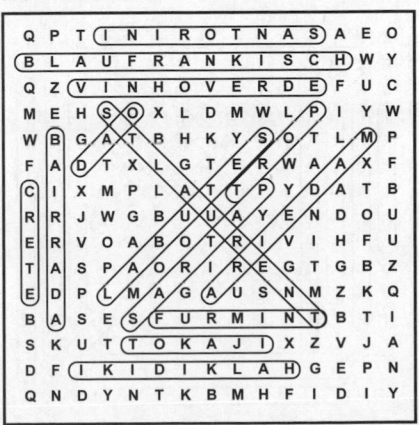

No. 150

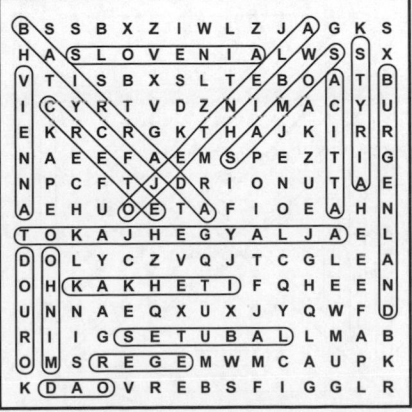

Solutions

No. 151

No. 152

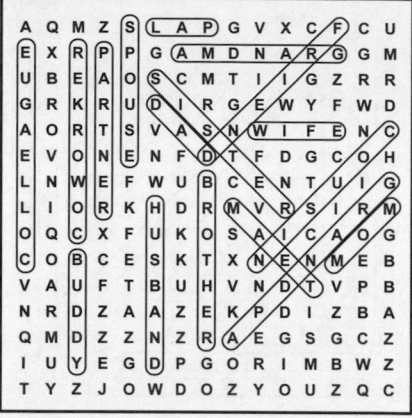

No. 153

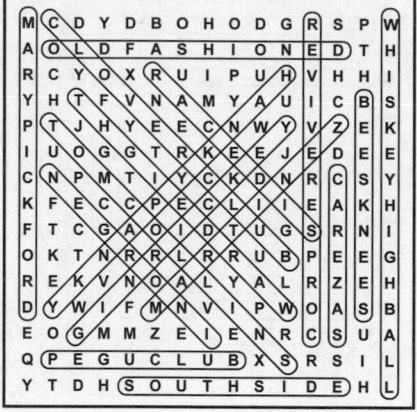

No. 154

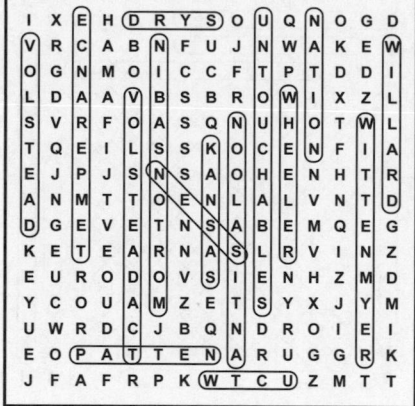

No. 155

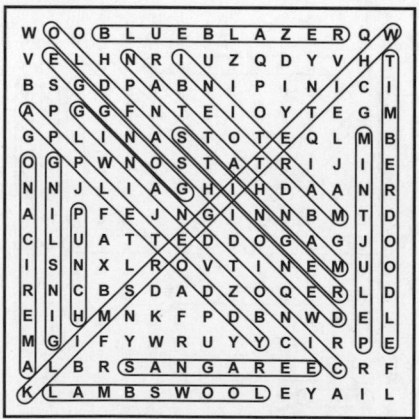

No. 156

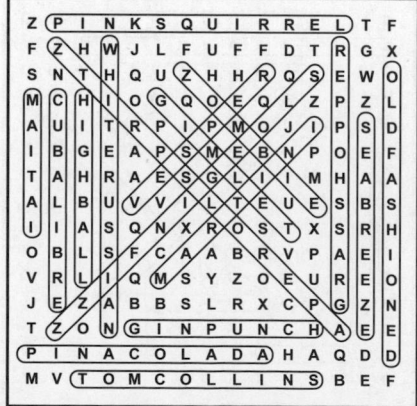

Solutions

No. 157
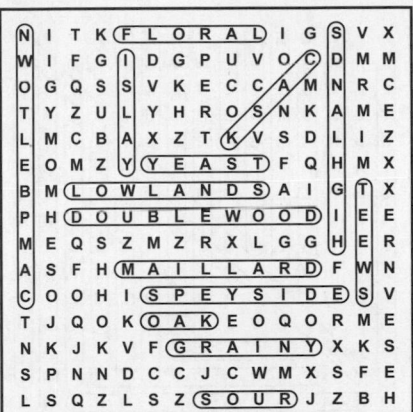

No. 158
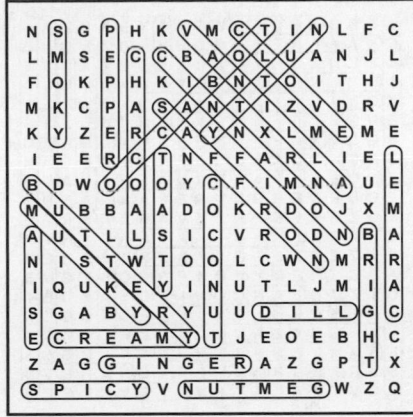

No. 159

No. 160
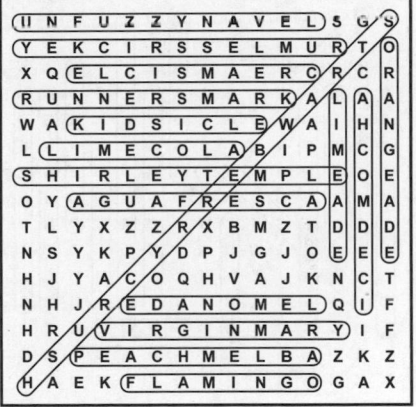

No. 161
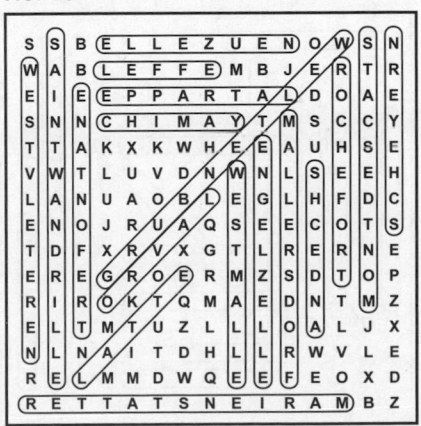

No. 162
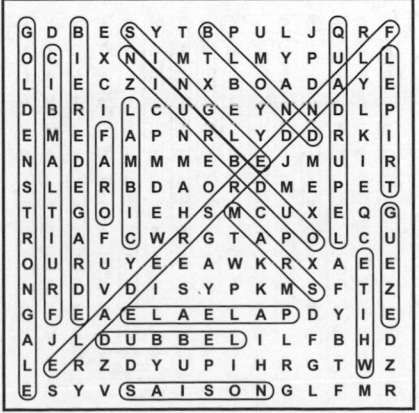

Solutions

No. 163
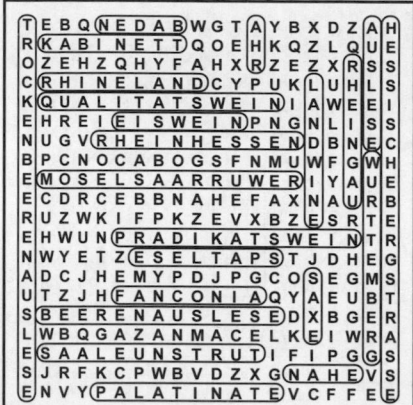

No. 164
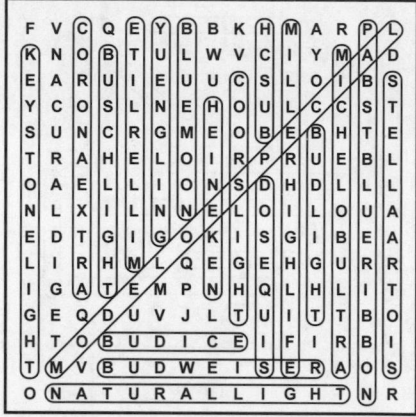

No. 165
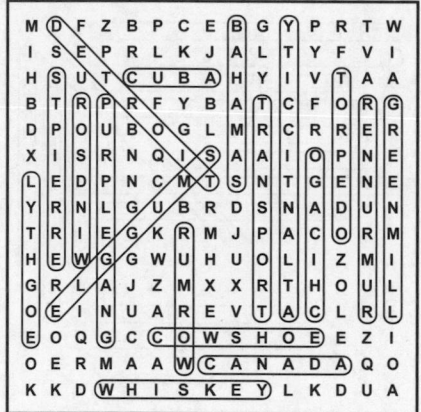

No. 166
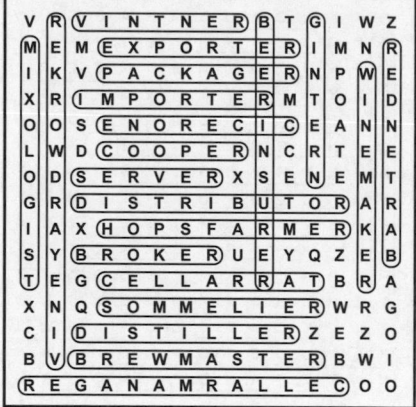

No. 167
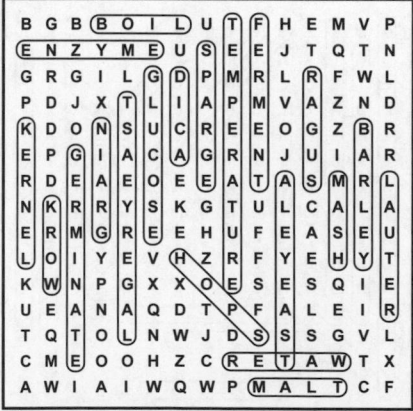

No. 168
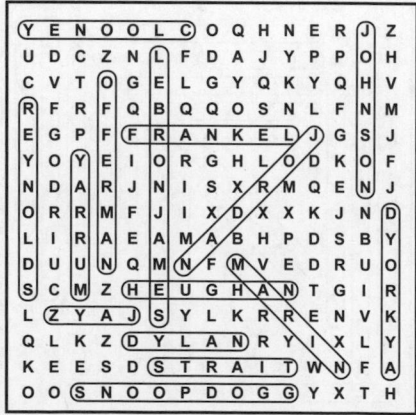

Solutions

No. 169

No. 170

No. 171

No. 172

No. 173

No. 174

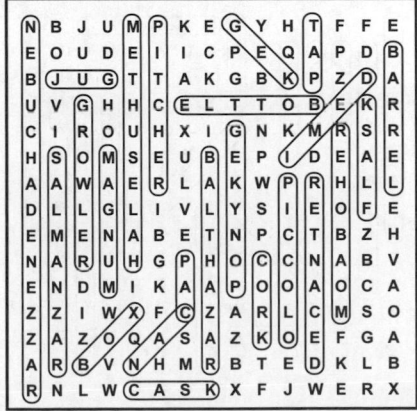

Solutions

No. 175

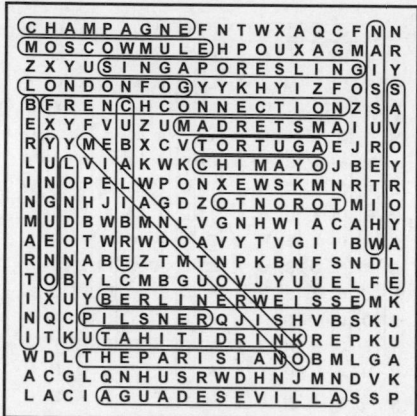

No. 176

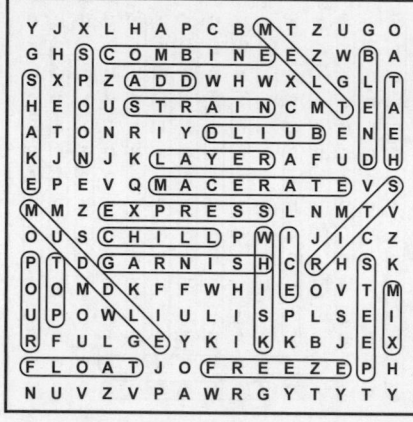

No. 177

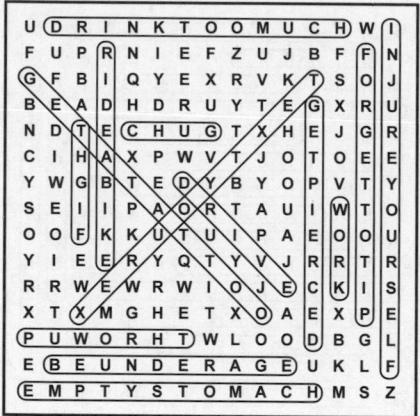

No. 178

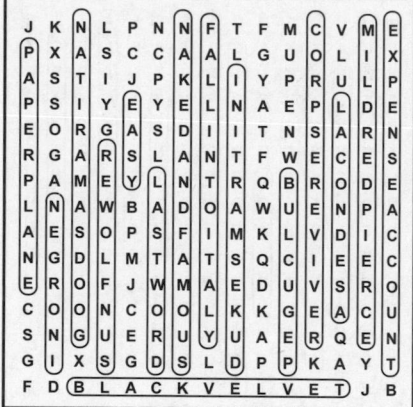

No. 179

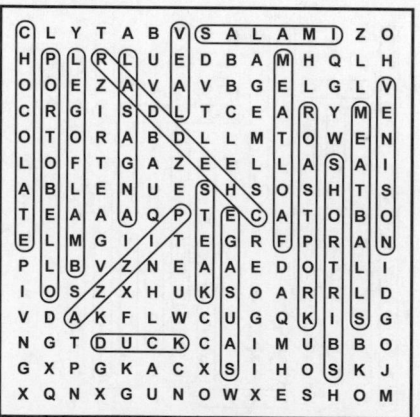

No. 180

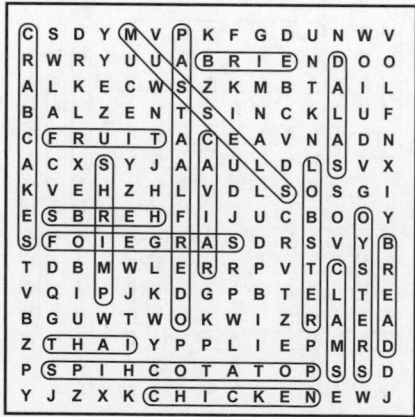

Solutions

No. 181

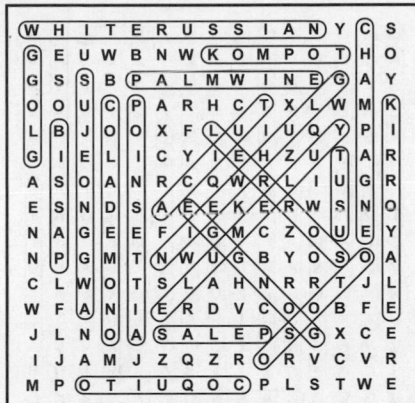

No. 182

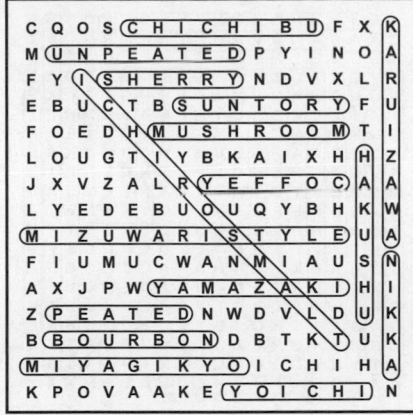

No. 183

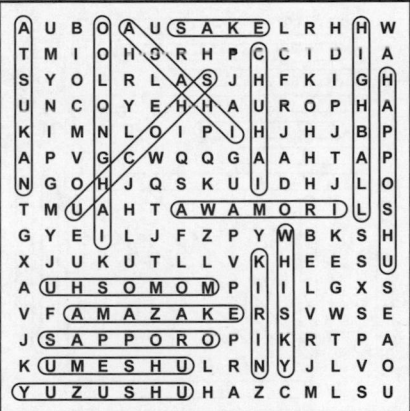

No. 184

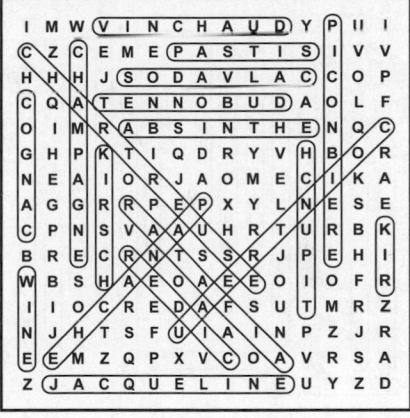

No. 185

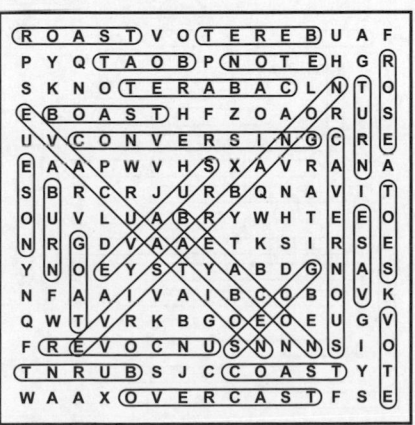

No. 186

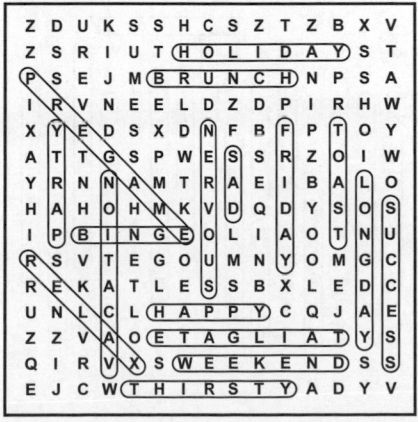

Solutions

No. 187
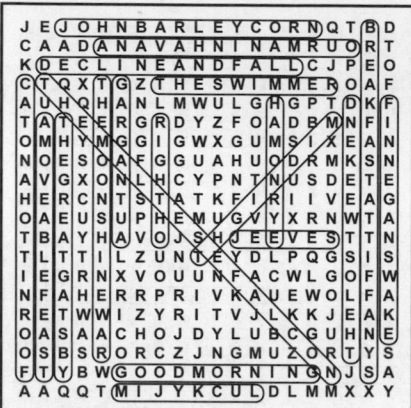

No. 188
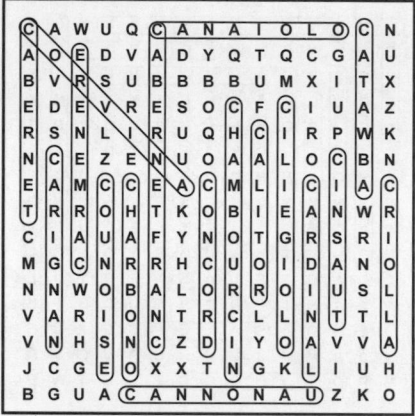

No. 189
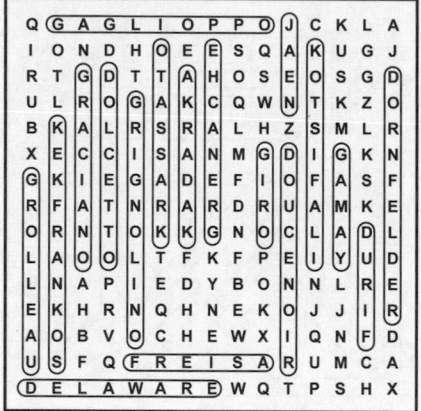

No. 190
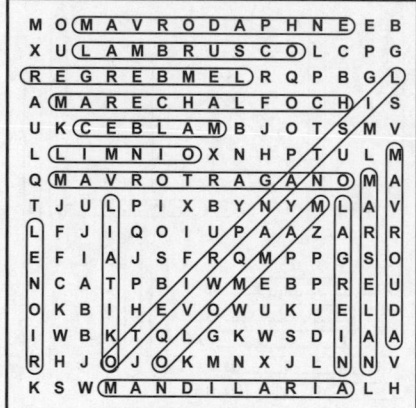

No. 191
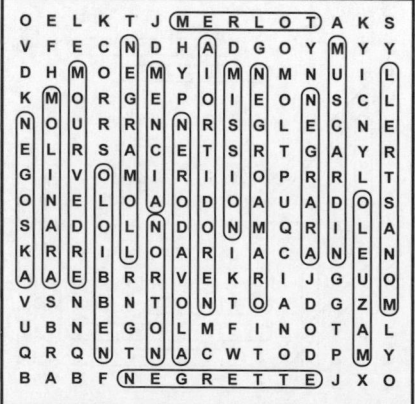

No. 192
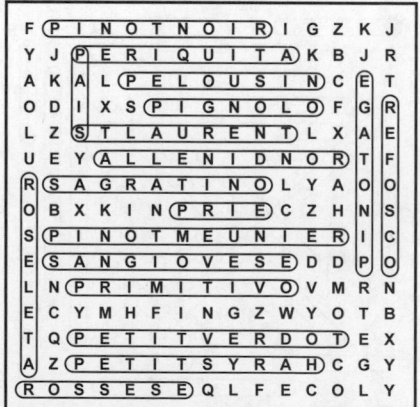

Solutions

No. 193

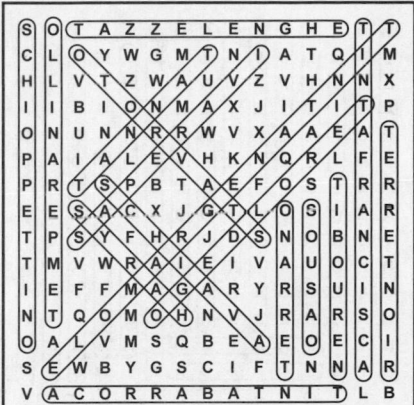

No. 194

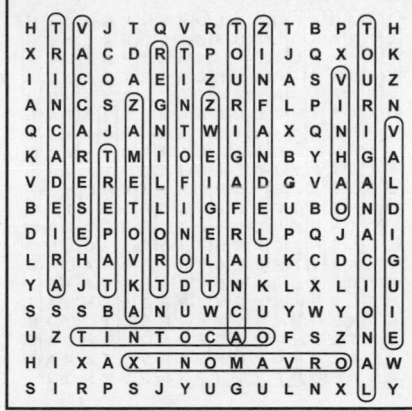

No. 195

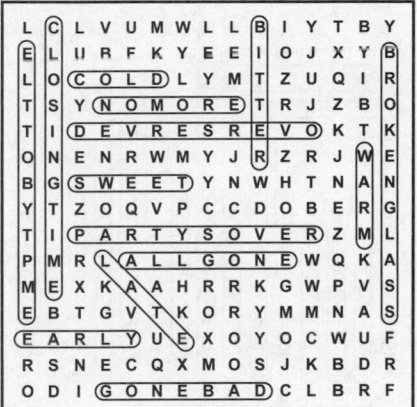

No. 196

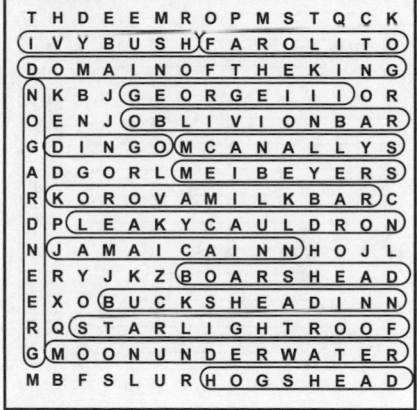

No. 197

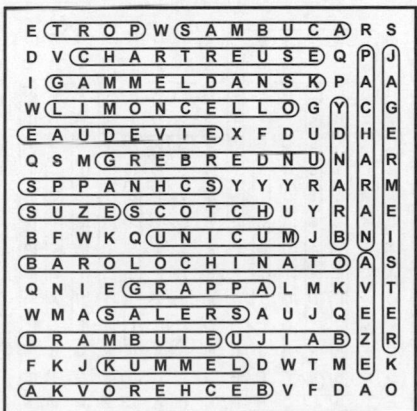

No. 198

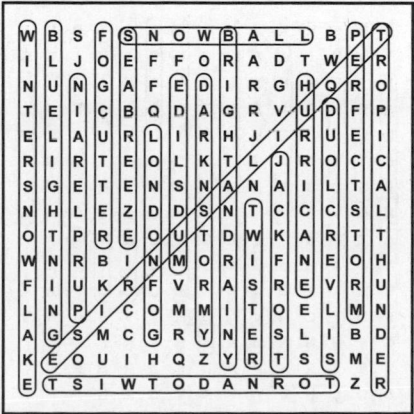

Solutions

No. 199

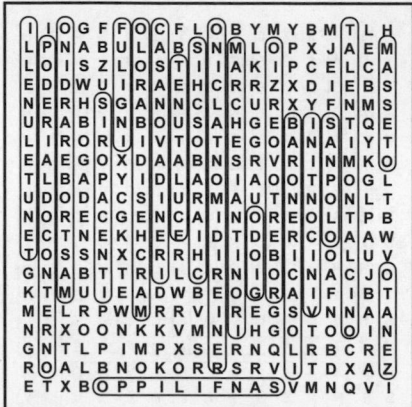

No. 200

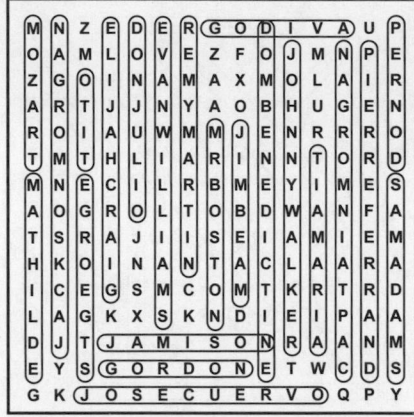

No. 201

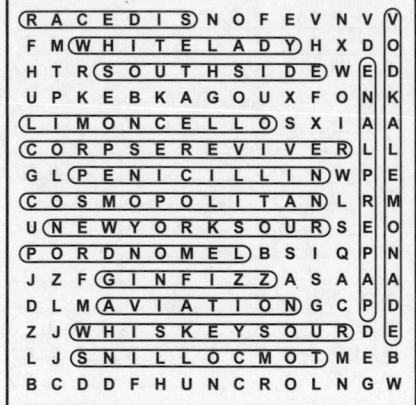

No. 202

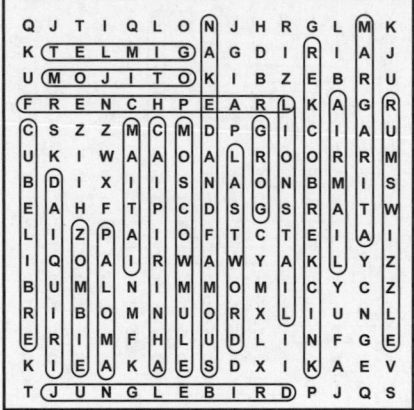

No. 203

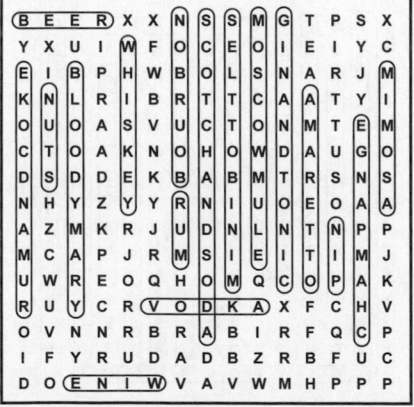

No. 204

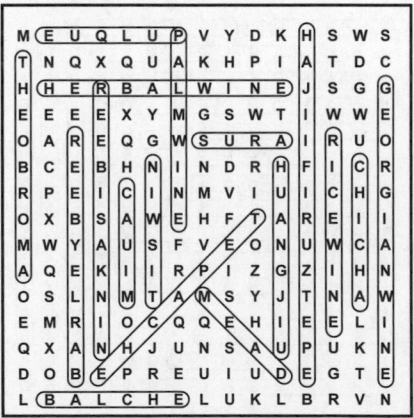

Solutions

No. 205
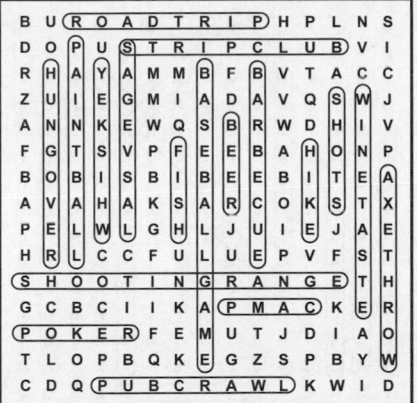

No. 206
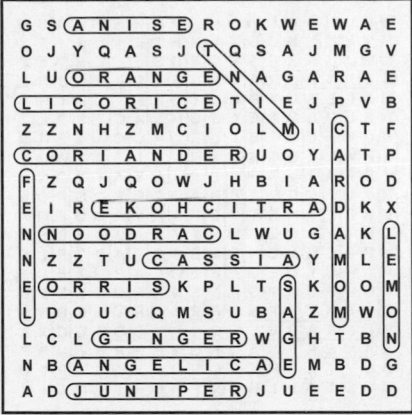

No. 207
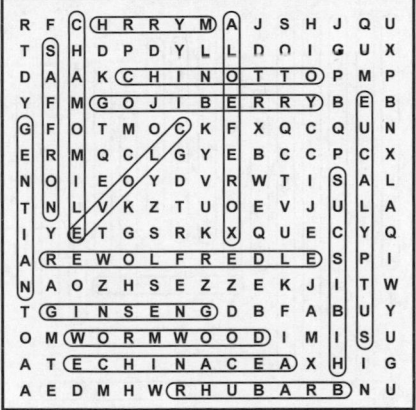

No. 208
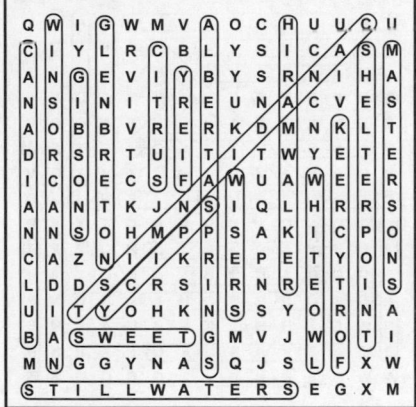

No. 209
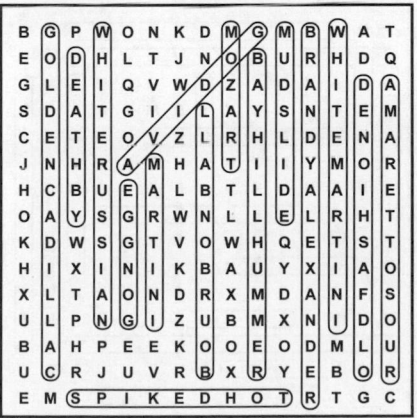

No. 210
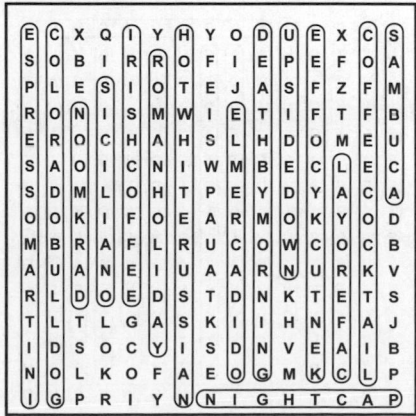

Solutions

No. 211

No. 212

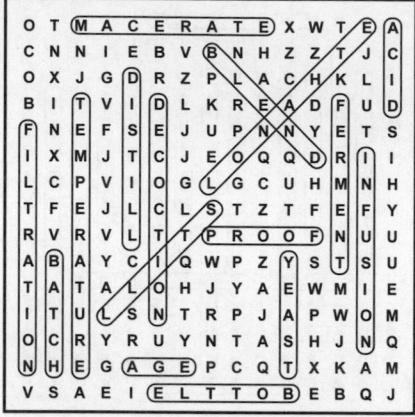

No. 213

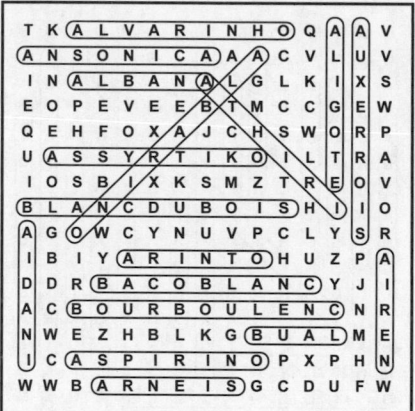

No. 214

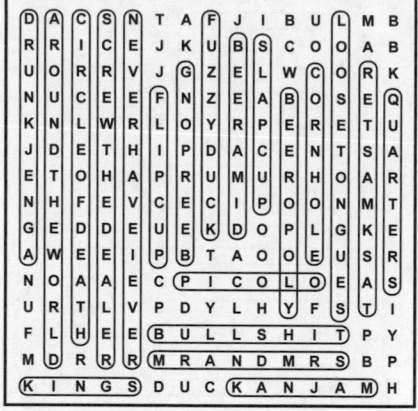

No. 215

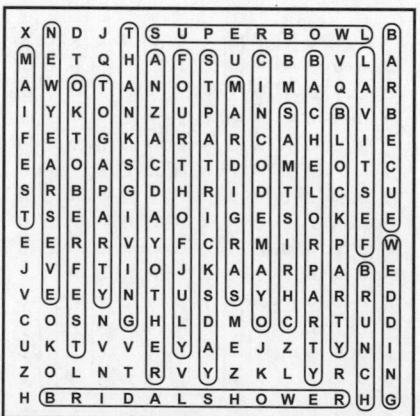

No. 216

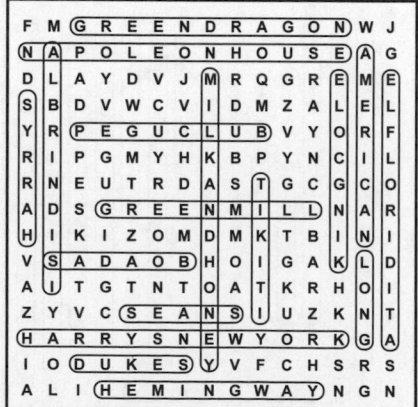

Solutions

No. 217

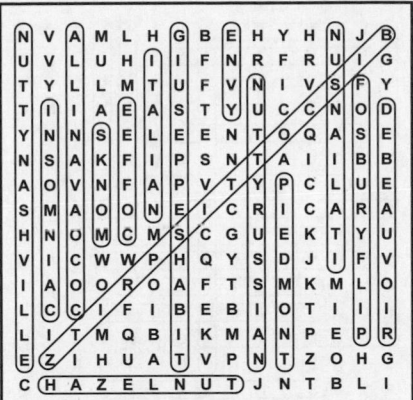

No. 218

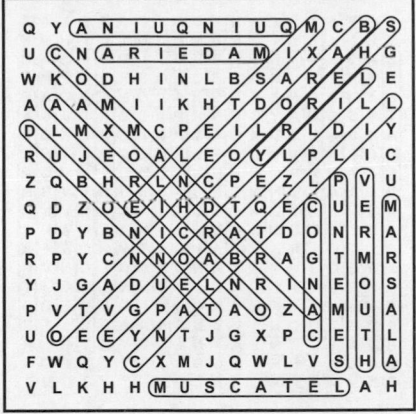

No. 219

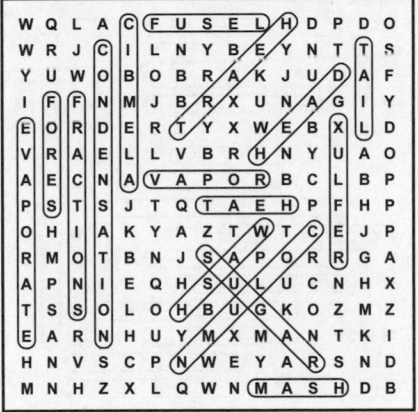

No. 220

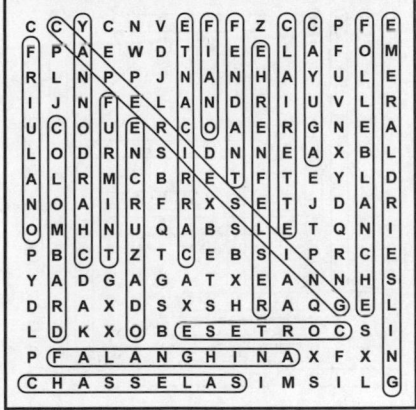

No. 221

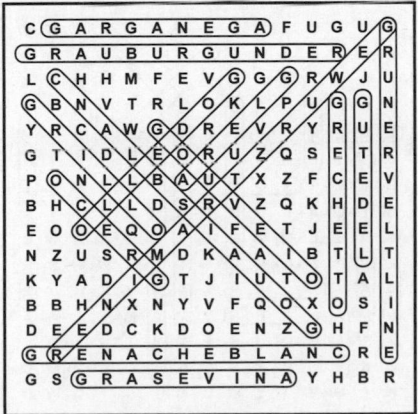

No. 222

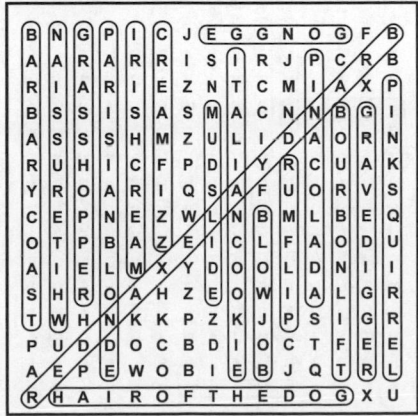

Solutions

No. 223

No. 224

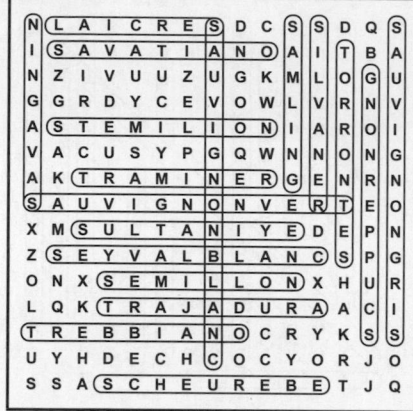

No. 225

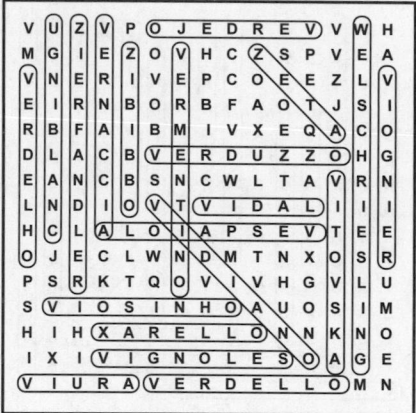

No. 226

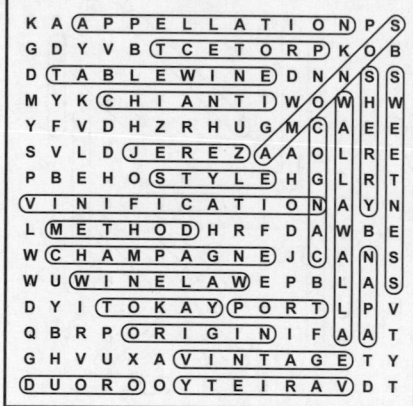

No. 227

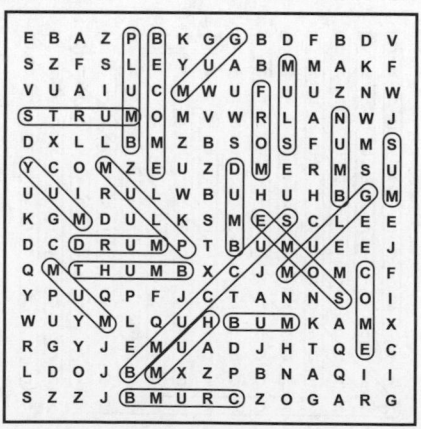

No. 228

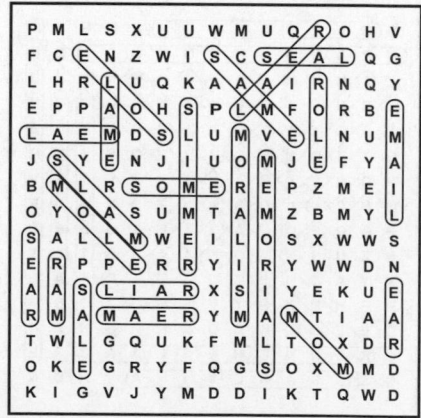

Solutions

No. 229
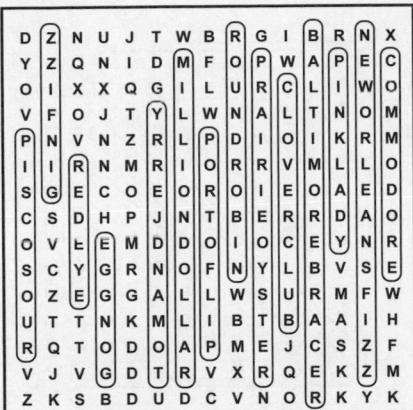

No. 230
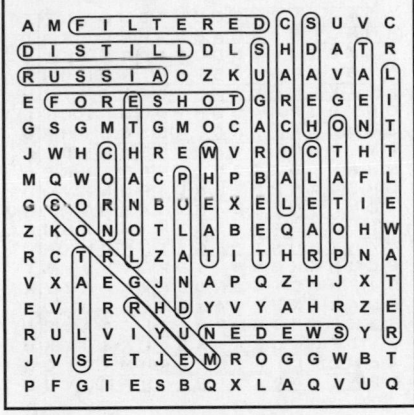

No. 231
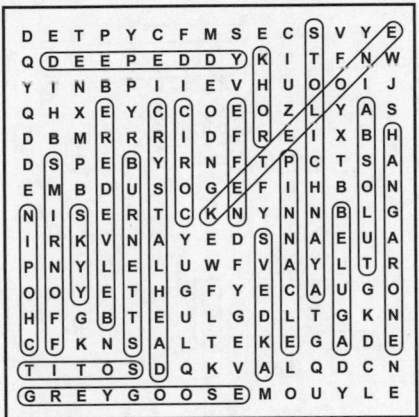

No. 232
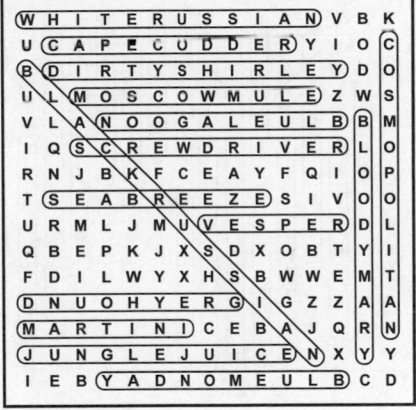

No. 233
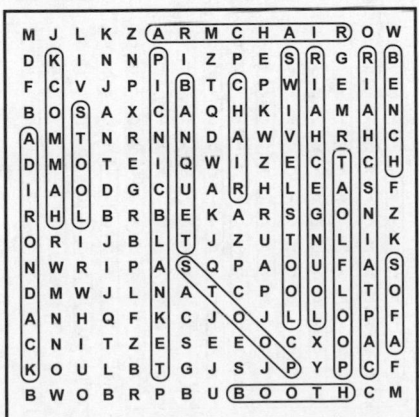

No. 234
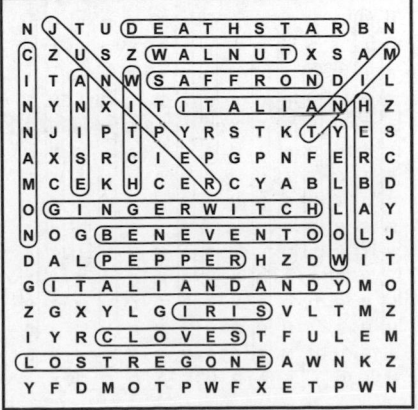

Solutions

No. 235
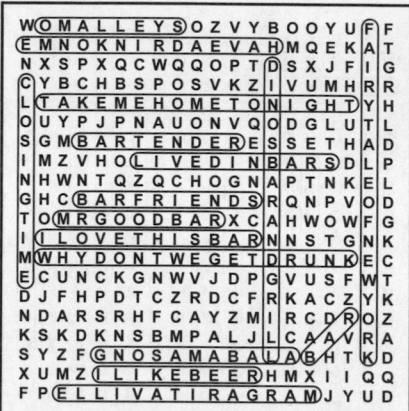

No. 236
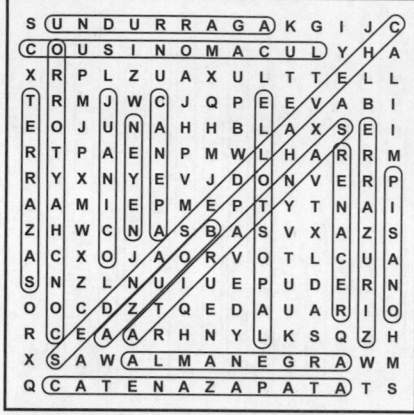

No. 237
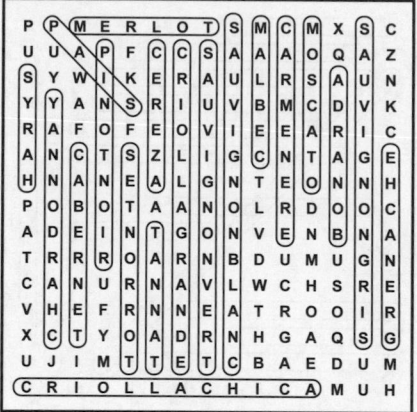

No. 238
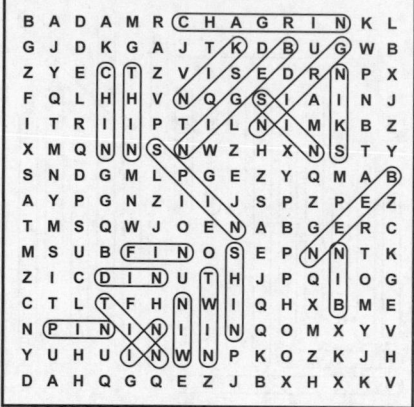

No. 239
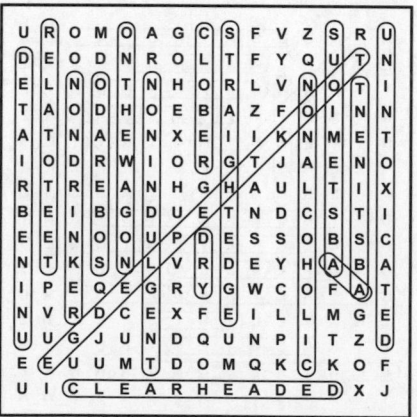

No. 240
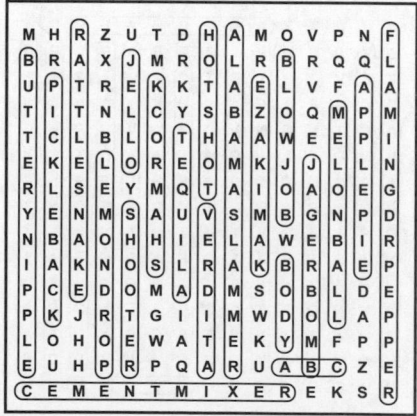

Solutions

No. 241
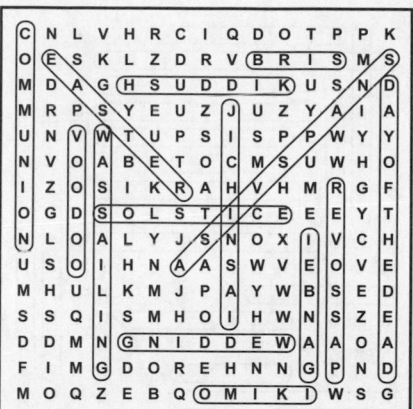

No. 242
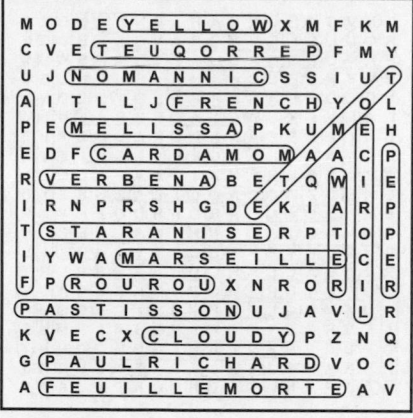

No. 243
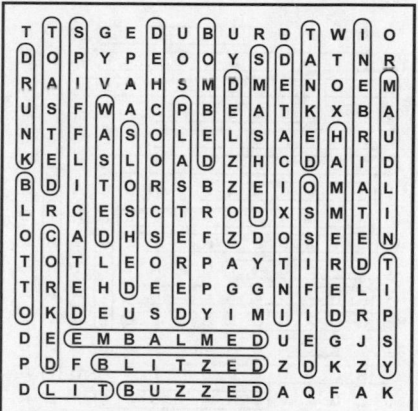

No. 244
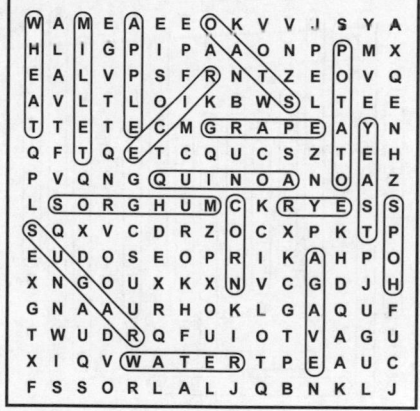

No. 245
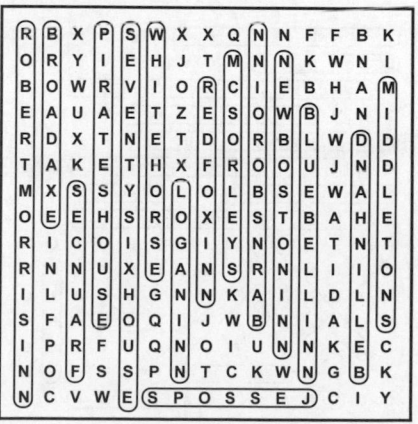

No. 246
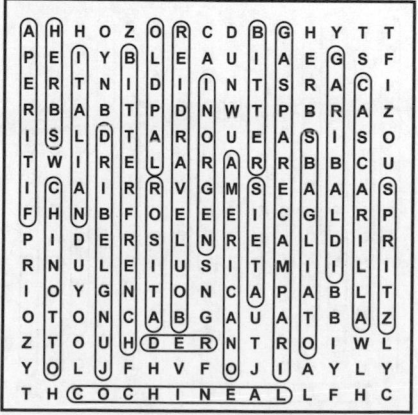

Solutions

No. 247

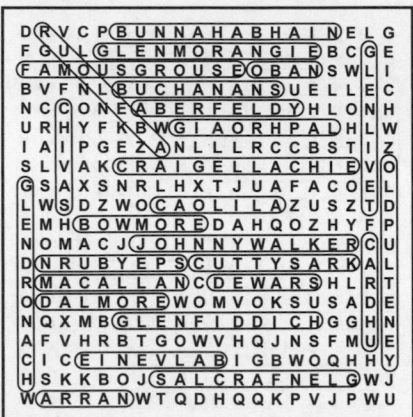

No. 248

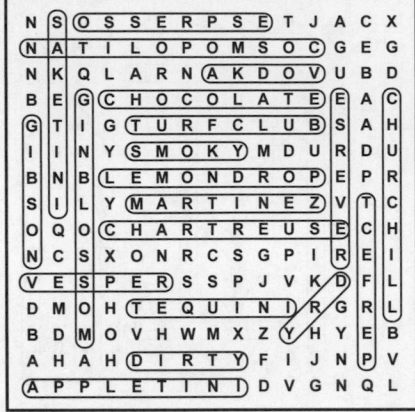

No. 249

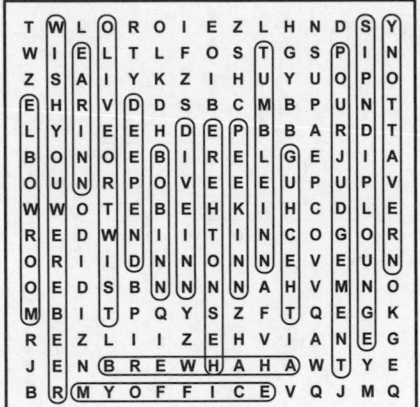

No. 250

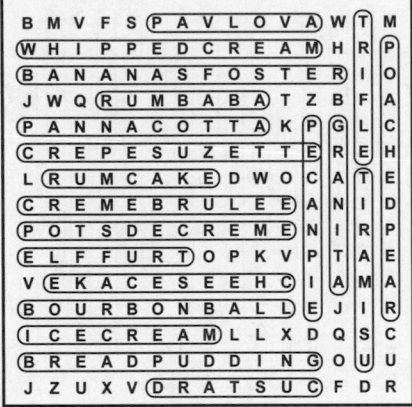

No. 251

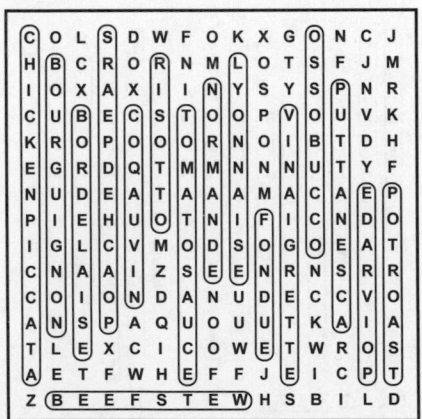

No. 252

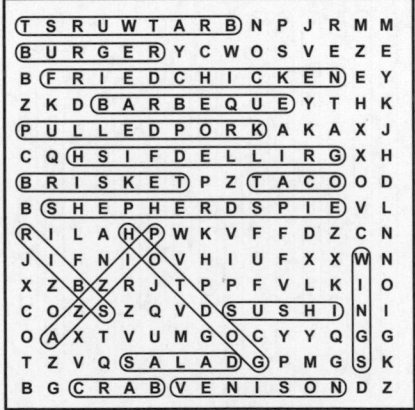

Solutions

No. 253

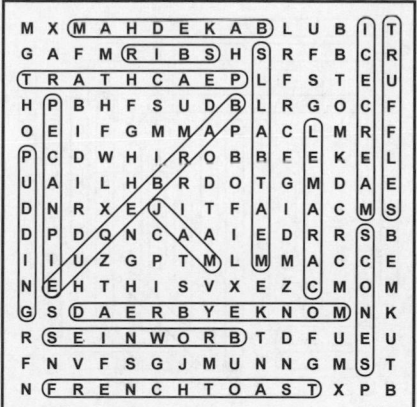

No. 254

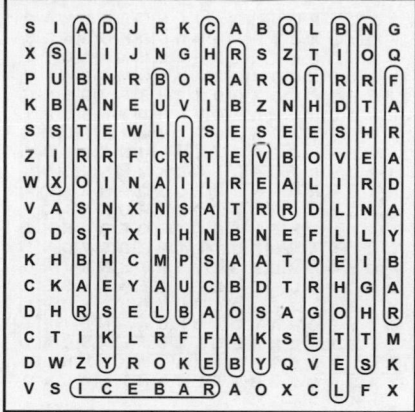

No. 255

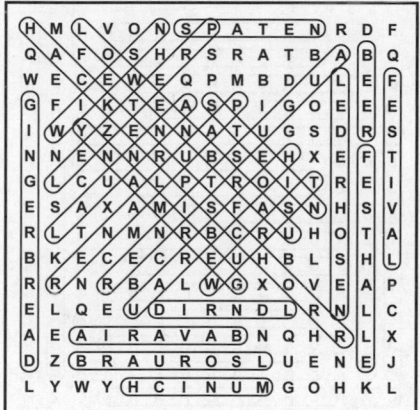

No. 256

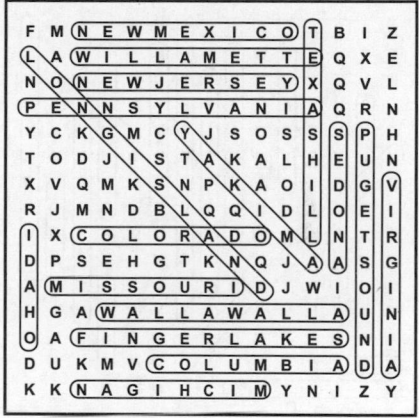

No. 257

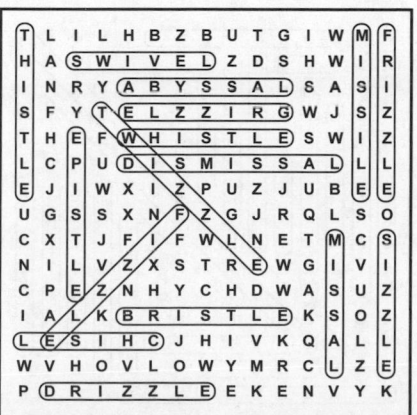

No. 258

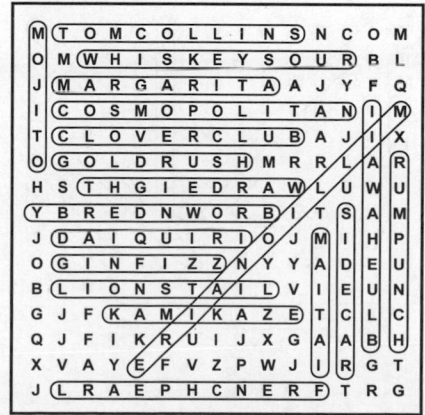

Solutions

No. 259

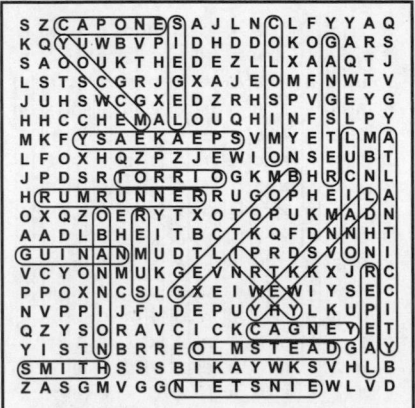

No. 260

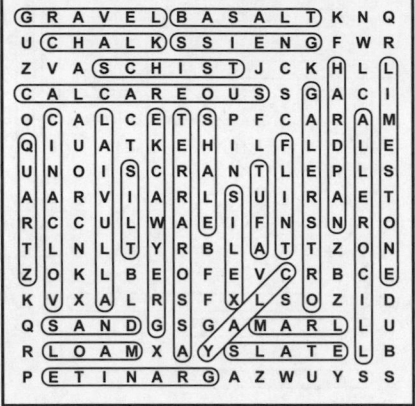

No. 261

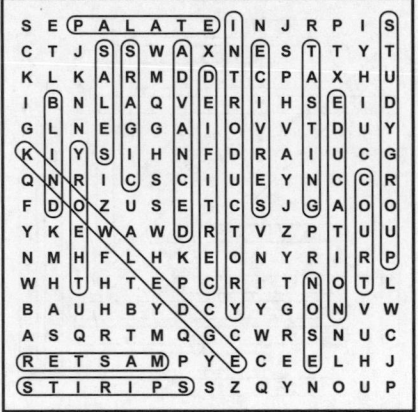

No. 262

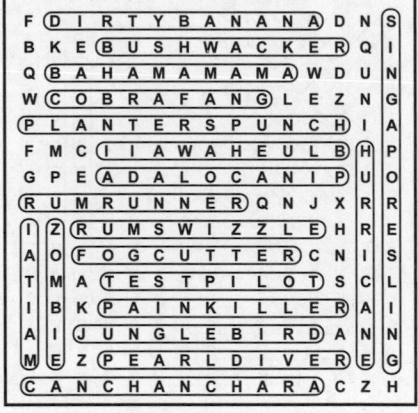

No. 263

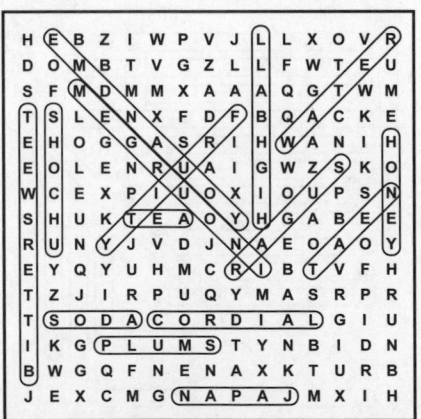

No. 264

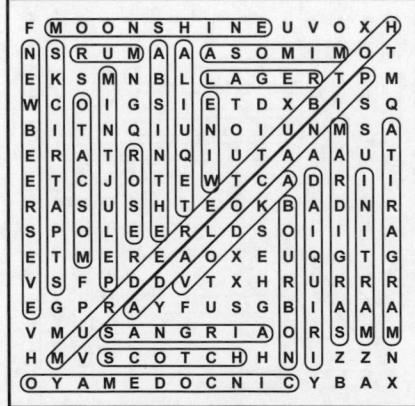

Solutions

No. 265

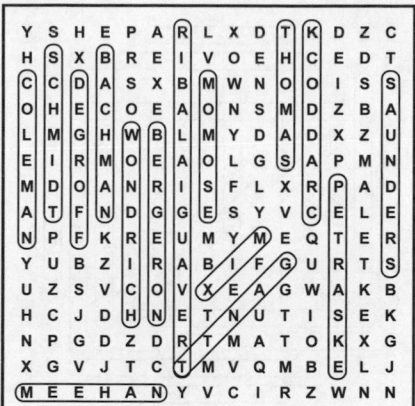

No. 266

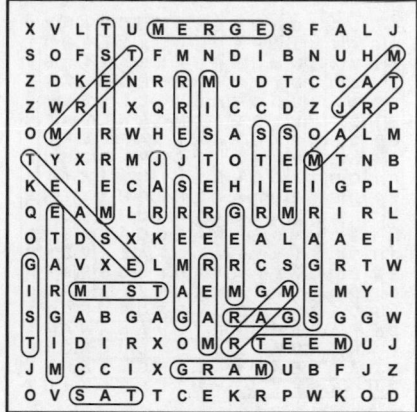

No. 267

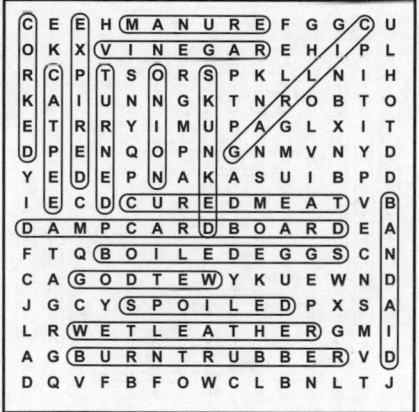

No. 268

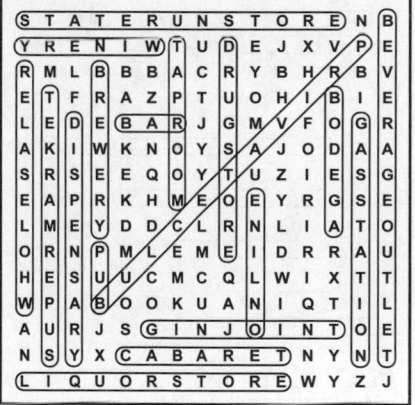

No. 269

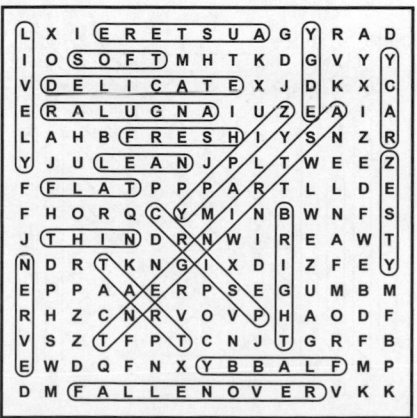

No. 270

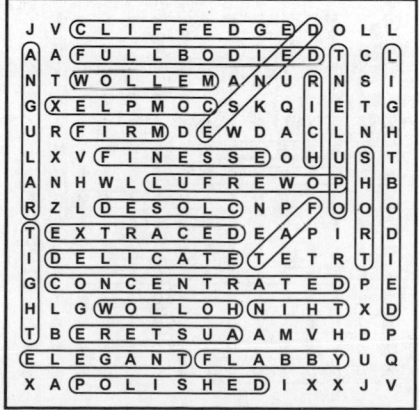

Solutions

No. 271

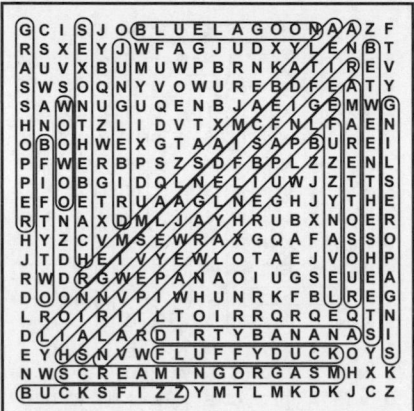

No. 272

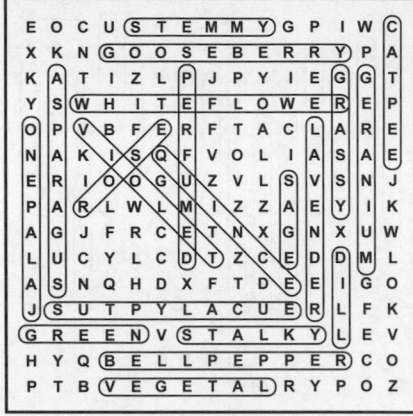

No. 273

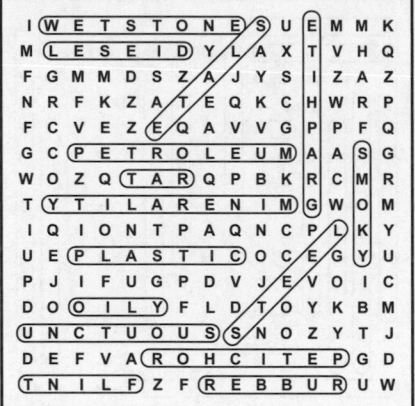

No. 274

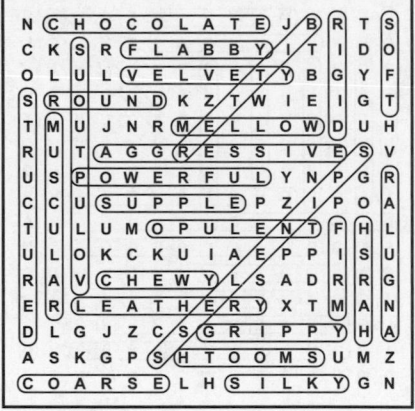

No. 275

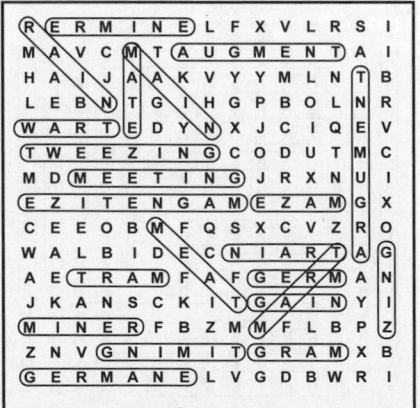

No. 276

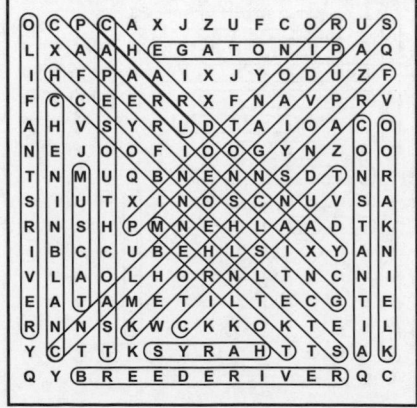

Solutions

No. 277
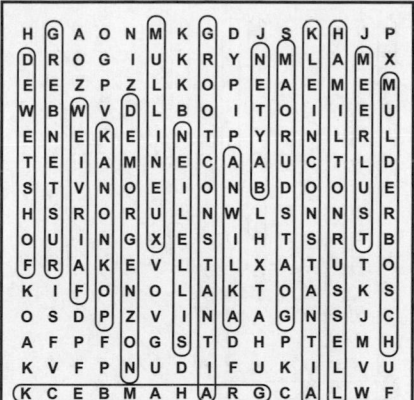

No. 278

No. 279
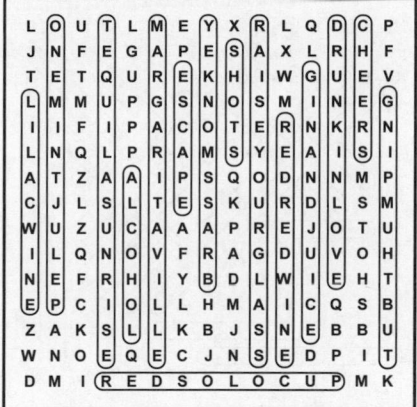

No. 280
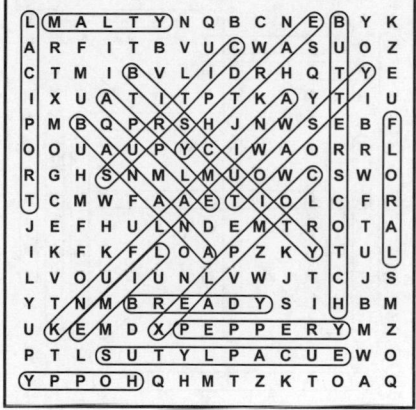

No. 281
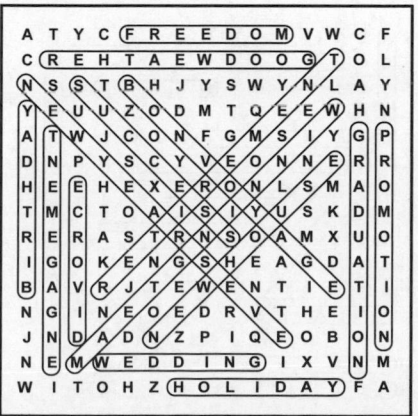

No. 282
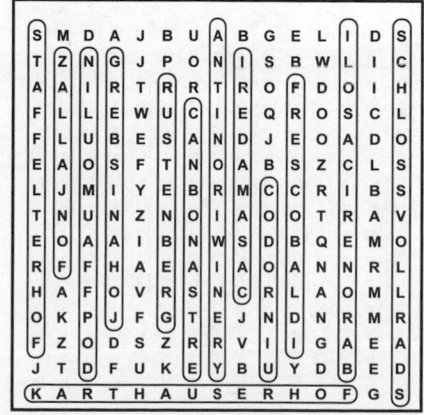

Solutions

No. 283
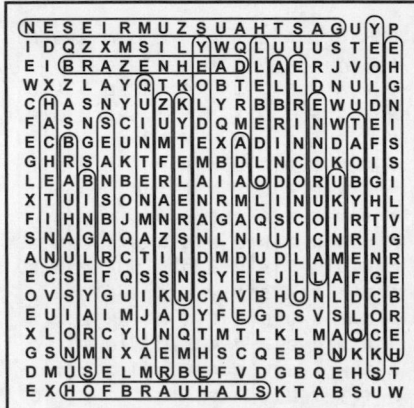

No. 284
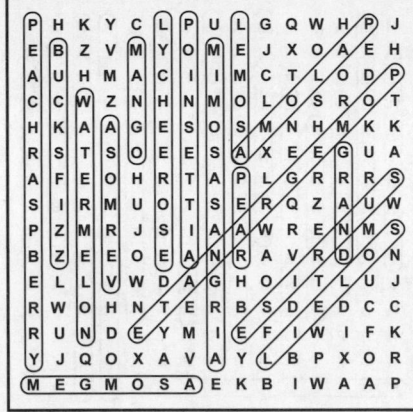

No. 285
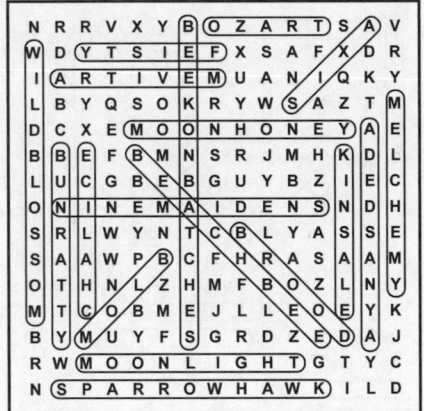

No. 286
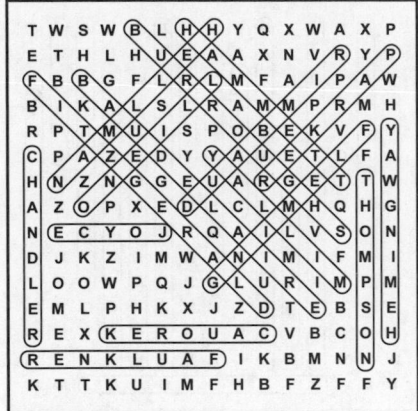

No. 287
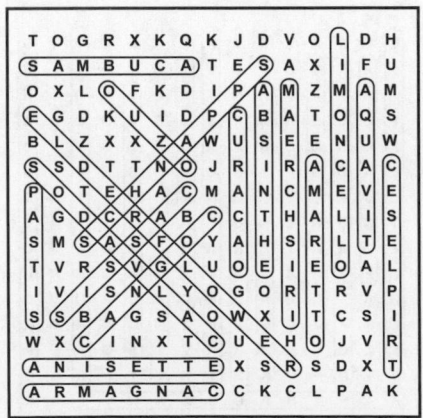

No. 288
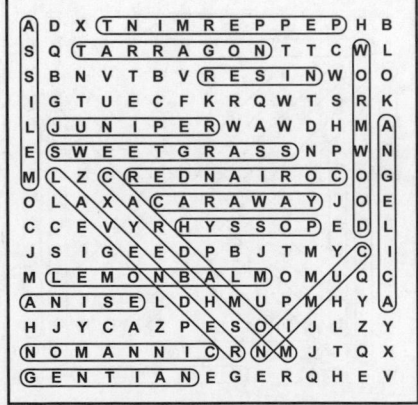

Solutions

No. 289
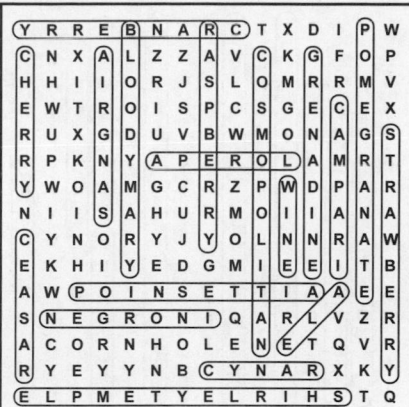

No. 290
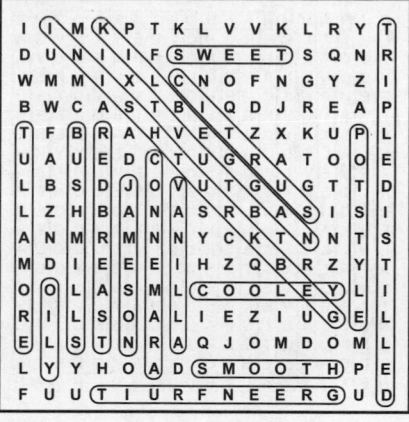

No. 291
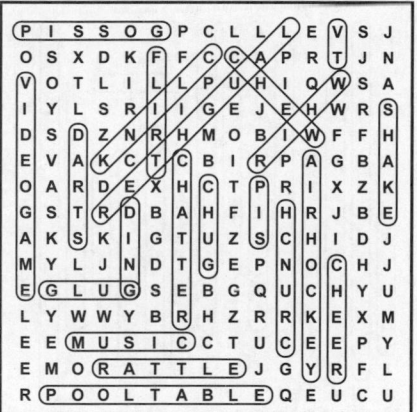

No. 292
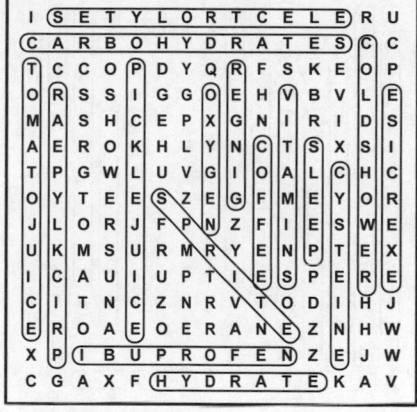

No. 293
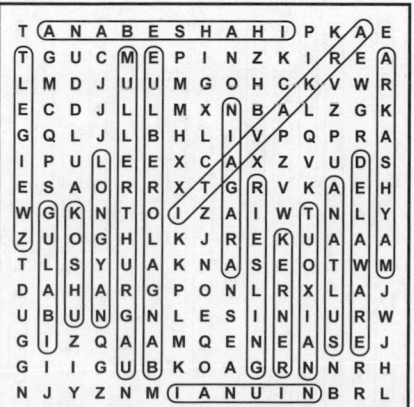

No. 294
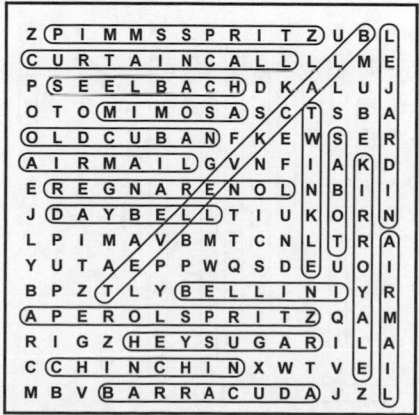

Solutions

No. 295

No. 296

No. 297

No. 298

No. 299

No. 300

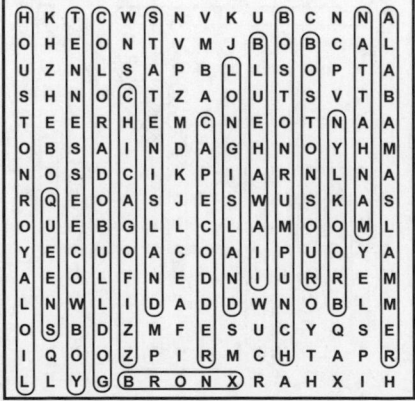

Solutions

No. 301
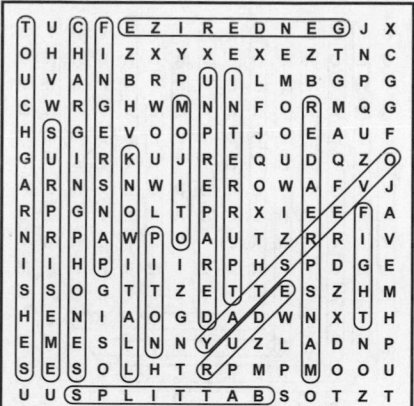

No. 302
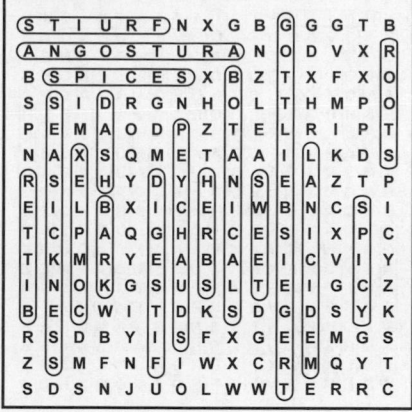

No. 303
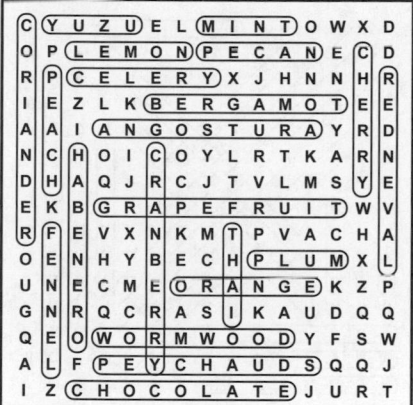

No. 304
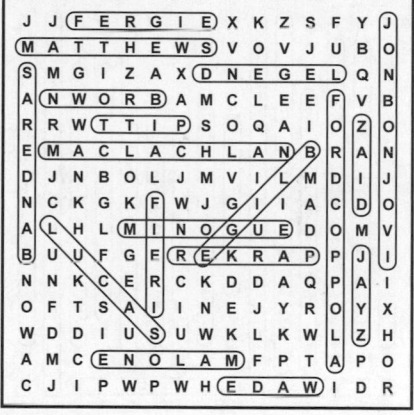

No. 305
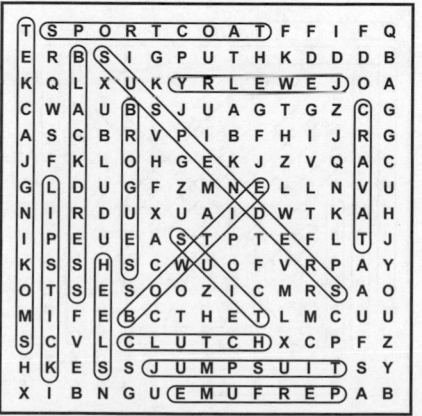

No. 306
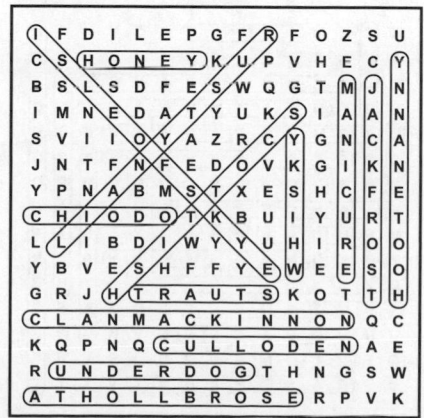

Solutions

No. 307

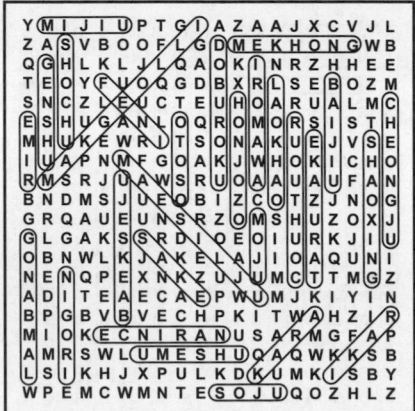

No. 308

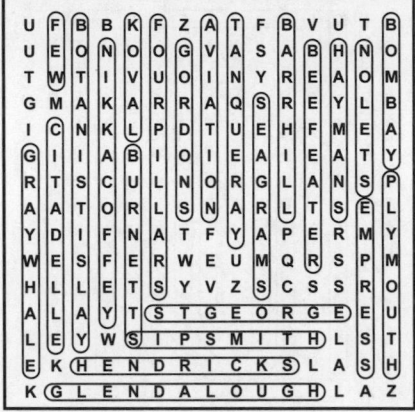

No. 309

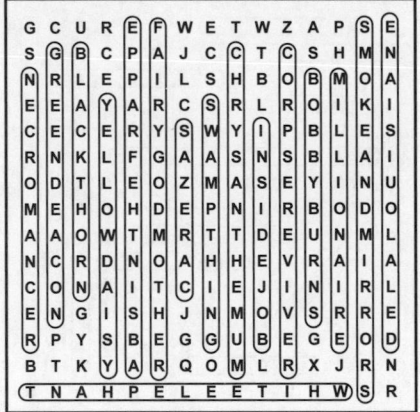

No. 310

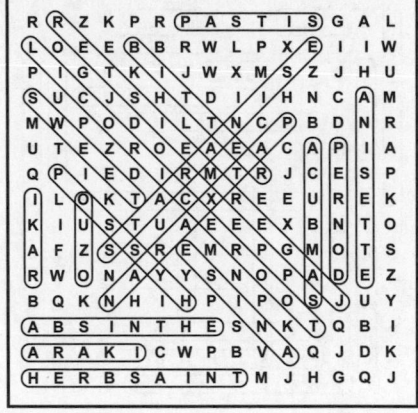

No. 311

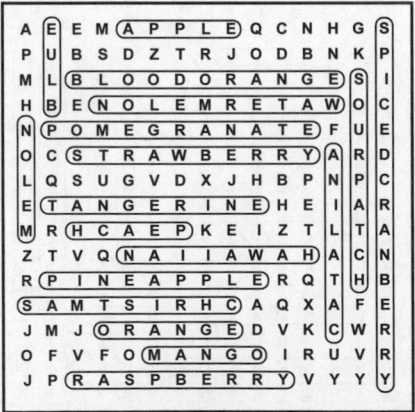

No. 312

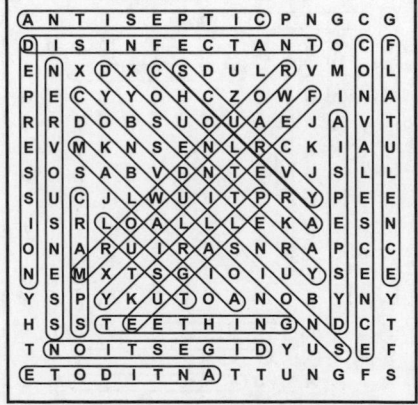

Solutions

No. 313

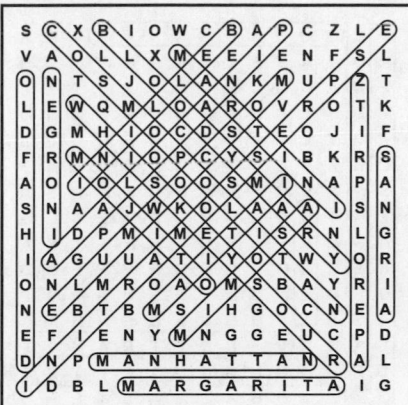

No. 314

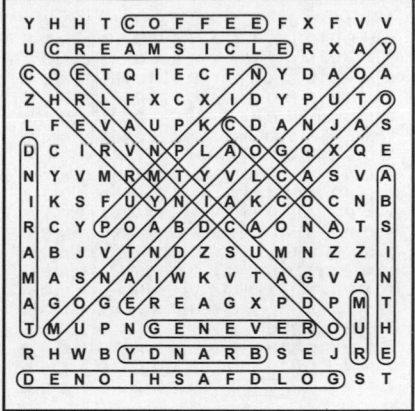

No. 315

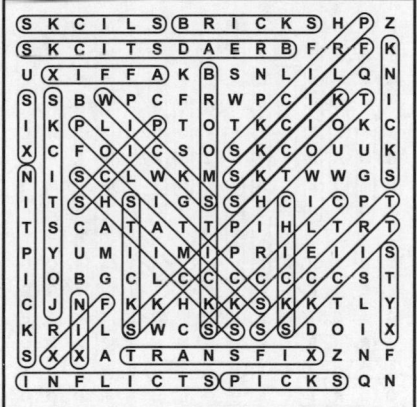

No. 316

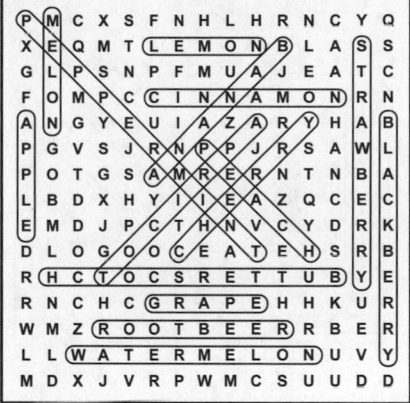

No. 317

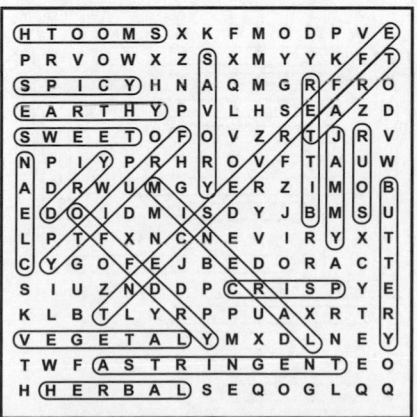

No. 318

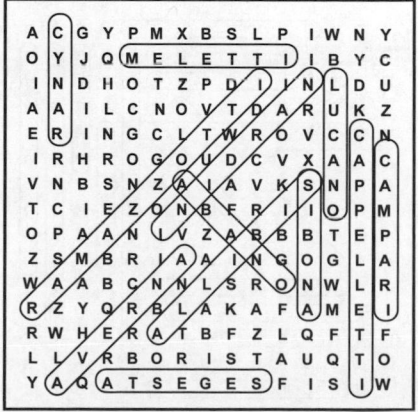

Solutions

No. 319

No. 320
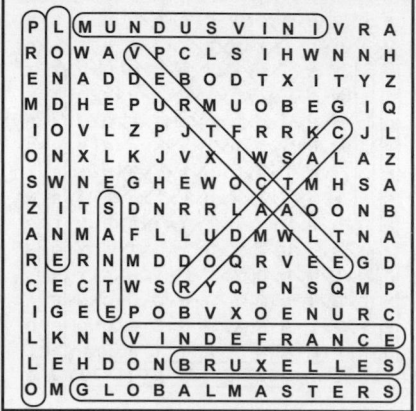

No. 321
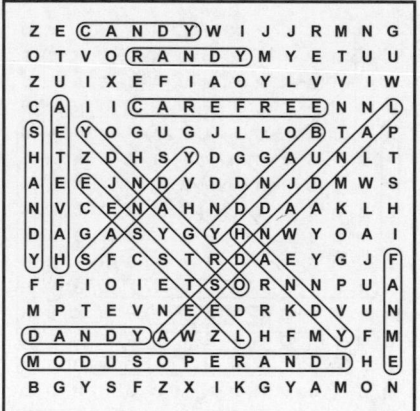

No. 322
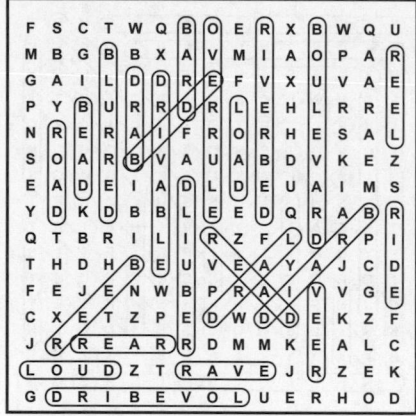

No. 323
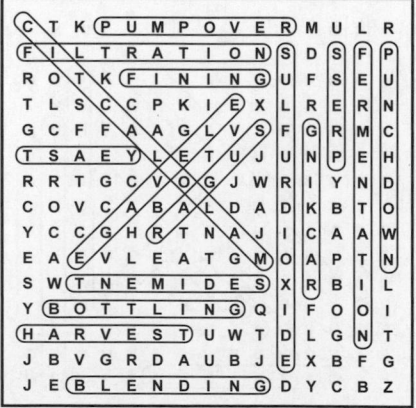

No. 324
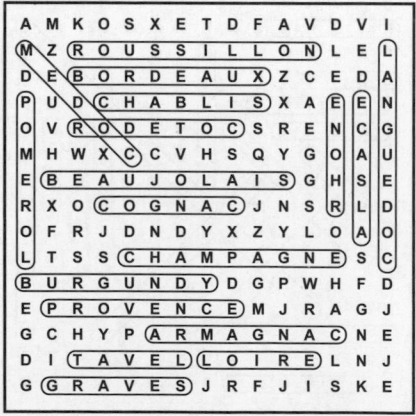

Solutions

No. 325
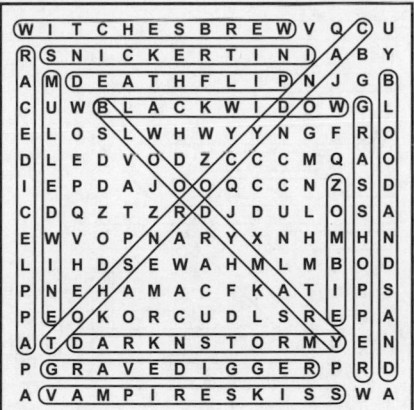

No. 326
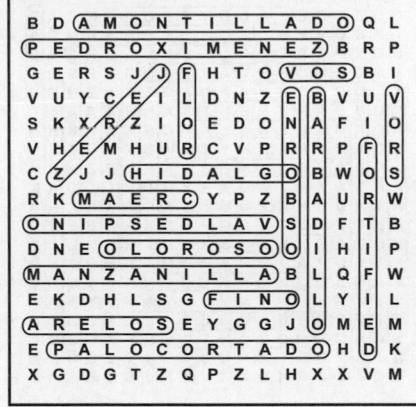

No. 327
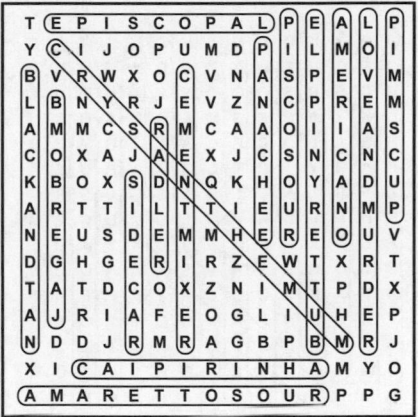

No. 328
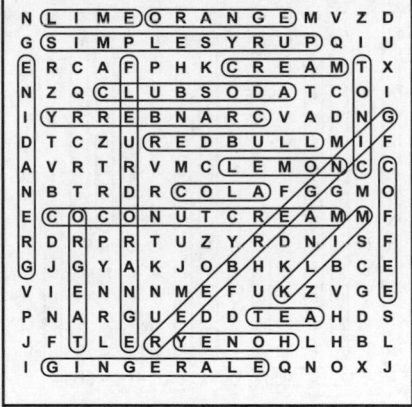

No. 329
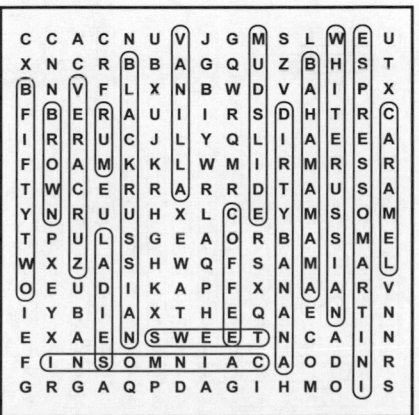

No. 330
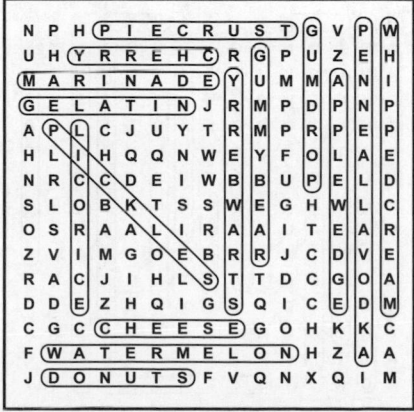

Solutions

No. 331

No. 332

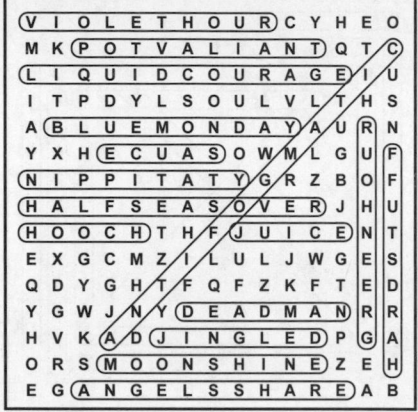

No. 333

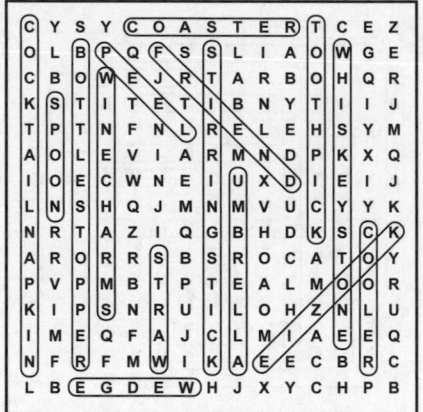

No. 334

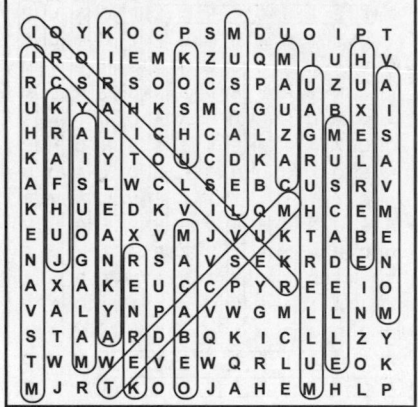

No. 335

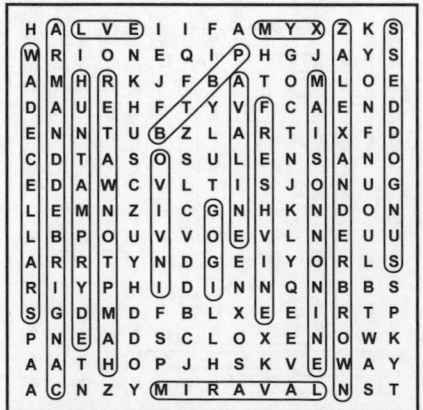

No. 336

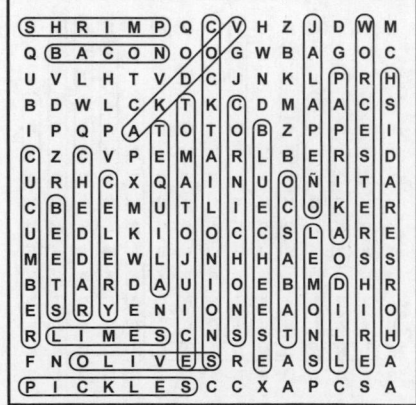

Solutions

No. 337

No. 338
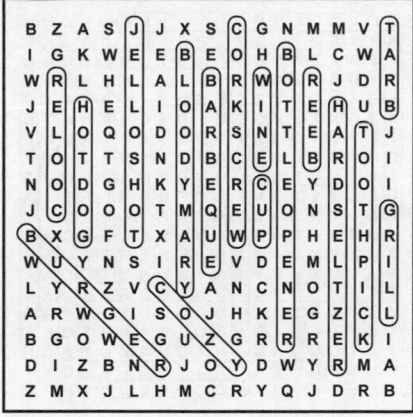

No. 339
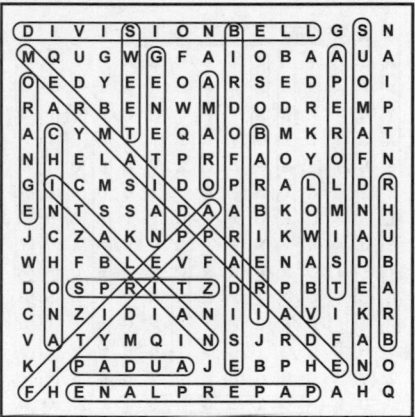

No. 340
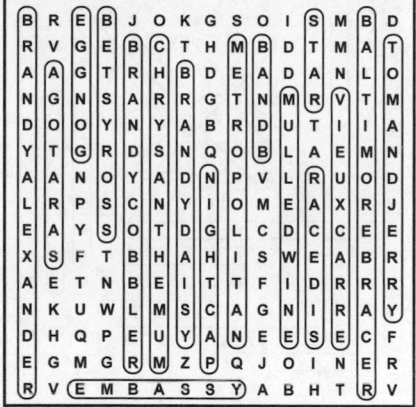

No. 341
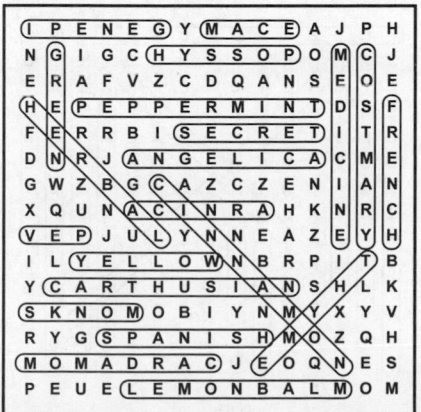

No. 342
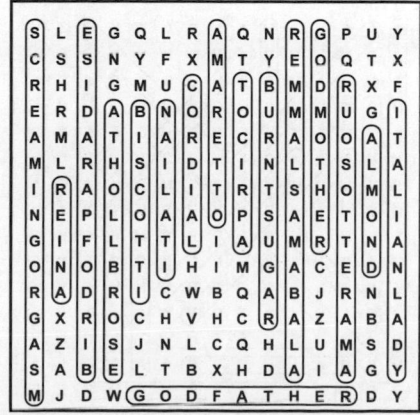

Solutions

No. 343

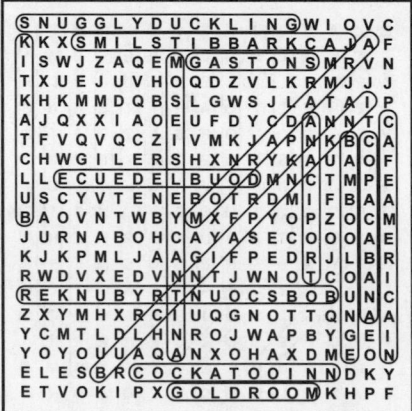

No. 344

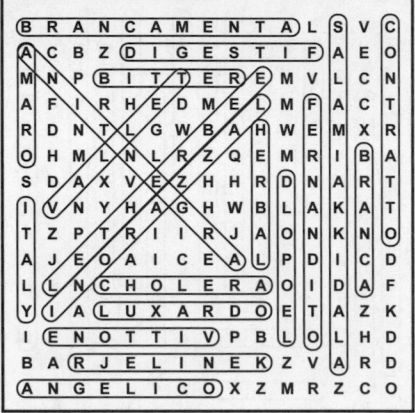

No. 345

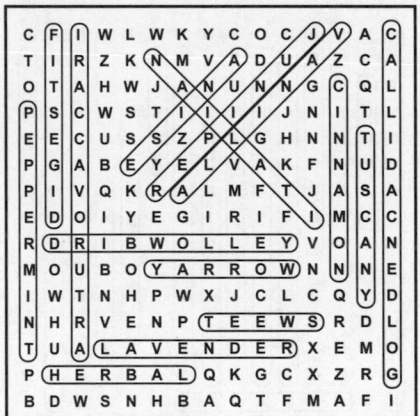

No. 346

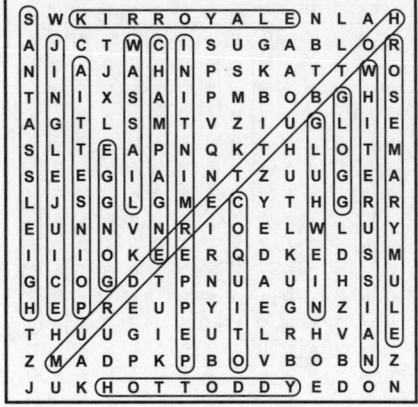

No. 347

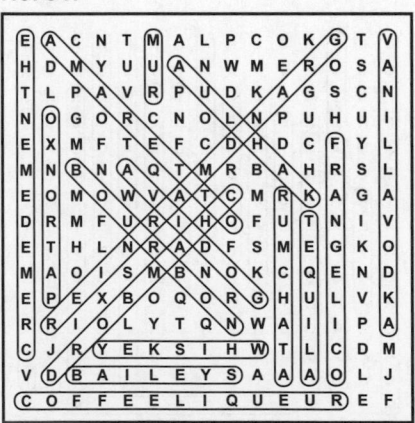

No. 348

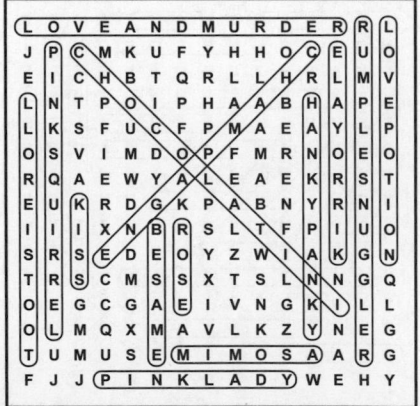

Solutions

No. 349

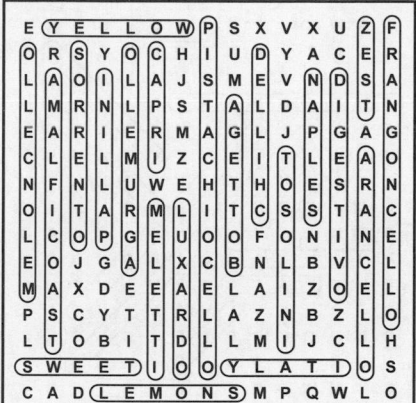

No. 350

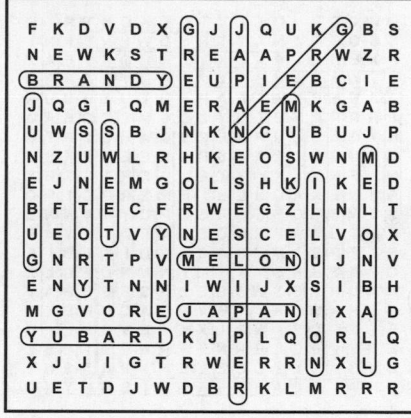

No. 351

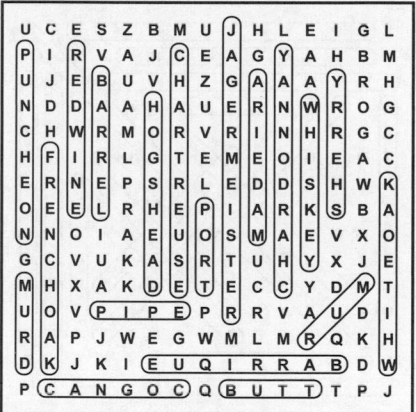

No. 352

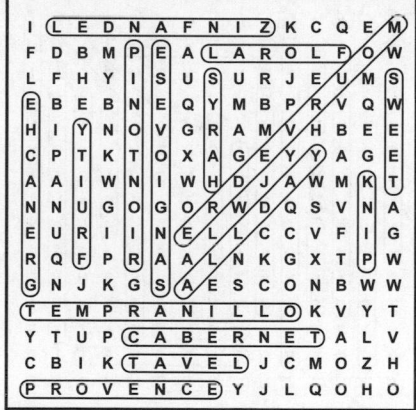

No. 353

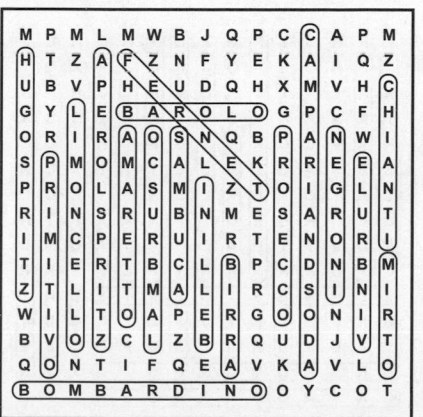

No. 354

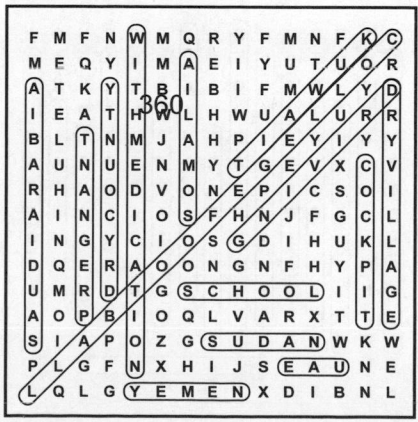

Solutions

No. 355

No. 356

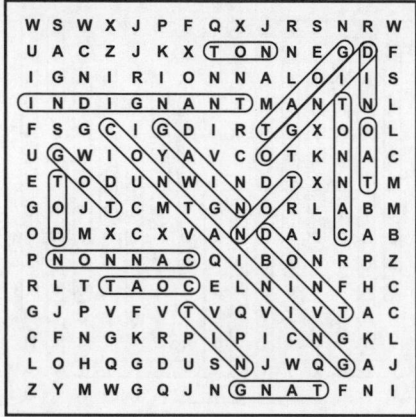

No. 357

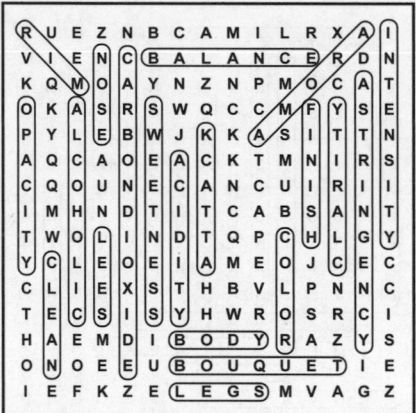

No. 358

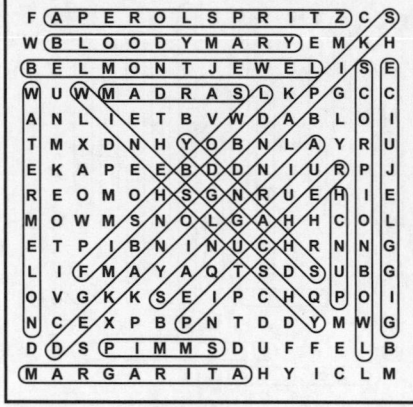

No. 359

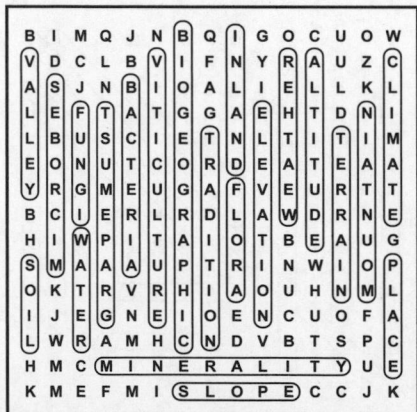

No. 360

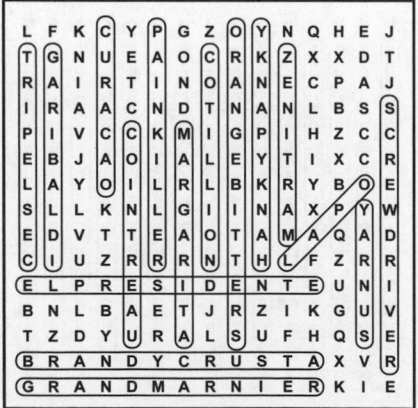

Solutions

No. 361

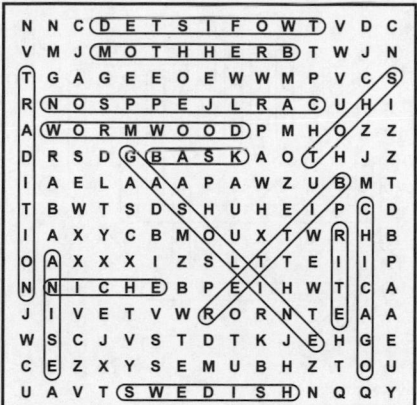

No. 362

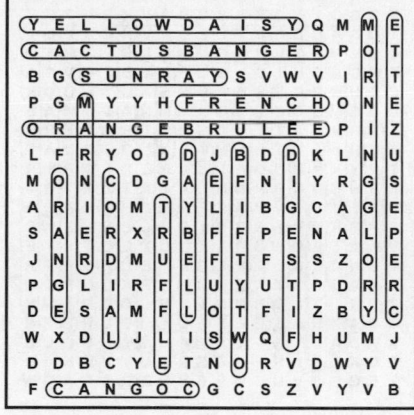

No. 363

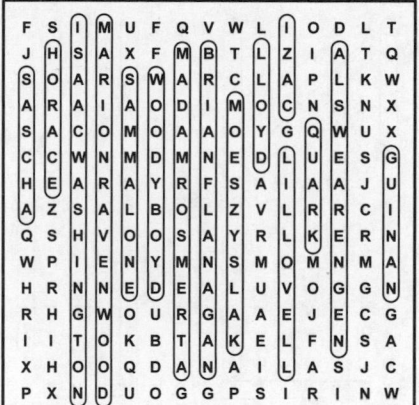

No. 364

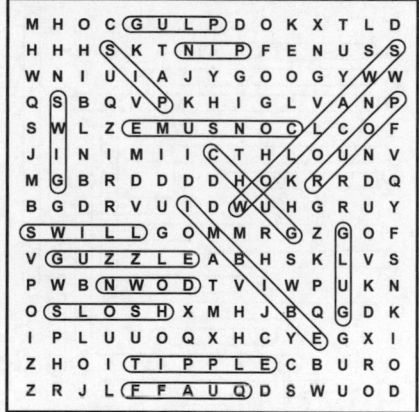

No. 365

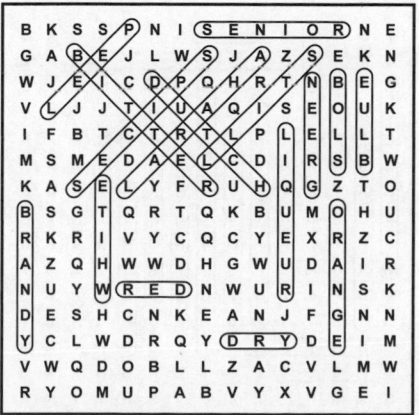

No. 366

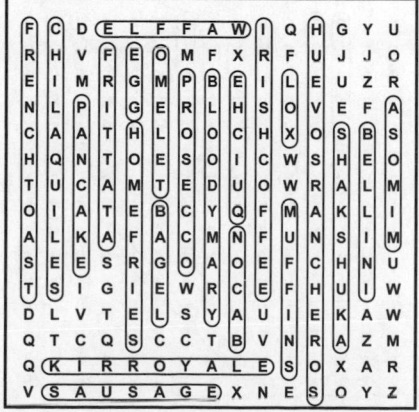

Solutions

No. 367

No. 368

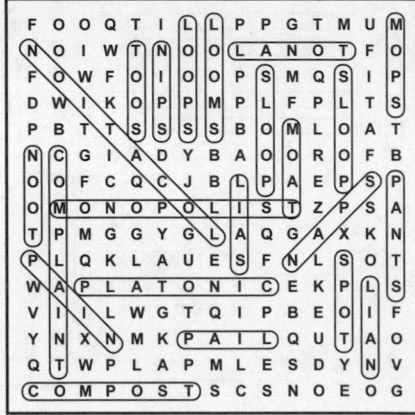

No. 369

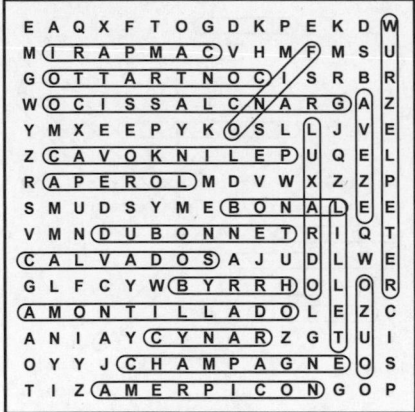

No. 370

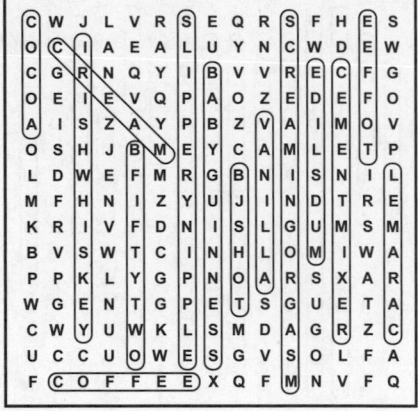

No. 371

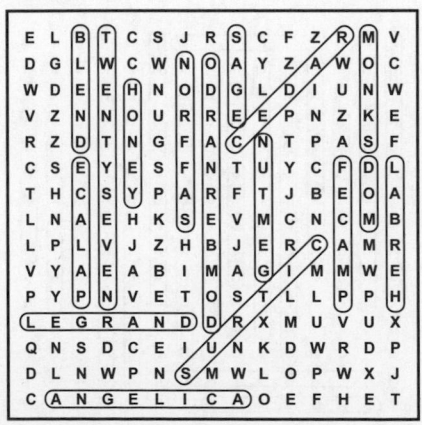

No. 372

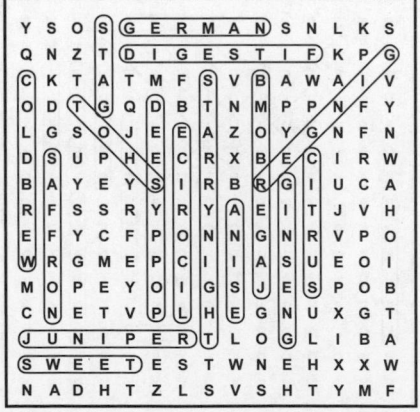

Solutions

No. 373

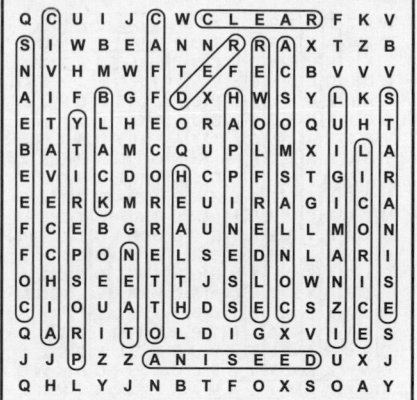

No. 374

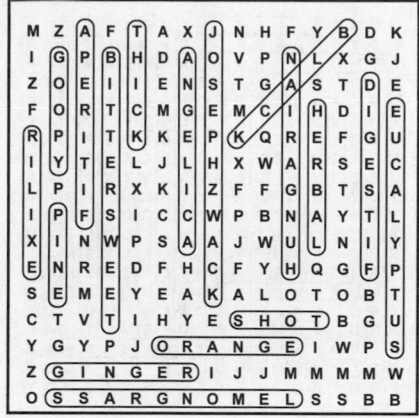

No. 375

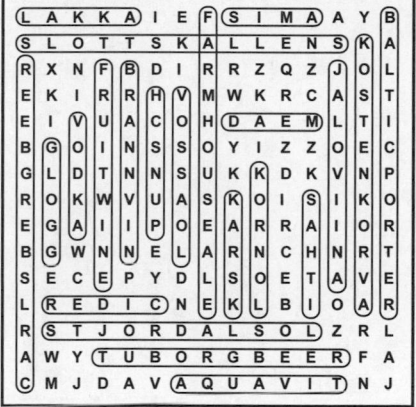

No. 376

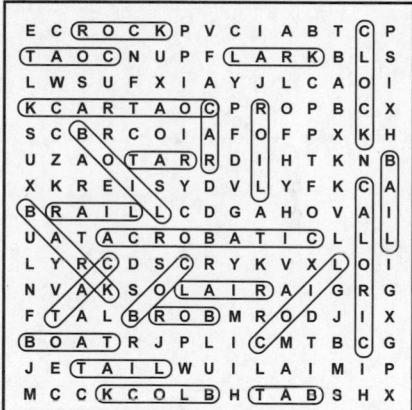

No. 377

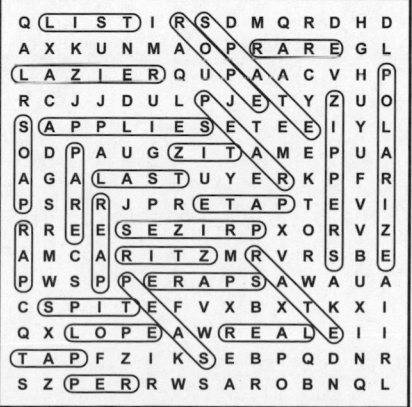

No. 378

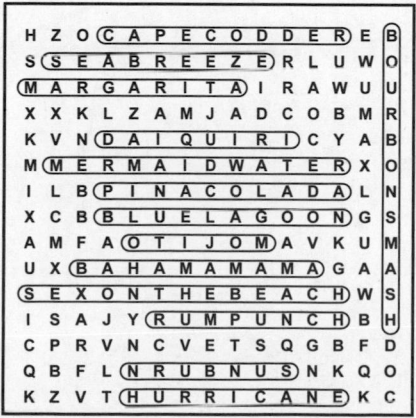

Solutions

No. 379

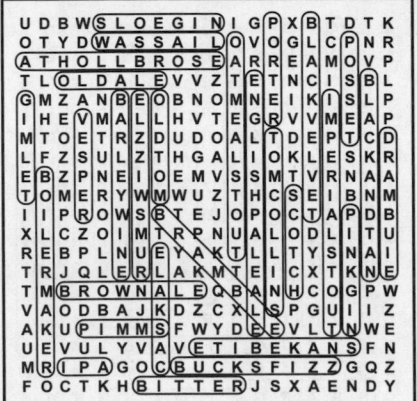

No. 380

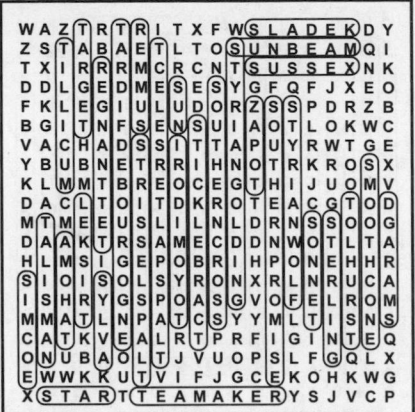